培养最棒女孩的第1本书

最权威、最实用
养育女孩的教育经典

宋默◎编著

九州出版社
JIUZHOUPRESS

图书在版编目（CIP）数据

培养最棒女孩的第1本书/宋默编著. —北京：九州出版社，2011.8

ISBN 978-7-5108-1072-5

Ⅰ. ①培…　Ⅱ. ①宋…　Ⅲ. ①家庭教育－通俗读物
Ⅳ. ①G78－49

中国版本图书馆CIP数据核字（2011）第142763号

培养最棒女孩的第1本书

作　　者	宋默　编著
出版发行	九州出版社
出 版 人	徐尚定
地　　址	北京市西城区阜外大街甲35号（100037）
发行电话	（010）68992190/2/3/5/6
网　　址	www. jiuzhoupress. com
电子信箱	jiuzhou@ jiuzhoupress. com
印　　刷	北京明月印务有限责任公司
开　　本	710毫米×1040毫米　16开
印　　张	22. 25
字　　数	300千字
版　　次	2011年9月第1版
印　　次	2011年9月第1次印刷
书　　号	ISBN 978-7-5108-1072-5
定　　价	38. 00元

目　录

第一章　从出生开始女孩和男孩就不一样

为什么女孩安静、合作，喜欢“甜甜”的东西，而男孩子调皮好动，爱惹是生非，爱冒险？难道真是像那首古老的摇篮曲中所唱的那样吗？“小女孩是由糖、香料和所有美好的东西做成的；小男孩是用剪刀、青蛙和小狗尾巴做成的。”

科学研究告诉我们：由于大脑的细微差别和X、Y染色体的不同，注定了女孩和男孩天生就有着种种不同。当一个粉雕玉砌的女孩刚刚降临人世时，决定女孩性别的“X”染色体，就早已为她画好了一张充满女性色彩的生命蓝图。

第二章　女孩的脑子里都在想些什么

那些要同时养育男孩和女孩的父母会发现，女孩似乎天生就胆小、害羞、敏感，喜欢粘人，喜欢被关注的感觉。很多父母无法理解女孩的这些需求，甚至把这些视为女孩的缺点而加以指责。这些真的是女孩与生俱来的缺点吗？当然不是，任何一个缺点的背后都另有一个美好的优点，只要善加引导，每个女孩都可以成为可爱的天使。

第三章　做女孩父母，如何明确自己的职责

女孩的教育不仅关系到女孩本身，还关系到整个民族的未来，父母的榜样效应直接影响着女儿长大后成为什么样的女人。在女孩的成长过程中，母亲和父亲的关爱和教育缺一不可。父母要扮演好自己的角色，使女孩健康快乐的成长。

第四章　如何说，女孩才会听；如何听，女孩才肯说

社会心理学家研究指出，父母与孩子之间70%的矛盾问题皆因沟通不畅所致。沟通是双向的，女孩渴望父母理解自己，尊重自己，沟通前，父母一定要了解一些沟通中的心理学，真正走进女孩的内心世界。

第五章　富着养，才能培养最完美、最优秀的女孩

养育一个完美的女孩，是天下父母的心愿；拥有一个出色的女孩，是天下父母的福气。然而，面对这个如花似玉的天赐的宝贝，我们都会有一种困惑：我们应该怎么养育才能让女孩表现得最出色呢？答案就是

富养。富养，就是从学识、能力、见识上下工夫，给女孩充分的关爱，让她拥有高雅气质的同时，还具有独立于世、兼济天下的胸怀。

第六章　授人以鱼不如授人以渔

——培养女孩卓越的学习能力

传统教育普通认为，女孩的学习后劲不足。其实，这是由于女孩天性比较被动，独立思考性差造成的。女孩在逻辑思维方面，相对男孩要差一些，但在语言能力、记忆能力和自控力方面则比较突出。在辅导女孩学习时，让女孩多总结，掌握正确的学习方法，发挥长处，弥补短处，多思考，多尝试，提高独立解决问题的能力。

第七章　天赐的女孩更需超凡、优雅的气质

有句话说得好，女孩可以不漂亮，但不能没有气质。一个有气质的女孩往往会给别人留下深刻的印象，也会给她的人生之路平添几分成功的筹码。培养优秀的女孩，就要从培养女孩超凡的气质入手。我们很难给予女孩“沉鱼落雁”、“倾国倾城”般的容貌，但我们完全可以通过后天的富养，打造女孩的气质，让女孩即使走进“花的海洋”里，也能“质压群芳”。

第八章　注重品德和修养，培养真正的公主

教育实践家冯恩洪曾经说过：“我们的教育要教会孩子什么？学会做

人比学会做学问更重要，要引导孩子先学会做人，然后是做学问。”每一个女孩首先要学会做人，她才可能去做事、与人交流。做人的教育，实际上是培养女孩为人的正确态度和品格。把女孩养成一个诚信、有责任心、有公德心、有爱心的人，才能让女孩成为一个受人喜欢的人，并拥有一个美好的人生。

第九章　情商教育

——父母送给女孩最好的礼物

卢梭说：“一个女人可以用化妆品使她出一出风头，但要获得别人的喜爱，还要依赖她的人品和处世手段。”拥有丰富多彩的人际关系几乎是每一个女性的必需品。这就要求父母从小教她们一些掌握人际交往和维护自身合法权益的基本要领。

第十章　了解悄悄变化的女孩，让青春期成为潜能的爆发期

青春期，指的是12～18岁期间，这个时候的女孩进入了一个"危险期"。由于身体的奇妙变化，青春期女孩对周围世界的感知方面发生了很大的变化，她们对自己的身体和心理都会感到困惑。月经的初潮给女孩带来强烈的成人感，日趋突出的乳房使女孩感到羞怯。女孩一方面想把自身的变化封闭起来，一方面又把自身的变化与别人实行比较，并且在穿着上日趋向成年女性接近。同时，青春期女孩对外界的感知有所偏颇，这会影响她们的处事方式，进而造成对自己的伤害。在青春期，父母要给予女孩更多的关怀和支持，尽快抚平女孩内心的伤痛。

第十一章　披荆斩棘，教女儿应对未来的机遇和挑战

相较于父母一代，女孩们所面临的时代机遇和挑战已经大不相同。女孩们跟随着变幻莫测的时代步伐，越来越前卫，越来越难管教……女孩的种种问题令父母们不解和头疼，感到无所适从。女孩们到底面临着一个怎样的未来？她们要如何做才能够既不被时代的潮流淹没，又能从这个时代中脱颖而出？认识女孩面临的时代机遇和挑战，是女孩父母们的当务之急。只有父母们有远见，有先见，才能把女儿培养成为与时俱进的时代新女性。

第一章　从出生开始女孩和男孩就不一样

为什么女孩安静、合作，喜欢“甜甜”的东西，而男孩子调皮好动，爱惹是生非，爱冒险？难道真是像那首古老的摇篮曲中所唱的那样吗？“小女孩是由糖、香料和所有美好的东西做成的；小男孩是用剪刀、青蛙和小狗尾巴做成的。”

科学研究告诉我们：由于大脑的细微差别和X、Y染色体的不同，注定了女孩和男孩天生就有着种种不同。当一个粉雕玉砌的女孩刚刚降临人世时，决定女孩性别的“X”染色体，就早已为她画好了一张充满女性色彩的生命蓝图。

细节1：这就是女孩：芭比娃娃、蜜糖和花裙子

正如那句古老的童谣所说：“女孩是用糖、香料和一切美好的东西做成的；男孩是用剪刀、青蛙和小狗尾巴做成的。”造物主对女孩似乎格外偏爱，他给了女孩很多美好的东西——甜美、温柔、安静、细腻、善良、纯洁……

因此，有人说，拥有女儿是上天的恩赐。几乎所有的父母都希望自己的女儿是完美的女神，是可爱的天使，是高贵的公主。然而，鲜花需要园丁的辛勤栽培；美玉需要工匠的耐心打磨；优秀的女孩，则需要父母的精心培育。那么如何培养女孩？培养女孩和培养男孩有什么不同之处吗？如何让自己的女儿出类拔萃呢？

决定男孩喜欢冒险、竞争等天性的是男孩体内的男性荷尔蒙——睾丸素。同样，女孩的天性也是由她体内的女性荷尔蒙决定的。

从妈妈受孕那一刻起，女性染色体基因便被女性荷尔蒙激活，这些荷尔蒙在女孩出生之前就已经为她规划了未来。也就是说，女性荷尔蒙决定了女孩细心、安静、敏感、温柔等天性，同时也决定了女孩更注重人与人之间的关系。

例如，荷尔蒙中的雌性激素对女孩的感情生活有着重要影响。它控制女孩情绪的稳定、思考的过程、做事的动机、爱好、焦虑以及如何处理外来的压力和性冲动。当雌性激素活动不稳定时，就会使女孩的情绪产生波动。如果雌性激素含量过低，女孩就会感到孤独、生气、易怒、悲伤、失望、缺乏自尊感，这也是女孩更敏感、更容易受伤的原因。

当然，雌性激素只是一个方面，女孩还受其他激素的影响。例如，孕激素是女孩更喜欢小女孩和小动物的原因；催产素则会使女孩产生更多的“怜悯之情”，这就是“母性的本能”。另外，女孩体内也有睾丸素，但是数量只及男孩的1/20，因此，女孩不存在很强的攻击性。

虽然这些女性荷尔蒙使得女孩温柔、有很强的同情心、会体谅和关心他人，但这也导致她的情绪天生就变化无常。因此，有文学家曾把女人称为“最情感化的动物”。

大约从1965年到1990年的一段时间里，人们一直认为，女性和男性在神经、性情、生理、心理等方面没有显著的不同。就是说，女孩和男孩只是生理结构略有差别，在后天的环境中，由于家庭、社会的教育不同，而形成了不同的性格特点。难道，造物主赋予女孩的“外部构造”只是一个摆设？其实，在生活中，我们不难看到女孩和男孩的种种不同。

女孩的五种感觉——视觉、听觉、触觉、嗅觉、味觉都比男孩敏感。刚出生的女婴听到噪声比男婴更容易产生不舒服的感觉。

女孩喜欢在一起玩跳皮筋、跳房子等比较有秩序的游戏，一个接一个地来，每一个步骤都有明确的规定，也不存在明显的竞争性。说白了，她们只是喜欢“一起玩”的感觉而已。

男孩的游戏则充满争斗的色彩，几个小男孩在一起玩“奥特曼”打“怪兽”的游戏，谁输谁赢一目了然；即使是最简单的纸牌游戏也充满了竞争的味道。

在学习上，女孩的语文都学得比较棒，因为女孩的语言能力比男孩好，口齿伶俐。小学阶段，“一班之长”大都是女孩子，“指挥”着一帮男孩子。这种现象到了中学之后才会换过来。但男孩的空间识别能力比女孩强，看地图时男孩很容易找到要去的地方，女孩则需要仔细观察一阵，确定了正确的方向，才能找到。

在记忆上，女孩对毫无联系的人名、地点、数字等会记得非常清楚，在背诵时一般能逐字逐句地从头背到尾。在小学阶段，用机械记忆的背诵比较多，就显得女孩的记忆比男孩要好。但是，女孩记忆时不注意其中的逻辑联系，而男孩在这一点上就比较拿手。

女孩注重亲密的人际关系，在身体上也没有男孩那么富有“侵略性”。女孩更喜欢与一两个好朋友密切往来，互相诉说“心里话”。换句话说，人际关系对女孩来说更加重要，因此她们在人际问题的解决上要比男孩显得出色。交际行为使女孩对他人的感受性更强，也能比男孩更多地表达对他人的关心和同情。而男孩往往成群结队，形成较大的团体，大都处于“泛泛之交”，有着更强的社会性。

她像一块小甜饼——“她总是想让老师和我们都高兴、都喜欢她，因此她很听话、安静、文雅、易于合作、学习成绩好、从不大声吵闹，美好得像一块小甜饼。”

她是个性十足的小辣椒——“她和很多男孩一起疯玩，喜欢穿上漂亮的衣服招摇过市，甚至冬天也要露出她那两条长得过分的腿。而且她还有了喜欢的小男生，7岁的小女孩能懂什么。

多数父母都认为女孩是友善的、讨人喜爱的、容易合作的、害羞的、漂亮的、愉快的、富有同情心的。现在很多父母希望有个女孩，也是基于上述原因。但父母们这样认识女孩并不全面，其实，那些固执的、苛刻的、不易理解的、喜怒无常的性格也是女孩所特有的，甚至可以说是典型的。

在美国哥伦比亚大学进行的一项调查研究发现：小女孩在蹒跚学步时期就会耍心眼。三四岁的小女孩为了达到自己的目的，开始使用欺骗性手段或向同龄人施压。

这份调查研究报告的人员之一、哥伦比亚大学从事婚姻家庭和人类发展研究的格力特·福斯克教授说：“她们为了达到目的会采取各种手段，比如不理会某个小孩，或者告诉朋友不要与某个小孩玩，她们有时会威胁说：‘我不会邀请你参加我的生日派对。’”

是的，女孩就是这样，她们从来就不像表面上看起来那样简单、天真。3岁的小女孩若是耍心眼可比同龄的男孩高明得多，因为她们力量弱小，所以更倾向于“智取”。

女孩就是女孩，在西方古老的童谣里小女孩是由糖、香料和所有美好的东西做成的。女孩们有着似乎用不完的同情心、没完没了的害羞，还有喜怒无常的性格。她们漂亮、快乐、容易合作又不易被人理解——所有这些既矛盾又对立的性格形容词都混合在这些幼小而美丽的小人身上，真的就如同糖和香料的混合物一样。

美好是女孩的特性，而香料则是女孩的味道。每个女孩就像一道美味佳肴，所用的香料都是不同的，即使拥有同样的香料，若浓度不同，味道也是不同的，所以说世上每个女孩都是独特的、风味十足的，尽管她们都有甜蜜的一面，但我们也不能忽略她们的辛辣、苦涩、酸与麻的特性，因为这些味道更让女孩显得丰富而神秘、耐人寻味和令人追随。

对待女孩，就像对待那些娇嫩的花一样，要细致婉约，容不得半点粗糙。再名贵的花儿也需要惜花人细心栽培。作为妈妈，你更了解那些小女生的心理需要，包括她们的小手段和小虚荣心。你不仅是她们的教育者，还是她们理所当然的朋友和战友，共同应对这个以男性为主的社会。

父母们对女孩的教育并不是要简单地保留她们身上的甜味而去掉其他的味道，也不是要让她们像男孩一样争强好胜、进取心超强，掩盖住她们天性中的甜味，而是要让这些味道全部保留，并且调和成最可口、最美味、让人可以接受、可以喜欢、甚至为之疯狂的独特风味，更重要的是要让她们自己因此而体会到幸福。

同样，父母也应感受到：抚养一个又甜又辣的小女孩，是一件十分美好的事！

细节 2：女孩和男孩的大脑差异

种种现象表明，女孩和男孩天生就是不同的，与其说是周围的社会文化塑造了女孩，影响了女孩的兴趣、情绪、态度、自信心，以及人际交往的方式，倒不如说正是女孩自身的神经生理影响着她们的社会角色。要了解这些差异，我们先了解一下大脑。大脑是人日常行为的物质基础。它既是人们行为的内在原因，也是外在的表现。

人类的大脑基本上分为三部分：大脑皮层、边缘系统和脑干。大脑皮层位于脑的顶端，共分为 4 叶，在人的发育中是进化最晚的；边缘系统，在脑的中间，比大脑皮层进化早；脑干，在脑的基部，是最先进化的。

大脑皮层主要关系到我们的思维、决定、想象和语言创造。脑干是我们对选择反抗还是选择逃跑作出反应（我应该逃跑还是还击）的部位，它还有控制呼吸和消化的基本功能。边缘系统担负着情感的加工处理和直接控制的功能，如同空中交通的总指挥一样，控制着我们的知觉、记忆、压力和其他的刺激。边缘系统主要通过位于它内部的视丘下部腺体，控制着体温、睡眠周期和月经周期等。

据科学家们的研究，数百万年前，人类只有脑干，后来脑干周围出现了边缘系统，接着出现了大脑皮层。我们喜欢将大脑皮层称为“灰色物质”，它分为 4 叶：枕叶、顶叶、颞叶和额叶，每叶都是由几十亿个细胞结合在一起的。

大脑皮层的 4 叶在生理学上被分为左右半球，两个半球间有一束神经连接。在这 4 叶中，还有更小的一叶，称为“前额叶”，它是作为这 4 叶的其中一部分的，在前额的后面，它控制着人的道德和行为规范。那么女孩和男孩的大脑结构到底有哪些差异呢？科学研究表明，女孩和男孩大脑结构的差异主要表现在两个半球、大脑皮层物质、海马趾上。

女孩与男孩的大脑，是从相同地方开始发育的——额叶、颞叶、前额叶、边缘系统等等，但它们的发育又是不同的。女孩出生前，她的大脑就一直在发育，脑干上形成边缘系统，在边缘系统上形成新大脑皮层。在女孩出生时，她的大脑是由一团数百万细胞通过神经递质相互联系、相互作用而形成的物质。它的结构是由遗传决定的，并有左右两个半球。

男孩的大脑是右半球先发育，然后是左半球。但是，女孩的大脑从右向左发育的速度比男孩的快。这就不难解释为什么小女孩比小男孩更早学会说话，因为大脑的左半球负责“掌管”语言中枢。

当女孩学走路时，大脑皮层的枕叶会得到更快的发展，这使得她们能够接受更多的感性材料。比如，小女孩能够从一群人的声音中准确地分辨出爸爸妈妈的声音，因为她们对声音音比男孩更敏感。

同时，女孩具有比男孩更灵敏的触觉、听觉、味觉，并能更好地享受这些感觉；她们有着比男孩更感性的内心世界。这个现象，也能解释为什么女孩能抱着洋娃娃玩更久。

与女孩相比，男孩的大脑随着年龄变化而不同。男孩大脑的右半球更有优势，这使得他们更缺少感性，而更具有空间感。小男孩不肯老实地坐着，喜欢到处乱跑。他们看到一样东西就想抓着玩，喜欢蹦蹦跳跳，走路时也比女孩快。

在女孩和男孩的大脑中，大脑通过神经递质的传递来完成学习和工作，但是他们的神经递质的性质不太一样。比如，女孩的大脑比男孩的大脑分泌了更多的5—羟色胺（serotonin），它能够控制人的情绪冲动。这也是为什么两三岁的女孩比同龄的男孩子更安静的原因。

女孩的大脑还能分泌更多的催产素，这种物质与她们喜欢照顾孩子有直接关系。生活中，不管是哪个年龄段的女孩都更喜欢玩洋娃娃。一项最新的科学研究发现，不光是人，那些雌性的灵长类动物，在接近婴儿、小动物或者其他需要它们照顾的对象时，大脑也会分泌催产素。

到八九岁时，大脑的另一个部分——海马趾开始活跃起来了。所谓海马趾，就是位于每一侧脑室的下沿，形如海马一般的突起。它的最大功能就是储存记忆。研究表明，女孩的海马趾比男孩的大。更重要的是，女性海马趾中的神经元的数量和神经传递的速度也超过男性。

生活中，我们不难发现小女孩的记忆力要好过小男孩。比如，两个同为 8 岁的女孩和男孩，同时被要求去叠被子、擦桌子、倒垃圾。你会发现，女孩不需要你再次提醒就能做完这三件事，而男孩可能擦了桌子却忘了倒垃圾，倒完垃圾又忘了叠被子。女孩与男孩在海马趾的结构上为什么会有这么多不同呢？从科学上的观点来看，答案就在于进化。

数百万年前，女性负责照顾孩子，而男性则外出打猎，这种情况一直持续到一万年前。男女分工的不同，也促成了大脑结构的差异。为了更好地照顾孩子，女性需要更好地发展大脑的左半球，以产生语言和声音；为了记住那些复杂而琐碎的事情，女性需要更好地发展海马趾；为了能在第一时间内听到孩子的哭声，她们变得更敏感；为了在遇到危险时保护孩子，她们变得比男人更容易冷静，能沉着思考再行动。

与此相反，男性在打猎时不需要顾虑太多，这是一个空间上的任务，不需要太多的语言，而需要更多的行动。这也决定了男性为什么爱冲动、好斗，因为无论是打猎还是战争，都需要这些。

在进入青春期后，女孩大脑的更多区域比男孩变得更活跃。其主要表现为女孩考虑事情时注重细节，并且带有强烈的主观色彩。

而男孩则倾向于用逻辑思维去推理，不会把各种细节考虑进来。在这个时期里，女孩面对压力时，大脑中会出现更多的促肾上腺皮质激素释放因子，这是大脑中一种增加压抑反应的化学物质。这种物质会让女孩面对压力时，变得沉默、自闭，不爱和人打交道。而男孩面对压力，大脑会表现出更强的反应。他们往往会用暴力来发泄内心的压抑，表现出像抽烟、喝酒之类的行为，以及更危险的举动。

当女孩的额叶、顶叶、枕叶、颞叶学会很好地和边缘系统相互协调作用时，她的大脑皮层正在经历脑髓的发育过程。所谓脑髓，就是大脑里面的白色黏稠状物质，它可以帮助神经传递和神经突触更快地工作。到女孩 20 岁左右时，脑髓发育完成，女孩的大脑几乎完全形成。与女孩相比，男孩的脑髓发育过程较慢，这也使得他们的大脑结构有了更多的差别。事实上，男女大脑结构的差别在 17 岁左右就非常明显了。

女孩的胼胝体比男孩大 25%，这束神经纤维连接着大脑的两个半球，这就使女孩更容易用语言来表达自己的感情。同时，女孩的额叶比男孩更活跃，因此她们更倾向于全面考虑结果，在写作上能够使用丰富的词汇。

女孩的枕叶让女孩对光敏感度的范围更广，从而让她们在暗处能更好地看清东西，并且让她们具备“察言观色”的本领，读懂别人脸上的细微表情。

女孩的顶叶能够接收更多的数据，而顶叶与身体的触觉和痛觉有关。这就不难理解为什么女孩子怕“疼”，同时更喜欢与别人发生触觉上的接触，比如小女孩都喜欢帮别人梳头发。

女孩颞叶上的神经连接比男孩强，使得女孩有着更强的听力。同时，颞叶与海马趾的共同作用，使得女孩在情感上的记忆比男孩更好，她们关心自己“在别人眼里什么样”，从而让自己变得更吸引人。

此外，女孩前额叶的基本发育比男孩完成得早，这使得一个18岁女孩的为人处世都会比一个21岁的男孩更成熟。

总而言之，只有了解了女孩和男孩大脑结构的差异，我们才能更好地了解女孩，从而为富养女孩做好准备。

细节3：每个女孩都是被上帝咬了一口的苹果——了解女孩的天赋和弱势

父母们要想很好地抚养、教育女孩，就不能不了解关于女孩的一些事情，了解哪些是女孩的天赋和优势，哪些是女孩的缺点和不足。尽管并非每一个女孩都是如此，但这些共性仍在很大程度上左右着大多数的女孩，所以父母很有必要知道。

下面所列的是女孩的天赋和优势，父母可以对比自己的女儿，进一步发现她的闪光之处。

1. 女孩善于听。女孩的听觉比男孩更敏感。特别是对声音的辨别和定位，明显优于男孩，听高音的能力也优于男孩。因此女孩对噪音的反应更强烈，同一个声音在女孩听来要比男孩听到的响亮两倍。

2. 女孩在触觉、痛觉方面的敏锐在新生儿时代就显现出来，最不敏感的女孩也要比最敏感的男孩得分高。

3. 女孩的视觉记忆更好，在黑暗中女孩看得要比男孩清楚。

4. 女孩的味觉和嗅觉也比男孩敏感，女孩有更多的味蕾，更容易受到气味的吸引。

5. 女孩的直觉比男孩更强烈、更准确。因为女孩更擅长调动自己的听觉、视觉、触觉、味觉和嗅觉等，捕捉到那些微妙的、不容易被人发觉的信息以及更为具体的细节，建立起自己的直觉系统。

6. 女孩大脑左半球神经末梢的发育早于男孩（女孩的语言大脑组织位于左半脑前区，而男孩的则分布在左半脑的后区），她们很早就学会说话、书写、造句，有良好的语言推理能力，并且很少出现阅读问题。这些使女孩一上学就表现出男孩所不具备的优势。

7. 女孩会把自身的优势自然地应用到人际交流中。她们喜欢交往，并注重发展亲密的友谊。她们对人更感兴趣，在摇篮里就表现出与人交流的倾向性。先交流后行动是女孩习惯的方式。

8. 女孩偏重于关注人。刚出生的女婴比男婴更喜欢观察人的脸孔，女孩喜欢探求人生，注意人与人的关系，而且对这种关系很敏感。她们天生喜欢语言、社交和与人交流，这促使她们去发展与之有关的技能。

9. 女孩感情丰富，但并不说明她们脆弱。她们丰富的感情如果得到理解和支持，将会产生巨大的力量。很多女孩都会依靠自身丰富的感情，拓展出关心他人并辅助他人发展的艺术。

10. 女孩发育成熟比男孩快而均衡。学龄前的女孩比同龄的男孩有更好的平衡水平，她们能很好地进行单腿跳。

女孩需要父母帮助她发挥优势，更需要父母帮助她改变自己的不足。下面是女孩的弱项，尽管有些是先天的，但不是无法改变的。

1. 在体格上，女孩天生没有男孩强壮。父母总认为她们是弱小的，担心她们的身体状况，而这种观念更加阻碍了女孩锻炼身体的意识。

2. 女孩不喜欢带有竞争性的游戏。她们的游戏一般活动量比较小，有秩序和规则可循。她们比男孩缺乏竞争和冒险意识。

3. 女孩的空间能力远远低于男孩，比如改变物体形状、选择正确路径等，因此，父母应适当增加对女孩空间能力的训练，让女孩多玩三维立体积木和游戏，以增强她的空间思辨力。美国科学家曾经做过一项部件组装测试：要求男孩、女孩把不同的火花塞和瓶塞分别插到对应的内燃机、瓶子上，结果男孩的成绩远远超过女孩。这或许可以解释为什么女性建筑师的数量要远远小于男性建筑师。

4. 女孩机械记忆和形象记忆能力较强，但她们对学习材料的逻辑思维加工过程不如男孩强。在小学阶段，只需机械记忆就可很好地完成学习任务，女孩使用这种方法很容易得到好成绩，这会使她们忽视理解的重要作用，限制了其逻辑思维记忆的发展。随着年级的升高，学习内容日趋复杂，要求学生具有较高的材料组织能力时，女孩就会感到学习上的困难。

5. 国外心理学家认为：男性在判断和认识问题方面比女性更进一步，男性的思维在判断问题时有较高的逻辑性，能够客观地理解事物的本质，而女性思维的逻辑性不太强，判断问题时带有强烈的主观色彩，既易受外界暗示的影响，也易受自己感情的影响。

在养育女孩时，父母要注意女孩的优势和弱势，取长补短，将其培养成最棒的女孩。

在女孩的大脑发育中，有几个年龄段比较显著，并且女孩在这几个年龄段中的优势和劣势也比较明显。

女孩 5 岁时，大脑的脑干边缘系统、大脑皮层的 4 叶、两个半球，还有海马趾以及数不清的其他脑结构，已经很好地形成了。5 岁，也是一个比较奇妙的年龄段。有人甚至指出：“如果女孩在 5

岁时没有受到很好的教育，没有学会应该学会的知识，那么以后再怎么教也不起作用了，她长大以后也会比别人差半截的。”

果真如此吗？虽然这些话听起来就像童话故事里的咒语一样，但也说明从婴儿时期到 5 岁是女孩大脑发育的关键时期，也是女孩大脑发育的基础。女孩的大脑正在一步步建造“地基”。这个时候，我们要经常教给女孩一些美好的情感，并且让她们远离那些不良的信息和危险的东西。

到了 5 岁，女孩大脑的生长就减速了，这时女孩已经拥有了一个更强大和更灵活的大脑。“地基”打好了，接下来就是盖房子了。这时，女孩大脑的边缘系统也日趋成熟了，比如大脑的 4 叶出现越来越多的感性信息。这些感性信息主要经过脑干和边缘系统的加工处理，从女孩的声音、手和腿的动作表现出来。而生活中，我们也经常看到 2 岁的小女孩一遇到不顺心的事就会发脾气。

五六岁时，女孩受到伤害或者生气时，她可能已经学会了控制、思考，甚至用语言来表达自己的想法。这种能力在接下来的 5 年里会变得越来越强。不过，由于激素水平的变化，女孩在 9 岁或 10 岁时可能再次受到困惑，但在 10 岁半以后，她们很少会像 2 岁时那样发脾气了，她们会更像一个年轻的女人那样去表达自己。

10 岁时，女孩的大脑开始渴望获得更多的知识、信息、新的情感刺激。她开始希望有更多的朋友，渴望能有更多的时间和爸爸或者妈妈单独待在一起。这个时候，女孩对自己的性别有了很强的意识，也有了很强的人际交往欲望。10 岁的女孩会有不少小小的困惑，比如“我是否受人欢迎”、“我是否受人喜欢”、“我长得好看不好看”等。

从 11 岁开始，女孩迎来了“二次成长”。大约从 10 岁一直持续到 12 岁，女孩大脑额叶生长的速度几乎与婴儿期时一样快。在边缘系统的其他部分和大脑皮层，灰色物质会在这短短的时期内加倍增长。

你还记得女孩在 6 个月或者 12 个月大的时候，那些不可思议的变化吗？虽然女孩在 10 岁到 12 岁时，大脑的生长和婴儿时期是一样的，但行为表现得不一样：一来你不再守在她身边，二来她也不像婴儿时期那么真实地表现自己了。

大约 12 岁，女孩的大脑开始自动“减除”多余的灰色物质，特别是停留在那些未经使用的大脑区域。因为那些经常使用的大脑区域会有更多的神经传递，而那些不经常使用的大脑区域则没有。举个例子，如果女孩在 10 岁时受到很好的美术熏陶，那么大脑对这部分神经细胞比对其他部分神经细胞的清除就要少。

这就不难理解，为什么一个女孩在 11 岁时学过舞蹈，她就有可能在以后的生活中都保持那种韵律感的原因。如果一个女孩在 12 岁的时候看过很多书，那么她就可能一生都喜欢看书。如果一个女孩 10 岁时生活在一种平稳的家庭关系中，那么她就会在以后的生活中有足够的安全感。

同样的道理，女孩在这个年龄段所经历的美术绘画、音乐活动和体育运动，以及所学到的理论知识，很有可能会在她以后的生活中“保持”或者至少“重现”，这和她们的大脑在这段时期内的迅速发育有很大的关系。

在这段时间里，一方面，女孩大脑的生长让她更好地学会新东西、接受新观点、理解新的概念，学会了新的思考方式并与我们“辩论”；另一方面，女孩也会产生“信心危机”，对自己的信心不足，表现在说话办事上会出现一些失误。

这个时候的女孩，需要爸爸妈妈更多的关爱，这样她们的大脑会得到更好的生长，她们也会更坚强、更有竞争力。

这个时候，她不仅仅是“女孩”了，她也是一个青春期少女了。她开始面对生理上的种种痛苦，这时也会对生活充满了“悲观”的情绪。

青春期或许是女孩一生所经历的最令她们害怕、无助的一个时期。在这个时期里，女孩的内心世界和周围的事物都是不断变化的，而她们自己却是静止的，于是她们无法在短时间内面对这些不断变化的事物。

与此同时，女孩的大脑自身会不断地产生细胞使智力得到发育，从而使女孩能更好地去应对压力。等到女孩 20 岁左右时，当她们开始初涉爱河、尽情享受喜欢的活动、专注于自己的学业和未来时，她们就会发现生活变得更容易了。

了解女孩在大脑发育过程中所具有的优势和劣势，能帮助我们更好地认识女孩的各个年龄段，从而作出最合适的养育方式。

细节 4：女孩的优势（一）：让女孩尽情发挥语言天赋

最新研究显示，胎儿在母亲的子宫中时就已学会识别母亲的声音，学习的通道可能是经由母亲身体所产生的共鸣。出生四天的婴儿可以从人们说话语调的改变，辨别不同的语言。四个月大的婴儿，能够借由嘴唇的动作，判断哪些音是母音。在满一岁之前，他们已经可以把字和意思联结起来。十八个月大时，他们开始学习词汇，学到词汇的数量会高达两千多个。不管是智力方面，还是生理方面，和成年人相比，这样的学习成果是非常惊人的。

女孩大脑中处理说话的区域，主要是在左前脑，只有一小部分和右脑互相联结。女孩在说话时左右脑都会应用到，因此女孩有很好的口才。她们喜欢说话，也很爱说话。

女孩说话、发音比男孩清楚。男孩一般常用“嗯”、“哦”，以及“好像”之类的语助词，而且常会忽略尾音为“g”的音，而且在说话时只会用三种音调，但女孩会用五种音调。当男人聚在一起看足球转播赛时，主要目的是看电视，因此他们之间的谈话只有“给我洋芋片”和“谁去拿啤酒”，而一群女人聚在一起看电视时，她们主要的目的就是聊天。在选择电视节目时，女人通常会选择看连续剧，剧里的角色与剧中的情节会使她们产生共鸣。

由于女孩天生具有语言天赋，所以父母更应鼓励女孩说出自己的感受和体验、积极表达自己的观点。而此时父母的鼓励决定了女孩是否敢于发挥自己的语言天赋。那么，父母要使用什么方法才能鼓励女孩发挥语言天赋呢？

方法一：婴儿期，是女孩语言能力训练的黄金期

在女孩还是小婴儿的时候，爸爸妈妈就要开始对女孩进行语言训练。有些父母会认为：我就是跟她说话，她也听不懂，反复地说更是徒劳。但大多数父母仍然会不断地与女孩说话。就像期待女孩喊第一声爸爸妈妈那样，他们期待女孩说出第一个单词、第一个句子。女孩终于学会说话了，父母既感到欣喜，也感到不知所措。因为，从这个时候开始，多数父母发现，他们不知道该如何指导这个叽叽喳喳、什么都要说、什么都想说的小丫头了。

如果你想拥有一个口齿伶俐的小女儿，最好抓住2～5岁这个关键期。在这个时间段内，你要鼓励女孩不断地说，不停地说，不要责备她们，对她们发出的每一个字，都要给予积极的响应。

小兔——小白兔、萝卜——红萝卜——又红又圆的萝卜……尽量引导女孩清楚准确地进行表达。当你和女孩交谈时，也要尽量改变你的口语习惯，使用清楚标准的词语和句子同她对话。“小白兔抱着一只又红又圆的大萝卜，来到小熊家里。”诸如此类的语句，反复进行，这将大大提高和加快女孩的语言表达能力。

方法二：和女孩一起读书，鼓励她们在公共场合表达自己的想法

我们常在电视上看到一些专家、学者或者演讲家等人，他们有着口若悬河、幽默风趣的谈吐。为此很多父母认为：如果自己的女孩将来也能有那样的口才该多好啊！但是女孩光能说还不行，还要说得有理有据、有声有色！想要让女孩有良好的口才，就得在女孩的学识上下工夫。女孩脑子里有知识，嘴上才能说出来。所以，平时要多陪女孩读书，教会她们如何表达自己的观点，有效地说服他人；鼓励女孩参加学校组织的讲故事、辩论、演讲比赛等，这些不但能锻炼女孩的语言表达能力，还能提高女孩的思辨能力，并且也会让女孩在公共场合和公众面前表达自己的观点。

方法三：做好示范，教女孩得体的表达

李强带着女儿来到朋友家，正巧朋友的女儿小芸也在家。李强对他的朋友发了一番感叹：“小芸有二十多岁了吧，真快呀，记得我头一回来你们家的时候，她才这么高，像朵花似的，现在都长成大人了。”

李强的女儿仰着头说：“姐姐亭亭玉立的，真好看，我长大后也要像姐姐一样漂亮。”

李强说话是很不得体的，说小芸当初“像朵花似的”，言外之意是说小芸已今非昔比了，从而破坏了会见的气氛，但他的女儿就很会说话。

父母们教女孩如何正确得体地表达自己的看法，是养育女孩最为关键的内容之一。在人际交往中，语言能力好、表达优雅得体的女孩，自然更受人欢迎，更容易得到别人的认可，更加有利于女孩未来的发展。美国很多有钱的父母送小孩子去学表演，大多不是为了要孩子当演员，而是培养其公众言行能力，这是一个人事业成功的关键能力之一。

在生活中，我们难免会像上例中的李强一样，犯一些说话不得体的错误，很多父母只晓得教导女孩，却很少意识到自己正是女儿活生生的榜样。在女孩面前，父母说话应该尽量小心，不当着女孩的面说一些不该说的话，尤其不要在女孩面前口不择言，脏话不断。家庭条件好的父母，还可以让女孩参加一些语言训练班、小主持人训练班等，鼓励女孩参加学校的各种朗读比赛、讲故事比赛等，有意识的训练女孩的语言表达。而有一些父母欣喜于女孩能说会道，但如果引导不当，女孩的能说会道则变成了“说三道四”。这不仅不能提升女孩的外在形象，还会使周围的人对她日久生厌。所以，父母们在发展女孩的语言能力时，要对女孩进行道德教育，这样可使女孩的谈吐不仅动听，而且富有人格魅力。

细节5：女孩的优势（二）：发挥女孩心灵手巧的天赋

女孩爱美，并喜欢自己亲手去创造这种美。她们喜欢亲手布置家居，做布艺，做小手工，这些不但可以培养女孩的审美观，而且可以锻炼女孩的手眼协调能力，让她们变得更灵活、更聪明。

我们先来看一则妈妈的日记：

当有一天，我看到女儿右手笨拙而执拗地拿起筷子来自己吃饭，当她挣扎着坚持自己穿起新裙子，当她一定要帮我翻动锅里的菜……我既开心又担心。她的那双小手就像被施了魔法，不由自主的指挥着她成天挥舞着，无论我怎样喝止，都无法使她停下来。我担心她不小心受伤，她走到哪里我的眼睛就得跟到哪里，盯着她的小手，生怕她拿起刀子就把自己手指当成橡皮泥切掉。我藏起家里所有会使她受伤的东西，水果刀，剪刀、针、钉子。看到带尖的、带刃的，我都本能地收起来，锁起来。然而，有一天，我看见，那把被我用完忘记收起来的剪刀，在女儿手里变戏法似的，将衣服剪出了一朵不规则的小花……如今，4岁的女儿学会了用水果刀切苹果，奇怪是，她似乎从一开始就分得清哪些是手指，哪些是橡皮泥。

我们会发现，女孩从小就喜欢动手。她们模仿妈妈给布娃娃做衣服，给自己布置小房间，在厨房里学着妈妈的样子炒菜，做饭……她们的小手还很笨拙，稍不注意就要把自己弄伤，把家里弄脏。虽然她们常常惹祸，但是也会有出其不意的作品出现。比如，她3岁时就学会了自己穿衣服，自己系鞋系；4岁时画出了自己的一幅作品；5岁时给布娃娃缝出了第一件裙子……这就是女孩，她们生来就有一双灵活的手。

拥有一双灵巧的手，是一个女孩的福气，因为她拥有了更多同世界对话的机会。当女孩沉浸在自己的世界里，她所使用的不仅仅是手，而是她的大脑，是她的大脑在创造，在思考，在指挥着女孩的手协同工作，女孩希望用自己的双手去控制和创造她所接触到的世界。然而，当女孩好奇地伸出她们的小手时，一声“宝贝，小心!”，随后身后会突然伸出一双大手，紧紧地抓住她的小手。女孩的小屋里，在墙上开放着歪歪斜斜的花朵，但爸爸妈妈却不肯给她涂色的机会。

北京的李女士是一个民营公司的老总，女儿旦旦五岁，聪明伶俐，虽然家境条件优越，却一点都不娇气，爱劳动，会做家务，心灵手巧。

一个朋友到李女士家里吃饭，看到餐盘边摆着一朵用面泥捏出来的豌豆花，忍不住伸手摸摸。李女士说：“这是女儿旦旦的杰作哦。”“旦旦的杰作？不可思议，不可思议。”朋友脸上露出惊讶的表情。李女士又指着沙发边上的两个并排摆放的小布熊，说，这也是旦旦的杰作。小布熊缝得很有艺术感，刚进门时，这个朋友还为李女士的品位打心眼里赞赏呢。

李女士的朋友想：自己的女儿已经15岁了，衣服不会洗，饭也不会做，更别提针线活了。人家的孩子是怎么教育的呢？

那么，我们来看看李女士是怎样培养女儿的动手能力的。

从女儿出生那天开始，我就给自己制订了一个教育原则：她自己能做的，父母绝不替她做。不到1岁，我喂她吃饭时，她开始伸手抓我手里的勺子，从那天开始，我就让她自己拿勺子吃饭，我把她的小手洗干净，其他的事情就由她自己来了。看到别人家的孩子四五岁了还要父母喂饭，我真想对他们说：“让孩子自己来！”

三岁时，女儿学会了自己穿脱衣服、系鞋带、自己收拾玩具、擦桌子、扫地、拿报纸、端茶水这些活儿，都由她自己来做。总之，只要她能做的事情，我都要求她自己来做。我只是在旁边耐心地等待她，直到她做好为止。每次，她把事情做完了，小脸虽然累得通红，却是一副骄傲满足的样子，真是让人高兴。家里虽然有保姆，但只要是旦旦自己的衣服、自己的小碗，都是由她自己来洗，我们绝不许保姆替旦旦做任何应该由她自己来做的事。

过年过节，我们大家围在一起包饺子，每次她都有参加，刚开始包的不是破了皮，就是捏不住，慢慢地就像个样子了。就从包饺子开始，女儿爱上了捏面泥、捏小人、捏花草、捏动物……因为喜欢捏面泥，又喜欢上了画画，这都是一连串的连锁反应。

通过早期的动手训练，旦旦明显比同龄孩子显得聪明。许多孩子做不好的事情，对旦旦来说，轻而易举就能做到。旦旦爸爸平时喜欢玩电脑游戏，旦旦就在旁边看，不到十分钟，旦旦就知道如何操作了。旦旦看小表姐弹钢琴，她在旁边看了一会，自己就能弹出123……

通过做这些事，旦旦的手明显地巧多了，这对她学习其他的东西大有好处，我觉得这些都和旦旦平时做事锻炼了手的能力有关系，而手的锻炼又刺激了脑的发育。因此我的体会是：父母不要什么事都替孩子做，否则会轻而易举地剥夺了孩子劳作的快感、动手的体验。

“心灵手巧”，这一词汇形象地说明了人们手和脑之间的密切关系。人的大脑中，有一些特殊的、最积极的、最富有创造性的区域，当双手从事一些精巧的动作时，这些区域的活力就被激发出来。而手的动作又是和思维活动直接联系的，信息从手传到大脑，又由大脑传到手，促进思维发展。女孩喜欢做一些精巧的工作，这不仅有助于培养女孩的生活情趣，还会促进她们的大脑发育。

平时，父母要让女孩学会自己缝补衣服、钉扣子。当然，现在的女孩很少有这种机会。妈妈平时可以和女孩一起做一些小手工布艺品。女孩对针线感兴趣，父母可以给她准备一个“巧手篮”，放一些布头儿或者毛线，让女孩用来给布娃娃缝制新衣；如果家中有空闲的地方，可以让女孩养一些花草，让她们亲自照顾花草，这也可以增强女孩的动手能力。对女孩的作品，父母也应该进行夸奖，父母的夸奖往往对女孩产生积极的暗示。

细节 6：X 染色体——决定女孩一生的成长轨迹

生女孩还是生男孩，到底是由什么决定的呢？答案就是染色体。

说到染色体，就不能不提到DNA。平时，DNA散乱地分布在细胞核中，当细胞准备分裂时，DNA便与组织蛋白结合，然后缠绕成巨大的染色体。所以，染色体是遗传信息的主要携带者，是遗传基因DNA的载体。

人类细胞内的46条染色体按其大小、形态配成23对，每对均来自亲代双方，称作同源染色体。第1对到第22对叫做常染色体，为男女共有；第23对是一对性染色体，就是决定女孩性别的X染色体和决定男孩性别的Y染色体。

不要小看这小小的X染色体，它不仅决定了女孩一生的成长轨迹，还塑造了她们独一无二的个性。

2005年3月17日，英国的《自然》杂志发表了一份研究报告说，从基因的角度讲，女人比人们想象的要复杂，而男人却是一群简单的生物。如果你结识了一个男人，那你已经结识了所有的男人。

据这项研究的作者，杜克大学基因学家亨廷顿·韦拉德博士说："我们这群可怜的男人只有45条染色体在运作，女人们则有完完整整的46条染色体让她们尽情地展现她们的女性魅力。值得一提的是，她们的第46条染色体，即性染色体，又是一个X染色体，它的存在更是超乎常人想象的让女人们大放异彩。"

亨廷顿·韦拉德博士的合作者劳拉·卡瑞尔认为，他们的这一发现能够帮助人们了解男女行为、特征差异的原因。究其原因不仅在于她们的神经系统和身体系统的"软件"复杂，更在于她们有比男人们更复杂的"硬件"物质基础。

英国韦尔科姆基金会桑格研究所马克·罗斯博士指出："从X染色体的遗传模式、独一无二的生理特性以及与人类疾病联系等方面来看，X染色体绝对是人类基因组中最不同寻常的。"女孩身上这条不同寻常的X染色体有很多特点。

基因序列证明：X染色体上一旦出现某个基因，就不会在进化中失去它。

从X染色体基因序列草图看，人类X染色体上有许多片断与鸟类常染色体上的片断一致，从而证明了X染色体是从一般的染色体进化而来的。

X染色体比较合群，每当哺乳动物的卵巢制造卵子时，每个X染色体都会与它的X伙伴交换基因，借此提升自我。X染色体不像Y染色体，它并不热衷于隐居生活。在每个雌性哺乳动物体内，X染色体都会自由自在地彼此互动。因此，摧毁Y染色体的退化现象并未发生在X染色体上。

科学研究还表明，人类的智力基因集中在女性的X染色体，男人的智力来自母体。

小小的X染色体，不仅是女孩性别的决定者，还是女孩成长轨迹的制定者，这本身就是一件无比奇妙的事。当然，为了完成女孩的成长轨迹，X染色体还需要雌性激素的“帮助”。在雌性激素的帮助下，女孩将表现出很多女性的特质——进入青春期后出现第二特征，最终成长为一个成熟的女性。

生活中，我们对女孩的印象也侧重于“安静，乖巧”，她们多半文静，懂事。同龄的女孩往往比男孩要听话，在学校里个个都是好学生，在家里也是乖乖女。女孩大都喜欢与人交往，在陌生的环境中能很快融入其中。女孩都有很多朋友，而且女孩也很会讨父母和老师的欢心，这不正好说明了女孩身上的X染色体很“合群”吗？此外，X染色体不仅强化了女孩天生具有的这些女性特征，也让女孩具有很多天生的弱点。

雯雯很敏感，特别爱哭。有时候，爸爸妈妈和她说话的口气稍微重一些，她的眼泪就会如同断了线的珠子一样，怎么也停不下来。

晴晴很怕黑，晚上不敢关灯睡觉，也害怕一个人睡觉，总得妈妈陪着才能入睡。

兰兰很“软弱”，只要别人有不同的意见，她就立即放弃自己的想法。

兰兰特别在乎朋友，总担心朋友和她关系不好。

……

女孩之所以会有这么多弱点，究其原因在于X染色体“比较合群”、“并不热衷隐居生活”。正因为这样，女孩非常注重人与人之间的关系，害怕自己与别人的关系破裂，在有不同意见时，她们常常会放弃自己的立场，委曲求全。这样，她们身上那些“胆小”、“软弱”、“敏感”的弱点也暴露无遗。

了解X染色体，能让我们更好地了解女孩。正因为这小小的X染色体，女孩才如此看重我们对她的评价，如此关心爸爸妈妈是否爱自己。因为女孩要用这些来衡量自己与爸爸妈妈之间的关系。如果女孩认为爸爸妈妈不爱她了，那么她就会产生强烈的不安全感。如果一个女孩长期处在这种不安全感中，那么她的心理就会受到很大的影响。

细节7：培养女孩，警惕性别思维定势

了解女孩与男孩的种种不同之处，是养育女孩的一个前提。这样，我们可以理解女孩在成长过程中遇到的种种困惑，并采取相应的方法来帮助她们。但是，这并不是说我们一定要“照本宣科”，

严格地遵照这些“金科玉律”去养育一个女孩，那样反而容易陷入性别思维定势的误区。

一般而言，女孩在语言、书写和记忆方面的能力更强，在数理逻辑、机械操作及解决问题等方面的能力比较弱。然而，这并不是绝对的，更不是一成不变的。女孩将来的能力并不因为她是女孩就定性了。

比如，很多人都认为女孩在低年级的学习成绩比较好，到了初中及高中就比不上男孩了。按照这种观点，升入大学的女孩更是“屈指可数”了。现实果真如此吗？

一份来自中国教育统计网的报告显示，1997 年，普通高校在校生中女生的比例为 37.32%，2005 年，这一比例达到了 47.04%，并呈现出逐年上升的趋势。“高校女生潮”可谓是来势汹汹。事实上，女多男少的现象正从语言类、师范类院校逐渐向综合型大学蔓延，包括一些理工科院校，女生的比例也在逐年攀升。

王瑞从复旦大学毕业已经 6 年了，2006 年有事回了趟学校，见到的情景让他着实很惊异。进了校园，感觉到处是“姹紫嫣红”，走在路上，迎面而来的多是女生。

王瑞学的是历史专业，虽然是文科专业，但那时男女比例并没有现在这么夸张，全校男女生人数大体相等，男生略多一些。那时候，女生，尤其是理工科专业的女生，常常被“众星捧月”——班里的男生都会主动帮女生去买东西；上热门课时，教室里第一排位置都让给女生；节假日，男生都会组织好各类活动；毕业时，理工科班级的男生会集体站在女生楼下为班里仅有的几个女生唱歌……

王瑞后来和朋友笑称：“按现在这个情形，估计是男生想帮忙也帮不过来了。”

据了解，2010 年，在复旦大学录取的 3871 名新生中，男生

1847名，占47.7%；女生2024名，占52.3%，这是该校历史上女生人数首次超过男生。

事实上，女生的学业优势实际上已经成为全球性话题。在那些曾经被男性所主导的领域里，也出现了越来越多的女性的身影。当然，高校女生比例提高的原因比较复杂。比如，可以看成是社会进步、教育公平的表现，这也说明女性享有充分的受教育的权利。从另一个角度说明，女孩完全可以在自己的弱势领域得到很好的发展，也能够承担起重要的责任。这就需要父母改变对女孩性别上的种种思维定势，一方面接受女孩的性别特点，给予女孩足够的关爱和支持；一方面又不能完全局限于这些特点，要知道女孩与男孩的差别只是一种发展趋势，这些差别并不适合于每一个女孩。

女孩虽然有她自己的天性，但是，也需要吸取异性身上的特征来弥补自己的不足。父母在培养女孩时，应当给她提供与男孩玩耍、自然交流的机会，这样女孩能够从中培养勇气、自立精神及坚强的心理素质。

女孩应在发挥自己“性别”优势的同时，注意向异性学习，克服自己性格上的弱项，促进身心的全面发展和人格的完善。但是，这并不等于抹去女孩的性别特征，把女孩当成男孩养也是很危险的。女孩和男孩固然有天生的差别，但后天的练习能帮助大脑建立起更多的联系。如果把一个女孩用养育男孩的方式教育，那么她长大后会有很多男孩的行为。

小路的爸爸是一个乡下干部，不喜欢女孩的矫揉造作，从小对小路严格要求，希望她长大了像男孩一样坚强勇敢。为此，他一直鼓励女儿“像个男孩”。

小时候，小路的玩具都是车模和小手枪，衣服也是典型的男孩式样，连发型都是一成不变的“假小子”。

爸爸的苦心没有白费，小路长大以后，完全没有一点女孩的小家子气，无论是生活还是工作，都风风火火。学生时代，小路就被一帮男生尊为“路哥”，女生则对小路敬而远之；参加工作后，小路也和男同事们打成一片。

很快，小路到了谈婚论嫁的年龄。可是，小路却有点“找不着北”。身边那些“林妹妹”们一个接一个地有了中意的男友，可她的“另一半”却迟迟不来。眼看着小路的年龄越来越大了，爸爸开始着急了。

小路的故事还没有结束，因为童年时代的“男孩烙印”已经深深刻在了她的灵魂里，她面临的不仅仅是找一个男友的问题，还有随之而来的婚姻、家庭问题。

小路所面临的难题，其父亲无疑要负更多责任。

女孩就是女孩，她原本就与男孩有着种种不同之处。作为父母，要做的就是注重女孩的天性，并且教育得法，从而让每个女孩都能发挥自己的潜能，充分地展现她的才华。

性别本身没有优劣，但每个女孩却有着自己的优势和劣势。身为父母，应该明白这一点。

第二章 | 女孩的脑子里都在想些什么

那些要同时养育男孩和女孩的父母会发现，女孩似乎天生就胆小、害羞、敏感，喜欢粘人，喜欢被关注的感觉。很多父母无法理解女孩的这些需求，甚至把这些视为女孩的缺点而加以指责。这些真的是女孩与生俱来的缺点吗？当然不是，任何一个缺点的背后都另有一个美好的优点，只要善加引导，每个女孩都可以成为可爱的天使。

细节 8：雌性激素和孕激素主宰女孩的一生

女性特征主要体现在雌性激素和孕激素上。医学博士德博拉·西奇尔说："女性的生物学本性是保证她精神健康的基本要素。"一个女孩真正发育成女人，无论是她的身体上的变化还是心理上的变化，都必须要靠体内性激素将其激活，所以说雌性激素和孕激素是勾画和完成女性蓝图的关键。

对于那些小于 8 岁的女孩来说，她们的生活在很大程度上，受到了自身脑系统的遗传发育模式以及环境的影响，其中性激素并没有起到多大的作用，她们和这个阶段的男孩一样，主要是依赖生长激素的控制。

8岁或10岁后，当女孩的卵巢开始产生和成年人相同剂量的性激素时，性激素的影响以及性激素对情感生活的介入，将对她们产生翻天覆地的影响。人类生物化学的研究成果已经告诉我们：为了让女性的身体和性器官完成从小女孩到成年女性的彻底转变，雌激素、孕酮以及其他次要的激素还要指导情感的、心理的以及精神上的转变。它们可以穿越整个身体和脑，告诉细胞该做什么、怎么做。性激素会为女性的生存、成功、幸福、自尊和生活质量提供越来越多的保障。

有人认为性激素只是女孩的一小部分，但迈克尔·格里安博士却认为：了解性激素是理解女孩一切的一个方法。掌控了性激素，就可以帮助女孩走进真正自由的自我世界。

迈克尔·格里安博士在《女孩是天赐的》一书中讲了坎迪斯和她母亲的故事：

刚刚进入青春期的14岁的坎迪斯和以前不一样了，她开始变得浮躁、冷淡、叛逆，极其易怒，甚至需要警察的帮助。她的饮食习惯也发生了变化，甚至还遭受着失眠的困扰——她被诊断患有抑郁症。用她妈妈的话说："她已经由一个非常温柔可爱的女孩变成了一个麻烦的易怒者。"于是，妈妈把她从公立学校带出来，经过了3次有规律的转学之后再把她送到了一所私立学校。尽管这个私立学校对坎迪斯很有好处，但她依然不能恢复原有的快乐，甚至还有自杀的企图。

后来，坎迪斯的妈妈听了迈克尔·格里安博士有关女性荷尔蒙的课程后，她突然知道了该如何帮助女儿。坎迪斯的妈妈后来对博士说："你讲的内容就犹如在我的脑海里突然点燃了一盏明灯。"那天晚上坎迪斯的妈妈和爸爸进行了一次交谈，之后，又和心理医生交换了意见。他们换了一个新的心理医生，因为原来那个心理医生从来就不知道关于性激素方面的诊断。他们找了一个十分了解这方面知识的人，随后在他的建议下改变了坎迪斯的膳食——在她的膳食中特别添加了蛋白质和维生素，以便使她身体内的孕酮水平保持平衡，大脑内部孕酮的受体本身并不能自动地与孕酮结合。在坎迪斯补充了孕酮之后，她不再依赖那些抗焦虑症的药物了。坎迪斯不仅过上了正常的生活，而且找回了自信，在学校里表现得十分出色。

在我们身边，像坎迪斯一样患有抑郁症的女孩应该还有很多，但像坎迪斯一样幸运的女孩却很少。很多妈妈对自己的女儿感受到焦急、忧虑，束手无策。如果能让她们都知道这个故事，了解一些关于女性激素的知识，相信她们一定能找到帮助女孩的办法。

大脑结构、性激素、染色体决定了女孩和男孩的不同。其中，性激素是通过连接到大脑细胞里的受体位置，来告诉女孩体内上百万的细胞该做些什么。

在大脑细胞里有雌激素受体、孕激素受体、睾丸激素受体，此外还有其他激素的受体等等。这些性激素通过连接到与之相对应的位置，而影响着大脑里的神经递质，随后又影响着身体里的活动。

一般人都认为"雌激素"是一种荷尔蒙，事实上它是一个家族的统称，其中包括雌三醇、雌二醇和雌酮，以及其他至少5类相似的雌激素类型的分子。虽然这些成员在结构上都有些差异，但它们都以雌激素的名义共同活动，在具体的功能上略有不同。它们一起组成了雌性激素，这种被认为是具有最重要力量的物质之一。

雌性激素对女孩而言，是最有影响力的一种荷尔蒙，直接影响到女孩的身体、精神以及情感。此外，雌性激素还控制着4种重要的神经递质的传递，它们就是：去甲肾上腺素、5-羟色胺、多巴胺以及乙酰胆碱。

女孩情绪的稳定与否、思考问题的过程、理解事物的程度、记忆力的好坏都要受到这些神经递质的控制。此外，女孩的喜好、面对压力的反应、性冲动也离不开这些激素的作用。另外，雌性激素还可以增强谷氨酸盐的活性，这是一种能够促进大脑神经之间联络的神经递质。

雌性激素对女孩而言，是一种“亲近”的荷尔蒙，它让女孩自我感觉不错，并为自己拥有亲密的人际关系而感到高兴，同时对生活充满了热情。雌性激素还能和大脑里的其他化学物质相互作用，比如前边提到的5—羟色胺，两者的结合可以增强女孩与家庭、爱人、小孩、朋友之间相处的舒适感觉。

在女孩生理期到来之前，雌性激素数量会升高，而5-羟色胺同样会填满神经细胞里的空隙。这样，女孩的神经传递和她的知觉、情绪以及行为开始变得很有活力。这个时候，她希望从朋友、亲人及认识的人当中得到更多的关注，而周围的人也会感受到她那种舒适、愉快、安全的感觉。

另外，雌性激素对乙酰胆碱、去甲肾上腺素、多巴胺和神经细胞的影响有着类似的作用。当神经传递填满了以上所有这些物质时，女孩会从内心感受到友谊的美好，并且会十分渴望得到友谊。

孕激素与雌激素很相似，但是只有雌激素及它的激素家族才是女孩主要的荷尔蒙。孕激素被认为是一种和雌性激素“相互对抗”的激素。这个说法是合理的，因为它们有着相反的物理结构。

同时，当孕激素在每个月的生理期内增加的时候，它会特意地指导细胞产生较少的雌性激素，从而阻碍了雌性激素的作用。这样做是为了保证繁殖的顺利进行，如果雌性激素没受到阻止，繁殖也是不可能进行的。

孕激素还被称做是“具有结合能力”的激素，它能让受精卵准确地附着在子宫壁上。一些科学家也认为，女孩之所以非常看重“人与人之间的关系”，就是受孕激素的影响，尤其是在孕激素增加了其他的化学物质（如催产素）的含量时。

正如前边所说，女孩喜欢抱小孩、逗小孩以及喜欢照顾小动物的天性是和催产素联系在一起的。

在每个月的生理期内，雌激素水平会降低而孕激素水平会增加。这样一来，女孩们的生活发生了改变，她们会感到孤独、急躁、失落。为了让女孩的心里感到平衡，孕激素和雌激素需要处于平衡状态。一般来说，这种平衡是十分脆弱的，而且在每个月的生理期里会更加脆弱。

同时，孕激素结合到大脑里的g-氨基丁酸受体上，而且还和5-羟色胺相互作用，这会增加女孩对亲密关系的“美好感觉”。

女孩会不断地问自己：“我和她的关系还好吗?”、“我们怎么样呢?”

正是因为女孩的这一特点，女孩与男孩在看待周围世界的时候，才会表现出很大的不同。

一位妈妈这样评价自己的儿女：女儿蕙子总是想知道我对她的评价如何，是否爱她；儿子杨子却总是发表对我们的评价，一直想要表达他的看法。

是的，每个女孩都迫切地希望知道父母对自己的评价，以及父母是否爱自己。如果她们认为父母不爱她们，她们就会产生强烈的不安全感。如果女孩长期处在这种不安全感中，她们的心理健康就会受到很大的影响。如果她们认为父母是爱她们的，那她们就会产生极大的愉悦感和安全感，她们的行为也会因为这种感觉而变得更加合作、友善。

女孩还会重视与自己有关的任何人之间的关系。细心的父母也许会发现，当女儿与他人的关系不融洽时，她们会极度地伤心、难过。在这种情况下，父母们常常会听到她们说这些话："老师怎么不喜欢我了呢？是不是我做错了什么？""今天小丽玩游戏没有带上我，我以后不和她好了。""今天我让朋友不高兴了，我很内疚。"因此，在女孩的成长过程中，父母要给予她们更多情感上的爱护，让女孩觉得自己是被爱的、安全的。在这样的氛围中，女孩才可能形成良好的人格特征。

细节 9：同伴关系网——引导女孩建立"关系式人生"

女孩天生就是靠"关系"来编织和理解这个世界的。正如西丽亚·哈拉丝博士在《为什么女人不能更像男人》一书中所说："一个女人的幸福程度更多地取决于对她和她所爱的人的关系的满意程度，而不是生活中的其他成就。"

一项科学研究表明，女孩易于考虑周围的人，无论是家庭、朋友、合作者，他们的幸福要比物质需求更重要。

女孩体内激素的周期是如此灵敏，它们对女孩的个性、情感、道德、精神和身体发育都有着非常重要的作用。雌性激素、孕激素等使女孩不像男孩那样富有攻击性、冒险性和控制欲，也不像男孩那样乐于变化、倾向投机、尝试和付诸行动，而是更有预见性、稳定性、安全感、谨慎细心，也正是这样，女孩把友谊和家庭看得比成就和机会更重要。

女孩不像男孩那样喜欢独立和竞争，她们更喜欢和谐、融洽的交流，无拘无束地与人相处。女孩通过沟通和交流与周围的人维持关系，并渴望从关系中得到关爱和友谊。

比如，同样是一场比赛，男孩从上场开始就想着如何拿冠军，女孩却在想着怎么样和对手保持友谊。获胜的女孩很可能会安慰对手："你很棒！下一次你会赢！"

女性的人格正是在关系和联络中得到自我确定，并由此及彼扩大影响。女孩在人生的成长过程中，不是去学习拥有单独的自我感觉，而是设法随着关系网的扩大不断地发展自我。

国了解孩子在有同伴和没有伴情况下的差异，著名心理学家福特做了一项实验。

研究人员找来 4 个孩子，分成两组看幽默卡通片，其中一组的两个孩子本来就是朋友，而另一组的两个孩子彼此陌生，观察他们在相同的环境里看幽默动画片过程中的不同表现。实验结果显示，是朋友的两个孩子比不是朋友的两个孩子获得了更大的快乐。在看片的过程中，前者大笑和微笑得次数更多，并且有更多的交谈和相互注视，分享彼此的情感等，而彼此陌生的两个孩子就表现得较冷淡。

还有更多的实验，都证明了同伴关系对孩子的成长和发展有着多方面的影响。对孩子来说，他们社会性发展的一个极其重要的方面就是同伴关系。孩子 3 岁以后，同伴关系在他们的生活中变得越来越重要了，共同的兴趣、互懂的语言、平等的地位，使得孩子们很自然地在一起玩耍游戏。特别是天生注重关系的女孩，这一点显得更为重要。

美国著名作家、教育家艾里姆夫妇在《养育女儿》一书中曾把女孩对情感的要求解释为对"关系"的需要，他们认为，女孩在交往中更容易受以下问题的驱使：第一，我们之间有关系吗？第二，我们之间关系的本质是什么？第三，在这种关系中，我处于何种地位？第四，要维持彼此的联系，我应该做些什么？而男孩重视的问题却是：第一，谁是领头人？第二，规则是什么？第三，必须按规则办事吗？

心理学家约翰·格雷博士也把女性称作“义务心理咨询师”，因为女性更关注自我和他人的情感世界。女孩乐于展示她的爱，她的关心，她的美德。

我们能改变女孩的这些特点吗？不能。这是女孩的优势，父母在帮助女孩发挥优势的同时，也要注意不要让女孩在交往中陷入麻烦。

当爸爸妈妈抱着理解的态度来看待女孩们的行为时，女孩的问题就会变得明朗，而且易于与女孩共同生活。在成长过程中，女孩以这样或那样的方式寻求照顾或被照顾，而这种方式在某个时候可能是不成熟的，可能会起反作用。

当女孩在各种关系中挣扎时，很容易迷失自我。如果女孩不理解生存关系中互惠互利的重要性，那么她们很可能会以损失自身的需要为代价来学习给予他人。更严重的是女孩把自己也给了别人。而这一点，也正是爸爸妈妈最不愿意看到的。因此，爸爸妈妈既要尊重女孩对关系的要求，给予女孩足够的关爱和支持，又要及时引导女孩建立一个健康的关系网。

要建立一个健康的关系网，女孩本身应当是一个“健康”的女性。心理研究表明，当女孩意识到自己是某种关系的一部分，并能表现出对这种关系的关心时，女孩的自尊心就能增强，也就能够建立正确的自我意识，这样的女孩一般都很独立、自信。

针对女孩的这个特点，爸爸妈妈要引导女孩清楚地知道自己的需要和情感，而不是为了将就一个“关系”，做出让自己违心的事，更不能为了一个可有可无的“关系”，而牺牲自己的情感，去满足别人的需要。

另外，女孩往往把关系看成是行为的基础，她的行动就是试图与别人保持关系。但有的时候，女孩会比较被动，不会去争取一个“关系”。那么，爸爸妈妈就应当鼓励女孩采取有目的的行为，只要是对女孩身心有益处的关系，都应主动争取，融入关系之中。

此外，有些女孩在发展自己的关系时，遇到问题会下意识地反抗。如果反抗无效，要么就极端顺从，要么就非常叛逆。

无论是哪一种行为，都不利于女孩的“关系”发展。因此，父母要让女孩意识到自己的行为会对他人产生影响，单纯地压抑自己或者任由自己的情绪去发泄，都不是好的做法。

细节 10：“谁误解了女孩”——解读父母养育女孩的认知误区

女孩是美丽的、活泼的、娇柔的，善良的……她是善和美的化身。然而她也会时不时地乱发脾气，摔东西，大吵大嚷，执拗，撒泼……人前的小天使，背后也有调皮的“魔鬼”一面。作为父母，不仅要了解女孩的优点，也要了解女孩的缺点。

咪咪是一个小女孩的小名，她的妈妈非常喜欢猫，于是也希望自己的女儿能像猫咪一样招人喜欢，所以叫她“咪咪”。咪咪确实可爱得像只猫咪，但有时候也像猫咪一样调皮。

咪咪像所有同龄的小女孩一样，衣着总是干干净净，笑起来有两个小酒窝，像个小天使。但拥有纯净笑容的咪咪，在幼儿园却以咬小朋友为乐，多次被老师警告；当咪咪被别的小朋友欺负时，又楚楚可怜得像只受伤的小鸟；她爱护小动物，央求妈妈把公园里快饿死的小刺猬带回家，不过有时候咪咪却会对路边的野狗乱发脾气；当她不小心打翻了家里的花瓶，还会乖巧地用扫把把地打扫干净，然后向爸爸妈妈撒娇。

妈妈经常会感慨：漂亮、可爱、暴怒、苛刻、同情心、胆小、害羞、乖巧等性格，混合在一个小小年纪而又美丽的人身上，咪咪是美好与可恶的混合体，是一个矛盾的小天使！

在对女孩的家庭教育中，父母往往看重一些美好的特质，就像做一道口味熟悉的菜品，按部就班地放入调料，一旦菜中出现不协调的味道时，就想方设法地去除它。这是因为，父母并没有从本质上去了解女孩究竟是怎样的。在父母与女孩逐渐磨合的过程中，父母往往才会认识到，女孩或许并不像他们想象的那样。这就需要父母端正自身的认识，看看进入了哪些认知女孩的误区。

1. 走出认知误区一，不再认为女孩是温顺的小绵羊。

女孩小的时候，也有过爬树的欲望，也想到房顶上去看看更美的景色，甚至有的女孩这样去做了。但父母往往丝毫不支持女孩这样的行为，不是说“危险！不准这样做”，就是“你简直像个野小子”。在父母的内心中，总是认为女孩就是温顺的小绵羊，不能像淘气的小猴子一样爬上爬下。

其实，父母的上述表现正是在向女孩暗示：“你是弱者，你需要保护！”这种信息传递的结果就是：女孩真的变成了温顺的小绵羊，不相信自己能够做好，而且理所当然地依赖父母，结婚后依赖丈夫，成为生活中的附属品。女孩也需要在失败中成长、在挫折中磨砺、在反抗中寻找自我。父母需要换一种眼光看女孩了。

2. 走出认知误区二，不要像教育男孩那样教育女孩。

女孩有其独特的属性，本书强调的正是用与教育男孩不同的方法来培养女孩，因此父母更要做好准备，让思想经受一次洗礼。

3. 走出认知误区三，不要认为过于开朗的女孩是“假小子”。

小九不像一般的女孩那样，她不细心，大大咧咧，不拘小节；她独立性强，不用父母指导就能自己的事自己做；她不爱撒娇，甚至语言有些粗鲁；她不那么爱干净，觉得衣服不臭不脏就行；她喜欢与男孩打成一片，结交了很多“兄弟”。

这让小九的父母很犯愁，自己的女儿怎么这么像个“假小子”？

父母总是以对女孩固有的印象来要求女孩，一旦女孩打破了这种形象，父母就慌了神，以为女孩变得“不男不女”了。

其实，如果女孩不对男性服装、饰物产生兴趣，不模仿男性的行为动作，就不用有这样的顾虑。小九的这些特性，父母是完全可以接受的，还可以将其中一些特性发扬光大，比如，小九喜欢交友，那么父母可以鼓励小九去结交一些女性伙伴，扩大自己的社交圈子。

如果父母实在觉得这样的女孩“有失体统”，可以在细节方面潜移默化地改变女儿的个性。比如，小九语言粗鲁，那么母亲就需要以身作则，告诉她：“用优雅的语言可以赢得更多的朋友。”要知道，只有父母接受了女孩的性格，才能有效引导女孩发挥性格优势。

4. 走出认知误区四，不要认为女孩就应该文静。

文静是女孩自身特点之一。人常说：“静若处子。”潜意识中我们都认为女孩应该是文静的、内敛的。但在这个竞争激烈的社会，文静并不一定意味着讨好。能够多方面与人交流的人才才是社会所需要的。

文静已经不是女孩必需的品德，父母反而要引导女孩多与人交流、沟通，成为一个交际能手。

5. 走出认知误区五，不把女孩当做花瓶。

把女孩打扮得漂漂亮亮固然很好，但不要把女孩当成洋娃娃、花瓶般对待。女孩不仅要美丽动人，还要有内在的智慧。

当女孩只专注打扮自己的时候，父母可以送给她一本精美的童话集；当她不停地要买新衣服的时候，父母可以陪女孩静下心来读一读历史书。

细节 11：女孩需要更多的爱与关注——女孩的感性

“刘老师，麻烦您照顾一下我家夏夏，今天她没吃早餐就去学校了，因为我说了她几句，她就气鼓鼓地走了，我很担心她。”夏夏妈给老师打电话，心里有些不安。“你说这孩子，怎么就不能说她几句呢？我也没什么意思啊，她可真是想得多”。

早上起床时，妈妈叫了夏夏两次，可夏夏并没有立即起床，妈妈有些生气，就跑到夏夏房间去数落她：“你看看你，都上五年级了还让妈妈这么操心，你到底什么时候才起来啊，我可是等着上班的，养你容易吗，每天起早贪黑的。”

“不容易你就别养了，你怎么不把我丢到别人家去啊?！我正不想待在这个家里呢，整天吵吵闹闹的，烦都烦死了。”原来，夏夏还在为昨晚爸妈的争吵生气呢。

其实爸爸妈妈抬杠、争吵在每一个家庭里都有发生，然而，感性的女孩子常常会感觉到家庭氛围的紧张，由此时常苦恼。于是她在心里想不开，以为是自己的家庭出问题了或者爸爸妈妈不爱自己了。

其实，在日常生活中我们也会发现，女孩的感性可以说是无处不在，她们往往凭着感情做事情。有文学作品曾称女性是“最情感化的动物”。女孩为什么会如此感性呢？

在上一节里我们讲到，女孩体内的荷尔蒙对女孩的性情、情绪有着重要的影响，特别是雌激素，它的活动影响着女孩情绪的波动。其实，女孩的大脑结构也影响着女孩的感性。

研究发现，在孕育的过程中，男女胎儿在大脑结构上的差别就非常明显了。在子宫中，女婴的大脑皮层发育比男婴快，左脑发育比男孩早，大脑中的胼胝体（神经束，连接左右大脑）较男孩发展得更早、更完善。

正是这些特点，让女孩大脑的语言区和感官区比较发达（神经科学家发现，女孩大脑结构中这两个区的面积比男孩大脑中的大20%～30%）让女孩长于想象。

所以，女孩比男孩感性得多。父母在培养女孩的时候，要给予更多的爱和关注。那么，父母们要用何方法来给予女孩关注与爱呢？

方法一：不要忽略女孩的情绪

现在，随着社会竞争的加剧，人们的压力都比较大，很多父母往往忙于工作，而忽视了对女孩的关心和爱护。

爸爸下班回来，女孩兴冲冲地准备上去给他一个大大的拥抱，没有想到，爸爸手一挥：“去去去，爸爸今天很累，没有时间和你玩。”

妈妈下班回来，女孩很高兴地跑过去，手里拿着给妈妈的三八节的礼物，还没有等女孩开口，妈妈就说：“你还站在那里干什么，就知道玩，也不知道努力学习。你知不知道我们每天赚钱有多辛苦？”

其实，这样会让女孩感觉很受伤，她得不到父母的回应，就会慢慢地疏远父母。

女孩都是靠语言来表达自己，同时，她也是在与父母的交流与沟通中来获取父母对她的爱意。比如，妈妈回家看见已经写好作业的女儿说了声："真乖!"她就会为此兴奋很久，觉得妈妈很爱自己。

要想女孩健康快乐成长，父母就不能忽略女孩的情绪，要给她更多的关注，让她时时刻刻都能感受到父母是多么爱她、关心她，她是爸爸妈妈的小公主、小天使。

方法二：给女孩一个快乐、和谐的家

放学了，大家都欢天喜地地跑出教室，恨不得马上飞回家。可琳琳跟大家不一样，她慢腾腾地站起来，走出教室，好像很不情愿的样子，神情也很落寞。班主任碰到琳琳，问她为什么不高兴？琳琳很难过，差点哭起来，她告诉老师，这些天爸爸妈妈都在吵架，家里让人很讨厌，不想回家。老师安慰了她一会儿，说送她回家，顺便家访一下，琳琳这才跟着老师快步走回家。她一边跟老师讲家里的情况，一边说自己好害怕，万一爸妈离婚了自己该怎么办啊？

一个和谐的家庭，能让女孩更多地感觉到幸福和安全。假如父母之间的关系不和谐，经常发生争吵，感性的女孩就会长期处于恐惧、焦虑的状态中，会影响她的心理发育和个性发展，甚至会对女孩将来的婚恋观产生不良的影响。而一家人快乐地相处，会让女孩更懂得宽容，懂得如何与人相处，也会更自信地面对生活。父母们要努力给女儿一个快乐、和谐的家，千万不要让自己的宝贝女儿有琳琳那样的害怕和烦恼。

方法三：及时消除亲子间的误会

"你说现在这孩子怎么都那么不听话呢，才 10 岁就这么犟，以后可咋办?"下班时，彤彤妈跟同事说起女儿时直摇头，小女儿跟她都冷战两天了。

同事说："哎，现在的孩子都这样，我们家那个也是，不过你也不能太强势了，那样孩子会很受伤的，毕竟年龄小。"

"是啊，可怎么办呢？我也是死要面子，自己妥协了觉得在孩子面前没权威。"彤彤妈愁眉苦脸地说。

"我觉得不是这样的，咱们的目的是让孩子健康成长，父母的权威也不是不妥协就能称久建立，要想办法跟孩子和好，这样她才能觉出你的好，'臣服'于你。我建议你写张纸条给女儿，以前我就这么做的。"同事开导她说。

女孩的成长是离不开爱的，但在她的成长过程中，父母与她之间也会不可避免地产生一些误会。每当误会产生时，感性的女孩就会认为父母不再爱她了，会很难过，这时，父母一定要采取措施让女孩感受到你是爱她的。而有不少父母碍于面子，不好意思向女孩妥协，所以就一错再错，这种做法是不可取的。当误会产生的时候，父母可以采取给女孩写小纸条留言的方式，解释彼此的误会和自己不恰当的教育方法，这样，女孩心里的疙瘩就会慢慢解开，会觉得你依然爱她。

方法四：尊重女孩的选择，满足她合理的需求

每个女孩都有自己的爱好和选择，父母应该视情况给予理解和支持，在家里应该遵循民主原则，让女孩也有发言权。比如说孩子要不要学钢琴，孩子要不要上重点中学，都要听听她的意见，只要是合理的都应该采纳。此外，孩子的一些合理的要求也要满足，比如女孩周末要去和同学一起郊游，父母就不能强行把她留在家里写作业，而应给予必要的指导和嘱咐，只有这样，女孩才会觉得你是尊重她的，是爱她的。

细节 12：为什么女孩比男孩容易受伤害——女孩的敏感

一位初一的班主任在自己的工作日志中写道：

我们班上的刘琴是个十分敏感的女孩，每次不管是见到哪个老师，目光总是怯怯的。有一次，英语老师让她回答问题，她没有回答出来，老师就让她坐下了，叫了另一个同学来回答。不一会儿，老师发现刘琴竟然在哭，下课后，老师叫她去办公室，安慰她说不就是一个问题没有回答出来嘛，很正常的，不用难为情。她说，回答不出来问题，觉得同学们都在嘲笑她，她很羞愧。

后来，也发生过几次这样的情况，我就明白这个女孩很敏感，老师和同学一句无意的话或者一个无意的动作，她都会烦恼好几天。我也同孩子的妈妈沟通过，她妈妈说她小时候就是这样的，只要和她说话的人声音大一点，她都觉得是在批评她，就这个问题和她交流了很多次也没有用。

从那以后，我不管什么时候见到她，不管自己心情如何，总是朝她微笑，有时候甚至会鼓励她几句。除了我这么做之外，我还让班上其他的任课老师都尽量多鼓励她，多给她一些笑容。

然而，我还是很担心的，她是我的学生，我能理解，所以给她最大的鼓励，真不知道以后她去其他学校上高中或者上大学、参加工作了，还会不会这样。

是啊，女孩的敏感有时让人觉得莫名其妙，芝麻大的事情都能影响到她的情绪。不少父母在日常生活中也会发现女孩比较敏感：不能受委屈，见不得别人说她不好，更见不得别人批评她，不然就要背上几天的思想包袱，动不动就喜欢掉眼泪；有的女孩还特别怕见陌生人。

相比较来说，男孩的情况就好得多：被大人训斥了，一点也不在乎，别说哭了，脸红也不容易呢；即便有的男孩挨训了，流泪了，但过一会儿该玩还是照常玩，像个没事人一样，还是蹦蹦跳跳的，情绪跟之前一样高昂。

那女孩敏感是不是就不好呢？就要改正呢？不是。敏感的女孩子，大都心思细腻，很会体贴别人，富有同情心，善于发现生活中点滴的美好，同时乖巧可爱，讨人喜欢。我们要做的只是给予合理引导，不要让女孩太过敏感就行。

其实，女孩的敏感不是靠主观就能改变或控制的。在前面我们已经提到，女孩体内的一些荷尔蒙会影响女孩的情感情绪，当女孩体内的雌性激素活动不稳定的时候，她的情绪就会产生波动。如果雌性激素过低，女孩就会感到生气、易怒、悲伤、失望、神经过敏。这也是女孩比男孩更敏感、更容易受伤的原因。

面对敏感的女孩，我们该怎样更好地保护她，不让她受更多的伤害呢？

方法一：父母要理解女孩的敏感

敏感是女孩的一个特点，父母要给予理解。有些很坚强、看起来大大咧咧的女孩，在某些时候也是很敏感的，做父母的一定要认真观察孩子的情绪变化。比如在女孩哭泣的时候，父母不要斥责她，要先安慰她，然后鼓励她做一个强者，这样她才会尽量地克制哭泣。只有父母对孩子的行为给予理解和同情，才能减少女孩的孤独感和脆弱感。

方法二：父母要学会控制自己的情绪

莉莉暑假的时候到外婆家玩，待了三天外婆就发现这孩子容易情绪紧张，动不动就大声吼叫。外婆摇着头说：“这孩子简直就是她妈妈的翻版，这样下去怎么行，孩子的个性还在形成中呢。”有一次莉莉发脾气的时候，外婆问她是不是妈妈在家也这样，莉莉点点头说：“是的，妈妈的样子比我恐怖多了。”

老太太把女儿叫来家里，跟她谈了很长时间，告诉她现在作为孩子的妈妈，要负责任，不能因为自己不会控制情绪毁了孩子的一生，一定要注意自己的言行对孩子的影响。

女孩因为敏感，所以极其容易受到大人们的焦虑、紧张、愤怒、忧郁等情绪的影响。因此父母一定要控制好自己的情绪，让自己的心态平和一些，心情好一些，这样才能不影响自己的孩子。如果父母没有控制住自己的情绪，最好立即向孩子解释，这样才能避免她无端的猜测。父母更不能将自己的不良情绪朝孩子发泄，本来女孩子就比较敏感，如果父母对她发泄自己的不良情绪，她可能就会陷入抑郁的状态。不仅如此，有些女孩还会变得更敏感、更胆小，这些都不利于孩子的心理健康。

方法三：注重培养女孩的自尊心和自信心

缺乏自信、自尊心的女孩易敏感，因此父母要帮助女孩提高自信、自尊，使她善于自我认可，产生成就感。比如对女孩的期望要合理，不要超出她的能力，这样女孩才能从中获得成就感，增强自信心。同时，不管是做什么事情，父母都要顾及孩子的自尊，千万不可以当着众人的面批评女孩，如果孩子做错了，可以事后私下里教育她。

方法四：对女孩多些鼓励，少些批评

不管是对待学习成绩还是其他的事情，只要女孩尽力做了，父母们就不要责怪她，更不能苛求她。比如说一个女孩很高兴地告诉妈妈，今天自己的数学测试考了全班第三名。这时候妈妈千万不能打击女孩："第一名是多少分啊，你还不是第一名呢，高兴什么啊？"而应该说："真了不起，如果你下次能够细心点不犯两个小错误，你就是第一名了。"这样孩子就会很开心，学习的动力就会增强。不管孩子做什么事情，其中总有一些闪光点，父母要善于发现孩子的闪光点，不要盯着她们的缺点不放。这样才能慢慢地帮助孩子树立起自信，减少敏感。

方法五：让女孩经历一些挫折

茉儿一甩手把玩具扔了很远，大哭着说不玩了、不玩了。由于她不能控制着这个小汽车跑动，心情很烦躁。妈妈赶紧跑过来，一边劝说不哭了、不哭了，一边骂小汽车不好，看着孩子哭得很伤心，她心里也很难过，恨不得替孩子去玩。

由于一直这样，茉儿现在 9 岁了还什么都不会做，遇到一点点挫折就逃避，还很胆小。

像茉儿妈妈这样的父母有很多，他们太在乎自己孩子的感受，恨不得什么事情都帮助她做，这样孩子就不能从中得到锻炼，从而更加敏感。父母应该放手让女孩去做一些事情，让她学会从容地面对挫折。只有父母舍得放手，女孩才能接受风雨的洗礼，从而变得更加坚强乐观，心里也会变得越来越强大，不至于为小事情就有很大的情绪波动。

细节 13：消极——摒弃消极，还女孩成长的动力

茜茜上小学四年级了，随着父母工作的变动，新的学期她转到了一个新的地方开始学习、生活。由于爸爸妈妈的工作都非常忙，对女儿的照顾相对较少。近来茜茜的妈妈李女士发现女儿总是在写

作业的时候说自己心里烦，没有劲儿，不想写。并且李女士还发现一向开朗的茜茜话变得越来越少，每天总是一副心事重重的样子，问什么也不说。李女士赶紧上网一查，说孩子的这种情况是消极心理的表现，时间久了会严重影响孩子的心理成长和生活学习。她还看到，不少妈妈都发现自己的宝贝女儿时常有这种表现，经常说些消极的话，情绪不高，做什么事情都无精打采的……

在现实生活中，像茜茜这样的女孩很多，她们小小年纪就显得疲惫不堪、老气横秋，这不能不让人担心。常言道，态度决定未来。消极的人生态度和积极的人生态度在面对遭遇、选择等问题时，会有不同的效果，积极心态能让各种事情顺利，而消极心态总会使事情更糟。

心理学家的研究也证明：与成人相同，孩子的情绪也有消极情绪和积极情绪之分，积极的情绪对孩子的身心发展起到促进作用，有助发挥孩子的潜能；消极的情绪则可使孩子失去平衡，甚至破坏孩子的人格构建。

如果女孩消极地对待生活，这将不利于她的健康成长。所以，积极的生活态度也是女孩成长教育内容之一。

女孩出现消极的情绪有很多原因。比如女孩经验不足或动手能力弱，经常不能把事情做好，此时她就会说“我真没用”；女孩自身先天不足，遭遇大家的冷落，她就会说“大家都不喜欢我”；女孩经常考不出好成绩时，她就会说“我脑子笨，学习跟不上”，甚至还会出现自暴自弃的现象。凡此种种，都会让女孩感到心灰意冷，进而消极、孤僻，如果这种状态继续下去，将步入恶性循环，使女孩的一生都处在自卑的阴影中。

对女孩的消极，父母要找出原因，对症下药，有针对性地解决。比如因学习差而造成消极，可帮助她从功课入手，树立对学知识的信心，让女孩在一点一滴的进步中，铸造健康的心态。而对那些觉得自己长相丑或平时少有朋友的女孩，则可以激励女孩开阔视野，笑对人生，用知识、修养和道德树立向上的人生观。

父母要发挥作用，转化女孩的消极状态为积极状态，帮助她更好地成长。

方法一：避免给女孩消极的心理暗示

青青是个可爱的小女孩，弹得一手好钢琴，舞蹈也学得不错，美术更是在省市举办的各种比赛中获奖。在学校语文成绩也不错，但就是数学成绩不太好。青青的妈妈是个急性子，每次辅导青青做数学题的时候，一着急，就会脱口而出："你怎么这么笨啊，这么简单的题目都不会，真是急死人了。"这样一说不打紧，次数多了，青青的数学成绩不仅没有提高，反而更差了。

不少做父母的总是在不经意间给孩子消极的心理暗示：我的孩子记忆力差、我的孩子不是那块料、我的孩子做事情总是拖拖拉拉的、我的孩子很内向、我的孩子这个不行，那个不行等等。如果经常用这些语句暗示给自己的孩子，就等于给孩子一个定位：我就是很笨，我就是很差劲，我什么都做不好。可见父母的这种消极的心理暗示在孩子的成长中起了消极的作用。尤其是六七岁的孩子正处于心理迅速发展期，特别容易接受父母的暗示。父母可以趁此机会多给女孩一些积极的心理暗示，尽量避免给女孩一些消极的心理暗示。

方法二：父母要避免自己的消极语言

一位爸爸说，他刚上幼儿园的女儿，动不动就爱在自己的面前说："我烦得很，别惹我。"那口气和孩子妈妈的口头禅很相似。另一位白领妈妈则发现自己的女儿经常愁眉苦脸的，动不动嘴里就蹦出来"没意思"、"很郁闷"这样的字眼。细想，在家里自己的老公有时候会说这样的话。

现在，社会竞争非常激烈，不少父母总是不经意地在孩子面前发牢骚，发泄自己对工作、对现实的不满，根本没有意识到自己的情绪会传染给孩子。儿童教育专家认为，情绪是可以相互传染的，父母无意间的消极语言会对孩子的成长造成不良的影响。父母要用快乐的情绪去感染自己的孩子，多在孩子的面前宣扬社会的正面和积极面，这样才能培养孩子高尚的道德情操，让孩子快乐成长。

方法三：让女孩学会倾诉，及时地排解心理压力

女孩有时候也有一些自己无法承受的心理压力，如学习成绩跟不上、和同学之间的关系处理不好等等，这就需要父母及时地引导。父母可以和她谈谈心，帮助她分析问题的原因所在，给出合理的建议。教会女孩倾诉，让她学会在自己遭遇挫折或者苦闷的时候，将自己的感受告诉他人，这样可以让她合理地宣泄自己的情绪。父母在面对孩子倾诉的时候要表现出耐心，这样才会消除孩子的不安，让孩子尽情释放自己的不良情绪。

方法四：教育女孩要尊重他人和自己

父母要教育女孩以博大的胸怀善待周围的人和事，让她知道：你尊重了别人，别人才会尊重你，只有给别人关怀才会换来别人的爱。如果一个人认为自己一无是处，看不起自己，那他也不会去爱别人和尊重他人。

细节14：怯懦——杜绝怯懦心理，丰富女孩的生活

佳佳是个10岁的小女孩，外表文静，也很懂事，学习成绩也是班上的前几名。按说这样的女孩应该是父母的骄傲，但是佳佳的

妈妈还是愁。因为女儿这么大了，每天晚上还要和她一起睡，白天不敢一个人在家。不仅如此，家里来了客人，佳佳就会立即逃进房间。即使妈妈把她叫出来，让她向叔叔阿姨问好，她站在客人面前憋红了脸，半天也叫不出一个字来。和妈妈一起在小区里散步，看见猫和狗，也会吓得不敢走。还有在打雷的夜晚，佳佳总是紧紧地贴着妈妈，还要捂着耳朵，不然的话，她就会浑身发抖。老师反映，佳佳尽管学习成绩还不错，但在课堂上，别的同学都抢着举手发言，而佳佳总是像只胆小的小老鼠一样躲着，即使老师喊她起来，她也半天说不出来一个字。有时候在老师的鼓励下，她能开口回答问题，但结结巴巴，声音比蚊子的叫声还小。为此佳佳的妈妈十分头疼，女儿都那么大了，还那么怯懦，怎么办呢？

其实，在生活中我们也会经常听到人们在评价某个胆小懦弱的人的时候会说："这个人其他方面都好，就是太怯懦。"我们也会看见很多怯懦性格的人，他们多喜欢单独活动，不敢和陌生人说话，遇事总是喜欢后退。有调查资料表明，事业成功的人士有80%左右都具有坚强的性格，而怯懦的人在事业上则较少取得巨大的成功。

的确，女孩太过于怯懦，是不少父母都很头疼的事情。心理专家认为，造成孩子胆小怯懦的原因有很多，如先天因素、身体方面的影响、环境因素、教育不当、孩子的不良体验等都有可能造成孩子胆小怯懦的心理。

怯懦是女孩成长路上的绊脚石，那么为了女孩能健康地成长，父母应该怎样帮助女孩逐渐消除怯懦，提高女孩的胆量呢？

方法一：父母要做好女孩的榜样

大部分女性都有胆小的心理，在有了孩子时也不加注意，将胆小的行为在孩子面前表露出来。下雨打雷、出现闪电的时候，母亲会在女孩的面前惊叫。切菜的时候切破了手指，自己不是悄悄拿红药水涂上，而是大叫“疼死了”，并且给女孩看自己流血的场面，久而久之，女孩受母亲的影响也会变得胆小起来。为此妈妈正确的做法是：在女孩的面前，不管自己怎么怕，要想到我是孩子妈妈了，必须给孩子树立榜样，遇到什么事情，我必须冷静，不大惊大叫。这样，时间久了，在耳濡目染中，女孩也会变得胆大乐观起来。

方法二：有意识地培养女孩的勇气和胆识

世界最杰出的女科学家居里夫人特别重视培养孩子的勇气和胆识。大女儿伊雷娜·居里刚会站立时，居里夫人就带她去河里洗澡。起初，女儿吓得直哭，锻炼几次后，伊雷娜就喜欢戏水了。此外居里夫人还向两个女儿提出了四个不准怕的要求，即不准怕黑、不准怕雷、不准怕贼，不准怕疾病。当女儿到了11岁的时候就让她们单独去旅行。由于她的精心培养，两个女儿长大以后，在事业上都取得了巨大的成就。

居里夫人的教女无疑是成功的，她敢于放手，让自己的女儿克服各种胆怯的事物，这点是很多父母难以做到的。只有有意识地去培养，女孩才有勇气有胆识，这样女孩才能在自己的天地里自由自主地发展，长大后才更容易取得成功。

方法三：培养女孩的独立性和自信心

在日常生活中，父母应该让孩子独立地去做事情，比如培养女孩做自己力所能及的事情，让她勇敢迈出第一步，这样以后遇见事情她就会勇敢地去做。不少父母总是把孩子紧紧地保护在自己的羽翼下，这样的女孩一旦面对困难和问题时，她们不仅怯懦，更多的时候是不知道该如何处理。只有让女孩独立去尝试失败，才能提高她们抗挫折的能力，她们才会变得大胆起来，对生活也会更有信心。

方法四：鼓励女孩的勇敢行为，增加女孩的见识

晚饭后爸爸妈妈把若林叫到身边，告诉她明天爸爸妈妈都要加班，可能无法去接她回家，放学后自己尝试坐公交车回来怎么样？女儿有点犹豫，虽然已经上四年级了，但从来没有自己坐公交车回来过呢！爸爸说："我相信你可以的，我的女儿一定很勇敢，"若林就点头答应了。

第二天下午放学，若林和同班同学走到车站，坐上了回家方向的公交车，一路走下来，很顺利，虽然若林也心里打鼓，但总是到家了。晚上爸爸妈妈回来，大大地表扬了她。这让她很得意，觉得自己长大了。以后，她又多次自己坐车回家。

要让女孩变得勇敢、坚强，必须及时鼓励她的勇敢行为，就像若林的父母一样，这样孩子才能变得更大胆。

此外，一个有胆识的人还应该见识过人。做父母的要通过各种手段增加女孩的见识，比如带女孩看一些科普书籍、带她去尝试攀岩、带她去参加地震的逃生训练等等，这样危险发生的时候，女孩才能以自己丰富的知识，帮助自己和他人勇渡难关。

方法五：让父亲多影响女孩

在我们的传统观念里，男性是阳刚、勇敢、自信、乐观、坚强的代表。父亲应该利用自己的这一特质去影响女孩，多带女孩玩耍，陪着女孩参加一些集体活动，或者一起去郊游，这样有利于培养女孩乐观自信的品格。

细节 15：依赖——别让女孩变成"小跟班"

落落一直是个非常缠人的女孩，尤其是妈妈送她去幼儿园的时候，她总会千方百计地多跟妈妈待一会儿，缠着妈妈不让她走。不只是去幼儿园，落落在家里的时候也喜欢让妈妈抱，缠着妈妈。睡前故事讲完该关灯入睡了，她一会儿说怕黑，一会儿想喝水，不让妈妈离开。一开始妈妈也没当回事，后来幼儿园老师问道："落落在家也这么缠人吗？如果她对你的依赖这么强，就会影响她将来的独立性。"但是妈妈对于小猫一样乖顺的落落打也不是骂也不是，女孩仅仅是缠人了些，这该怎么办呢？

其实，女孩缠人有一定的心理原因。我们可以从婴儿的行为中清楚地看到这一点，婴儿啼哭，不仅仅是因为肚子饿，有时看到大人从她身边走过却不抱她，也会哇哇哭起来，目的是引起你的注意，要你赶快抱她。这是一种感情需要。

女孩在很小的时候就知道被人关注的感觉很美好，但有时女孩会错误地认为只有得到大人的关注才能证明自己的存在。因此女孩缠人时要东西、捣乱都不是目的，目的是引起父母的注意。这种心理在独生子女身上表现得更为突出。当有人陪、有事干的时候，女孩不会缠人；当她感觉到孤独的时候，就会因渴望受到大人的关注而去缠人。

一般而言，有个性、活动能力强、会玩的女孩较少缠人。相反，过于娇生惯养、样样都被父母安排妥当的女孩，在离开父母后就无法独立快乐地生活。

那么，如何才能正确引导她呢？

方法一：让她学习自己把握时间

当你正在忙的时候，女孩突然跑过来干扰你，要求你跟她一起玩，这时你可以安抚地拍拍她或者抱一下她，然后再拒绝她的要求。这个肢体动作是必不可少的，这让女孩明白，虽然你不陪伴她，但并不是因为讨厌她。引导女孩自己去做事情打发时间，而不是永远缠着父母。父母们可以教女孩阅读童话书、玩玩具、开辟自己的小天地等。

方法二：父母不要黏着女儿

要使女孩不缠人，父母们首先不要在情感上过分“依赖”女儿，这一点很重要。有的父母忙的时候为女儿缠住自己不放而叫苦，但仔细想想，自己有没有经常也想让女儿陪伴在自己身边而黏住她们呢？父母对女儿的感情依赖也很强，如果是这样，亲子双方都缺乏感情独立，那么父母更要从自己入手，来改变这种严重依赖的不和谐关系。

方法三：让女孩不再有孤独感

如果女孩是因缺乏与父母的感情交流、因孤独而缠人，此时就需要父母从两方面去做。一是要安排出时间与女儿谈心，增加感情交流；另一方面是教导女孩学会自己学习、游戏，逐步使女孩感情独立。如果女孩是因为要得到好处而缠人，就要分情况来处理，该满足的一定要满足，不该满足的要坚决拒绝。

第三章　做女孩父母，如何明确自己的职责

女孩的教育不仅关系到女孩本身，还关系到整个民族的未来，父母的榜样效应直接影响着女儿长大后成为什么样的女人。在女孩的成长过程中，母亲和父亲的关爱和教育缺一不可。父母要扮演好自己的角色，使女孩健康快乐地成长。

细节 16："妈妈是镜子"——教女孩如何做女人

法国研究女性问题的专家波伏娃在《女人是什么》一书中说："在母亲眼中，女儿既是自己的复制，又是另一个人……当一个女孩来到女人们的教养之下，她们尽其所能地将她塑造成一个像自己一样的女人。"

心理学家通过一些事例发现：女儿是母亲生活的翻版。一个女孩在生命初期受母亲的影响使她成为有既定情绪倾向的人，这种心态或意识的形成并非是她有意的选择。在生活的许多细节中，女孩都可以感受到母亲所传递的各种信息，包括对于自我、女人、男

人，以及生活的态度等。仅在日常生活的接触中，妈妈就可以在无数个方面影响着自己的女儿。

大概是因为同性的关系，妈妈很可能把自己所经历过的，无论是好的还是坏的经验都会传授给女儿。妈妈会认为，自己失败过的，女儿不该再走同样的路；而好的经验，女儿更应该效仿。她们常常对女儿说："妈妈小时候是这样的……"、"妈妈像你这么大的时候……"。最要命的是，妈妈往往更愿意把自己失败的经验传达给女孩："妈妈年轻时也做过你这样的梦，但事实上最后……"，或者会没有任何理由地说："女孩就应该……"。和父亲不同，母亲的"现身说法"似乎更有"威慑"力，如果时常向女儿传达这样的信息，女孩就会生出恐惧的潜意识。

比如，一些在婚姻中失败或感情上受到伤害的母亲会告诉女儿：你也可能受到同样的伤害，意在教导女儿如何保护自己。事实上，越是害怕，女儿长大后就越可能受到伤害。因为最终的伤害不是来自于他人，而是来自女孩本身的恐惧。在其他事情上也是如此。所以，不管母亲生活在什么样的境遇中，都要相信女孩会走一条属于她自己的路，告诉女孩在到达目的地的过程中要坚定、快乐地走下去。妈妈年幼的时代毕竟过去了，而很多妈妈并没有意识到这一点，她们仍然用以往的观点、想法来对待和规范女儿的新生活。

子玲的妈妈在年轻时，嫁给了一位小镇的医生，结果一辈子都被"困"在小镇上。对子玲的未来，妈妈想得很清楚，一定不能让子玲再待在小镇里。于是，她每天都看着子玲学习，希望她能考上大学走出小镇。现在的子玲正为妈妈的希望而努力着——离开小镇，到大城市生活。

母亲和父亲不同，父亲往往把希望和勇气赋予女儿，但母亲却常常把恐惧传达给女儿，错把恐惧当成了对女儿的希望，从而对女孩的行为多加限制和担忧。

科学家卡罗尔·吉利刚博士认为："女儿和母亲之间共同的相互作用关系，可以促进和加强女孩自我感觉的发展，而不是限制这种发展。女孩感觉到与另一个人有更多的联系，意味着感到一个自我的增加，而不是受到威胁。它不会使一个人自我的某部分消失，只会加强。"

这也正是造成一些母亲和女儿间总是有隔阂、无法正常沟通的一个主要原因。面对这样的问题，很多母亲可能会困惑了：不按自己的经验去教育女儿，那用什么方法才能培养出优秀的女孩呢？其实，这个问题的答案很简单。作为母亲，我们必须在施行教育之前明确这样一个问题：对于女孩而言，母亲到底意味着什么？母亲对女儿的人生会有哪些决定性的作用呢？

女性往往强调牺牲精神，妈妈往往把养育女儿看成是她生活的全部，并且强调自己对女儿的期望和牺牲。其实，妈妈不一定非要放弃职业来把培育孩子作为生活的全部。不管是全职妈妈，还是职业女性，只要妈妈做好自己，女儿也会知道做好自己是最重要的。

上帝造就女人，绝对不是让女人仅仅在长大成人之后做母亲，而不做其他事情，我们当然也不希望女儿再走同样的路。做自己，让自己活得精彩，才是母亲对女儿最好的希望。如果一个妈妈放弃了自己的一切，把所有的精力都放在女儿身上，往往会令女儿感到困惑，因为女人的价值显然不仅于此。所以，无论是做全职妈妈，还是做职业女性，都要向女儿传达作为女人的价值。

子君班里有一个小女孩 12 岁就怀孕堕胎，妈妈不但没有示以同情，反而在子君面前说，女孩这样做就是不要脸，丢人现眼，并告诉子君要做一个好女孩。在生活中，妈妈也时刻以自己的行为提示子君："妈妈这样就是好女人。"子君找不到否认妈妈的任何理由。然而，妈妈的"好女孩"标准全部来自于世俗道德的标准，而社会对女性标准的改变日新月异，这样的后果是，让子君内心感到迷惑又恐惧。16 岁的子君在一次"失足"后因感到无法面对母亲而跳楼自杀了。

做女儿的榜样，并不是要求妈妈完全按照世俗道德做一个"好女人"。而是要妈妈在教育女儿的态度上开明，教会女孩在生活中学会如何去面对发生的种种，而不是一味地向她们灌输非此即彼的单一观念。如果一旦发生问题，那些过度接受妈妈"洗脑"的女孩会因恐惧和愧疚而采取错误的方式解决问题。

女孩有权追求自己的生活，按自己的想法去做，哪怕这需要冒一定的风险。妈妈们要做的只是让女孩更加有主见，遇事时有明智的选择。

小杨的妈妈是个家庭主妇。为了让全家人吃得好、穿得好，她参加了烹饪和服装设计的学习班。妈妈业余喜欢写作，经常给杂志投一些小稿子，讲一些育儿经和女性婚恋的故事。和妈妈不同，小杨不希望自己成为家庭主妇，她想做最好的外科医生。妈妈则给予了积极的支持和肯定。

妈妈还要向女儿适当地展示一些关于身体、情感和心理方面的知识。当然，女孩会从电视、歌曲和小说中得到一些零碎的信息。妈妈在女孩观看这些信息的时候，抓住时机指导女孩如何分辨好坏知识。在家庭生活中，妈妈应该做好榜样，比如，处理和双方父母的关系，处理亲戚朋友之间的关系，处理夫妻之间的关系。好的示范作用对女孩一生都起着重要的影响，而错误的、不好的示范则让女孩产生道德和行为之间无法协调的混乱。

细节 17："未来的老公像爸爸"——做女儿情感上的榜样

有人说，父亲是女儿前世的情人。调查表明：5 个女孩中有 2 个会显示出和异性交往的能力与父亲有关。和父亲相处，使女孩初步懂得了怎样与异性相处，以及如何维持异性间的关系。有趣的是有 65%的母亲发现，自己的女婿跟丈夫竟然如出一辙，这意味着，很多女孩在按照父亲的标准挑选丈夫。

父亲在对待女儿的态度上，容易走两个极端——溺爱或疏离。被父亲在感情上疏离的女孩在对待感情时，可能会比较随便；被父亲溺爱的女孩，可能有或轻或重的恋父情结。

父亲在家庭生活中如果没有做到好父亲、好丈夫的角色，就有可能让女孩在长大后的情感和人际关系中遵循错误的方法，或者让女孩对异性产生不信任感。如果父亲自身形象不好，会令女儿厌恶，那么，女孩长大后会对择偶标准感到迷茫。

父亲在晶的情感问题上，专门和晶谈了一次。

父亲说：丫头哇，你也老大不小了，你要挑到啥时候哇？

晶说：爸，我没挑，只是我真正喜欢的人还没有出现。

晶在说这话时，心里又有了一种隐隐的痛，她美好的初恋，在部队时已经发生过了。就在不久前，让她牵肠挂肚、耿耿于怀的初恋终于水落石出，尘埃落定了。见到昔日的初恋情人，早已是物是人非，另一种结局了。在事实面前，晶还能说什么呢？她把自己的初恋在心里狠狠地画了一个句号，算是对自己的一种总结。化悲伤为力量，该干啥还干啥了。

父亲见晶这么说，便心疼地说：丫头，你到底想找啥样的？你说出来，我和你妈就是头拱地也要给你找出来。

晶又说：爸，你别说了。我要找就找你这样的男人，光明磊落，敢爱敢恨。

父亲听了这番话，暂时就没有词了，心里却异常复杂，可以说是翻江倒海。晶无意当中的一句话，让父亲感动了。感动得父亲背过身去，抹了一把脸上的泪花。这句话让父亲既踏实也不踏实，踏实的是，晶长大了，在自己的心里已经有是非了，而且这种是非是坚定不移、斩钉截铁的。踏实的同时隐隐地父亲还感到一丝骄傲，为自己也为女儿。

父亲对晶这句话感到不踏实的理由是，晶毕竟是二十大几的姑娘了，这么拖下去肯定不是个事。父亲没有想到，自己对晶的影响会这么大，父亲不知道这是好事还是坏事。于是父亲为晶的情感大事，心便一直那么悬着。

这是石钟山的小说《父亲和他的儿女们》中的一段。晶要找一个像自己父亲一样的男友。的确，即使是在现实中，女儿的择偶观也受到父亲的影响。一个好父亲，决定女儿的一生。

与父亲同类型的男人令女孩更有安全感和亲切感，但是也有一些父亲因为在家庭中扮演了“可憎”的形象而受到女孩的排斥。因此，女孩在选择老公时常就他们是“真是个讨厌的家伙！”

所以，父亲在感情上，应该做女儿的榜样。父亲在生活中所表现出来的男性的优秀特征越多，女孩长大后就会越倾向于寻找和父亲一样优秀的男性，女孩在未来婚姻中的满意度就会越高。

好男人的标准有很多，似乎每个父亲都不愿意承认自己是个坏男人。其实，“好”与“坏”关键就在于父亲传达给女儿的信息。

一位妈妈记录了自己和前夫在教育女儿时的心得：

当我和丈夫离婚时，女儿开始怨恨父亲。我意识到这将对女儿产生极为不好的影响，所以，我要求女儿每个周末都要和爸爸共同度过。有一回，我要出差，就让女儿跟爸爸住在一起。但是因为女儿的考试成绩出了点问题，爸爸说了她几句，女儿哭着打电话要求我允许她自己回家，不要和爸爸住在一起了。我很无奈，只好让前夫送女儿回家。我这时才意识到，必须想办法让女儿和前夫恢复和谐的父女关系。之后，我要求前夫对女儿不许乱发脾气，积极在女儿和前夫之间做工作，改善他们的父女关系。有一天，我看见前夫送女儿到了楼下，前夫在女儿肩上拍了拍，女儿则快乐地在父亲的脸上吻了一下，蹦跳着上了楼。

父亲如果不善于表达自己的爱，或者不能使用正确的方法表达对女儿的爱，也会对女儿产生不良的影响。作家池莉曾写过这样一件事情：

她和丈夫因感情不和，偷偷地协议离婚了。由于怕影响女儿的学习，并没有告诉女儿。直到有一天，女儿中考结束，她决定把这件事告诉女儿。但是她还没有开口，女儿就说："我知道你要说什么，你和我爸离婚了。我早就知道了。我知道你们是怕影响我的学习才瞒着我。其实，只要你们幸福就好。我是怕你们担心我，才装作什么也不知道的。"

多么懂事的女孩！但并不是每个女孩都会像池莉的女儿这样懂事，女孩不正确的情感信息多半来自于父母。而父亲，作为女儿情感来源的重要的一部分，有必要成为女儿情感上的楷模。

那些因为家庭不和而离婚的男性，往往因为世俗偏见，而被冠以"坏男人"的形象。其实，一个懂得如何追求爱和幸福的父亲，也是女儿的一个榜样。无论是哪一类型的父亲，只要向女儿传达了正确的信息，消除与女儿的误会，对女儿的成长都是有利的。

当然，我们主张父亲做个好男人，但并不是说，女儿必须把父亲当成好男人的模板。恰恰相反，父亲应该在女儿的成长中，告诉女儿什么样的男人才是好男人。在面对家庭和父母的婚姻问题时，父亲的鼓励会让女孩走出阴影，勇敢地去追求新的生活。

细节 18：帮女儿找准“女性社会角色”的平衡点

女性社会角色，简单说就是女性在社会中应该扮演什么样的角色。从女性自然模式发展角度上看，女性理所应当扮演母亲的角色。从经济型社会的角度看，女性也应该在工作中求得与男性同等的地位。

人们对男孩未来的社会角色定位是不约而同的，似乎没有什么歧义，然而，在养育女孩的过程中，一些妈妈却有意无意地向女孩做了错误的示范。

小溪有个“女强人”的姑姑，有一个家庭主妇的妈妈。但妈妈总是用不屑的口气说姑姑：“有什么用，像个男人一样去拼，哪有女人会这样？”

小溪的妈妈还经常对女儿说：“你长大后可不能嫁穷小子，一定要嫁有钱的！”

女孩的年纪和妈妈差了二三十年，甚至更多，但妈妈们似乎更多的仍在以自己的路引导女孩。女孩要从妈妈错误的引导中找到正确的方向往往要用很多年，而且不管如何努力，都会带着妈妈的影子。一些女孩小的时候会为妈妈的一些言论感到不屑，可是等她长大成人后，却不自觉地认同了妈妈当年的一些想法和做法。

如今，越来越多的父母认识到女孩在社会中所扮演的角色的重要性。在女孩幼年时，妈妈就要帮女孩形成正确的女性社会角色意识。有的妈妈认为，这是女孩长大后才要去考虑的事情。其实，恰恰相反，女孩对自己的性别角色恰恰在小女孩时期就已经形成了。等到女孩长大成人，父母再想规正她的某些想法，将难上加难。

生活中，细心的父母会发现我们身边的一些女孩会这样说：

我以后不想生孩子；

我长大要做个全职太太，在家相夫教子；

……

女孩还小，可说出口的往往都是大人的话，她们很小的时候就开始有自己的理想和见解。

女儿到底要成为什么样的女人，似乎妈妈们并不担心，有太多的模板用来参考，但很显然，大多数母亲往往用错了模板，使得她们对女孩的教育往往并不成功。

母亲要教给女孩正确的性别观念，而不要在年幼的女孩面前谈论错误的女性观念。这些话会深深地根植在女孩的意识中。和父亲不同的是，母亲对女儿要求更为细节化，更希望女儿按照自己的想法去发展。所以，母亲会用一种过来人的身份向女孩传授经验，解决女孩的早期疑惑。

妈妈对女孩的暗示，往往是消极的：你没办法做得和男孩一样好，你也没有必要和男孩做得一样好；你需要保护，而不能像男孩那样勇敢；和男孩打架，女孩往往是输的一方；女孩早期虽然学习比男孩好，但等到了社会上，其成就往往不如男孩；女孩在家里相夫教子是可以的，但男孩则是不可以的……太多理所当然的暗示的结果是，女孩放弃了尝试的机会，放弃了认识自我的机会，放弃了自我生存能力的训练……

所以，我们会看到，一些能力突出、完全可以独立的女性，在获得了教育之后，仍然无法从旧有的桎梏中解脱放出来，这使她们的能量不能完全释放出来，甚至看不到自己的力量，而错失了人生的很多机会。

还有一些妈妈则认定了女人的一切幸福全在于出身与相貌上，这使得一些女孩从出生起母亲就给了她们命运的暗示。

一个女孩这样写道：

邻居小敏是我最好的朋友。从小小敏的妈妈就因为她是个女孩而唉声叹气。有一天小敏跑过来对我说，妈妈已经给她定亲了。我吓呆了，小敏只有16岁啊，但小敏说，妈妈说了，对方家庭很好，很喜欢小敏。我回家后跟妈妈说了这件事，妈妈叹了口气。我和小敏一起初中毕业，小敏的妈妈让她读了幼师，因为女孩做这个职业很好找工作，但小敏每天忧心忡忡，她实在不知道将来该如何跟那些小孩打交道。我回家问妈妈我将来要学什么专业，妈妈说："你都这么大了，这个得由你自己来决定。"

虽然越来越多的父母已经把女孩看得和男孩一样重要，然而，在对待女孩社会角色这一问题时，他们仍然是模棱两可的。女孩无法在社会上取得和男孩一样的角色，这也是许多女孩在选择自己的人生道路时感到迷茫的原因。

女孩除了要接收来自母亲的信息，还会接受来自周围人的信息来确定自己的身份和角色，而社会对女性的看法和认知仍然一时间难以改变，而这时候，妈妈正确的态度则可以有力地解决女儿的迷惑，让她们不受外来环境的影响，在母亲的肯定中安然成长。

细节19：教给女儿感知幸福的能力

上世纪80年代，国外的一家媒体向社会征询"谁是最幸福的人”。调查结果显示这四种人是世上最幸福的人。

“刚刚给孩子洗完澡的母亲；目送病人康复出院的医生；沙滩上刚刚堆好沙堡的孩子；完成作品最后一个字的作家。”

作家毕淑敏在看完这个调查结果之后，心中万分悲伤、泪流满面，失眠一整夜。

作为一名医生、一位母亲、一位作家、曾经的小女孩，这四种最幸福的经历，毕淑敏全都经历过。最后毕淑敏说：“幸福并不是惊天动地、金碧辉煌，幸福只存在于每一个日常生活中平常而温暖的时刻。”

女孩童年的幸福太多，多得数不清，多得让女孩天天都笑。但是，妈妈们却不知道该如何保持女孩的这种幸福感，甚至有时会否定女孩的幸福。“不要玩沙子，你看你的衣服脏得不成样子，这是我早上刚给你换的。”但玩沙子对女孩来说是幸福的。女孩焦急地等待着出门的那一刻，就是为了和院子里的小花小草亲近一番，和那个奇妙的、变化无穷的沙堆零距离接触。而妈妈则认为一个干净漂亮的小女孩是幸福的，其实，那只是妈妈的幸福。

相对于男孩，女孩的幸福感往往更细微、更具体，往往带着令人嫉妒的诗意。女孩天生就具有感知幸福的能力，只要妈妈善于去引导。

小辉是一个普通的南方小女孩。没有人知道这个小女孩心里装着多么美好的东西。从小，她就在田野和山间奔跑，野花野草，流泉溪涧，这些美丽的景物滋润着她。长大后，小辉迷上了国画，用笔墨重现童年记忆中的每个影像。

但是，和小辉一样长大的很多女孩，她们只对漂亮的衣服和富有的生活感兴趣。当小辉在江南的小桥流水中作画的时候，这些女孩正在物色着理想的男孩，追逐着感官的享受。

我们不打算对这两种女孩的生活作好或坏的评价。如今，越来越多的女孩正在渴望做自己喜欢的事情，她们知道自己的幸福在哪里，而不是把幸福寄托于物质或依靠婚姻。

幸福是什么？有人会说，幸福就是得到你要想的东西。

一个记者去采访一位国王说："您应该是全天下最幸福的人了吧？"国王说："我有什么好幸福的，这么多国事，老百姓闹事，大臣们想篡位，后宫闹纠纷，连个知心的朋友都没有，嗨，我简直是天下最不幸的人！"

这个记者又去采访一个年轻的亿万富翁说："您应该是全天下最幸福的人了吧？想要什么有什么啊！"富翁说："我有什么好幸福的，连个老婆都娶不了，——你知道她是为了你的钱还是为了你的人啊？连爱情都没有，我有什么幸福的？我简直太不幸了！"

由此可见，权势、金钱都不会使我们真正幸福。

一个年轻人很悲观，因为他认为自己一无所有。一位老者知道后，就问他：我给你 100 万，换你一条腿，行吗？不换！1000 万呢？不换！老者笑道："你拥有健康，这就是最幸福的呀！"

由此可见，幸福就在我们身边，而我们却没有察觉。

有的妈妈看到这里会茅塞顿开地说："是呀，只要我的女儿健健康康的就好，别的都不需要！"当然不是这样，健康是重要的，但并不等于说女孩的幸福就等于健康。幸福就是一个人内心世界的富足感。有的妈妈看到女儿不漂亮就忧心忡忡；有的妈妈看到女孩没有走一条世俗的幸福之路，也会极力反对。其实，女孩需要的就是知道什么是幸福，并且勇敢地追求自己的幸福。

其实在讨论女孩的幸福之前，做妈妈的有必要先问问自己是否幸福。我们来看一篇妈妈写的关于幸福的日记：

我这一辈子感到最辛苦的时候，是艾丽斯、彼得还有南希都非常小的时候。在尚未适应婚姻生活之前，先要做三个孩子的妈妈，这让我感到吃力；在没有任何人协助之下必须解决经济困境，也是个大问题；再加上所面临的家庭成员之间的纷争，让我的婚姻也亮起红灯。

不过，在这样的情况之下，我依然努力地找寻属于自己的幸福，我把一夕之间突然成为三个孩子的妈的现实，想成“我一次得到这么漂亮的三个孩子”来安慰自己。

在没有钱而感到辛苦的时候，我将想法专注于“怎样才可以做出又便宜又美味的食物”，并从中找寻属于自己的快乐。

我以“说出来的话总有一天会实现”的想法安慰自己，就算再累、再辛苦，我也从不说“我好苦”这句话，每天早上照着镜子练习笑脸，甚至刻意去找一些可以让心沉静下来的书籍阅读。

而且，我偶尔还会自我补偿、自我鼓励、自我称赞，并对自己说：“我做得很好，不论是母亲、太太，或社会的一分子，我都全力以赴。”

当我去买菜或购物时，我会选一个平常想要的小东西，送给自己当礼物，犒赏自己。我并不把牺牲看得很重，而是当成为了升华成喜悦的努力的其中一环。当过了一段时间之后，我开始真正感觉自己是一个幸福的人了。为了想要变幸福的那些努力，让我开始认知我真正是一个幸福的人。

也因如此，我的孩子们幼年时期所看到的我，在他们的记忆里，永远都是带着慈祥且幸福的微笑，这让他们很讶异地说：“妈，那时应该是非常辛苦的时候，您怎么还能有那么充满活力的微笑呢？”

惟有在幸福的妈妈身边，女孩才能拥有同样的幸福感。女孩从寻求幸福的妈妈的态度中，学习到幸福是要靠自己寻找、自己创造的。

要做一个幸福的妈妈，不仅要为自己的生活感到幸福，还要为拥有一个女儿感到幸福。每一个女孩都是与众不同的，妈妈所要做的事情就是帮助女孩寻找幸福的感觉。无论你的女儿是否令你满意，都不要对她发泄你的不满。女孩需要鼓励，需要妈妈不断地告诉她，拥有她这样一个女儿是多么幸福的事。作为一个妈妈，看着女儿慢慢地长大，每天都有一点微小的进步，是一件多么开心的事情。多向孩子传达幸福的信息，女孩也会回报同样的信息给你："有你这样的妈妈，我真幸福！"

幸福也有循环的法则。用幸福的经验会创造另一个幸福，而小小的幸福经验会带来更大的幸福，如果妈妈抛掉自己内心的那把尺子，配合女孩的想法时，就会发现，其实幸福就在女孩身边。

回想我们小的时候，在踏青的路上看到那些小昆虫和不知名的花朵、在家里的前庭看到蚂蚁窝、牵着妈妈的手第一次去商场、第一次骑脚踏车……这些都是让我们怦然心动的幸福时刻。

小时候，我看着女孩们拿到新衣服之后开心的表情，对女孩们提议道："你们要不要亲自做衣服来穿？如果这样，就可以如你们所愿地尽情穿新衣服了！"

三个女孩都很开心地说要学习做衣服。那一年放假时，我让女孩们跟着大人一起学习裁缝技术。在学院学习近两个月的女孩们，可以亲手做一些简单的衣服或小饰品等。每当有空时，她们就会搜集一些布料，然后做一些自己想要的东西，看起来是那么幸福。

女孩和大人不一样，她们对世界没有偏见，而且想要认识世界的好奇心非常旺盛。她们可以透过很多的经验找寻无数的幸福，并从中发现适合自己的未来。

要让女孩积累经验，就需要女孩与周边的人交流。父母要提供女孩们可以和世界见面的机会，哪怕只是牵着女孩的手到外面去走走，女孩们也会感到无比的幸福。

细节 20：父爱的表达方式——肢体语言

很多大男人不善于表达自己的感情，但男性特有的肢体语言，往往比语言本身更有力量。把女儿紧紧地抱在怀里，女儿会更有安全感，用微笑面对女儿，女儿更觉得快乐。给女儿一个鼓励的眼神，她就会更有力量……

晴晴不高兴的时候，爸爸就伸出有力的双臂对女儿说："过来，到爸爸这里来。"女儿委屈地依到爸爸的怀里，不一会儿就多云转晴了。

晴晴摔倒了，哇哇大哭。爸爸赶忙过去把她扶起，让女儿趴在自己的肩头说："宝贝摔疼了，没事，爸爸在，爸爸在。"

等晴晴渐渐长成少女后，虽然爸爸不会再像小时候那样将她抱起，但仍然会拍拍她的肩膀鼓励她："我的女儿是最棒的。"

所以，晴晴父女之间的感情一直非常融洽。现在女儿已经从小女孩长大成人了，还时常挽着爸爸的胳膊一起逛公园、逛街，甚至找男朋友都要让爸爸给参谋参谋。

相对于母亲，父亲的身体对女孩来说，更强壮、更具有安全感。父亲的双手可以把女孩高高地举过头顶，能让女儿看到更远的世界。相对于母爱的消极性保护，父亲能给予女孩更多的积极性保护。妈妈说："这里太危险了。"爸爸却说："女儿，爬上去，不要怕，有爸爸在保护你。"对女孩来说，爸爸的一个拥抱，一个微笑，一个眼神，就是她前进的力量，这种力量是推进的，而不是女孩的负担。

父亲的爱不应该只在女儿成功时才表现出来，更要表现在女孩失败的时候。妈妈这时候可能习惯于和女孩一起担惊受怕，而爸爸往往只需要一个拥抱就能表达得淋漓尽致。爸爸的一个微笑就相当于千言万语。当然在女儿犯错误时，爸爸的一个眼神就含尽责备与鼓励的意味，令女儿马上收起狡辩的企图。

作为父亲，如果能够学会用身体语言表达你对女儿的爱，不仅有助于增进你和女儿的关系，在女儿长大后，她会更容易学会如何与异性相处。因为在女儿接受你的拥抱时，她也会作出相应的反应。当你用手的力度表达你的爱意时，女孩也会用同样的拥抱回应你。当女孩对你的碰触很轻，说明她还没有真正接受你，当女孩也回应同样的力度，说明她现在对你的爱很强烈。

每个女孩都具有丰富的情感，表达情感是她们成长路上几乎每天都要经历的事情。那些远离父亲，没有接受过父亲怀抱和抚慰的女孩可能会经常隐藏起自己的情感，表面的坚强实则是脆弱的自我封闭。

很多父母，尤其是父亲，不善于使用肢体语言，这使得女孩长大后不知道该如何和异性进行身体接触，对异性的身体过于敏感。也许有的父亲会认为，这是对女孩的一种保护，但很显然，女孩对别人或异性的身体反应麻木、恐惧，这会使女孩的形象大打折扣。父亲从小就应该扮演起一个异性的角色，让女孩学会用最恰当的形式回应别人的肢体语言，也学会用肢体语言去表达情感等。

有几个同学去看望一位教授，无意中撞见教授正拥抱着一个女同学。这几个同学正因为撞见这一幕而不知所措时，一个女生笑着说："老师好偏心，不能只抱她，我们也要拥抱。"于是，这个女孩上前拥抱了教授，其他人也欢呼着要求和教授拥抱。

那些从小在拥抱和微笑里长大的女孩，在人际交往中，也很善于利用自己的肢体语言表达感情。这种表达是自然、得体、令人快乐的。而父亲的肢体语言，对女孩来说，是最好的学习。

细节21：爸爸如何应对“小女人”的坏脾气

女孩常常会莫名其妙地大发脾气，一味地纵容她，她的脾气会变得越来越坏。但父亲却不能用同样的坏脾气去回应女儿，因为那样只会使事情越来越糟，要么女儿变本加厉，要么女儿表面顺从，实则变得越来越自卑和封闭，和父亲的感情也越来越疏远。父亲也不能用像对待男孩的方式，对女孩说“有泪不轻弹”。女孩学会如何发泄情绪，既有利于现在的成长，又有利于日后的成熟。

一般情况下，如果女孩遇到了不顺心的事，需要发脾气，这时候父亲可以沉默相对，或者帮助女孩把心里的烦恼说出来。如果女孩的坏脾气是经常的，而且是无理取闹的，就需要严肃对待了。

方法一：给女孩制定规则

玲玲经常跟父母要一些过分的东西，不给就会撒娇，发脾气，妈妈总是在玲玲的这种无理取闹下妥协。妈妈这边敢怒不敢言，玲玲那边已经为自己的胜利而含泪微笑了。

后来，面对玲玲的无理取闹，爸爸“强令”妈妈不许理睬，该做什么做什么，该吃什么吃什么，任由她哭闹，如果打滚弄得衣服脏了，第二天再给她换。

直到有一天，玲玲开始尝试以谈判的方式得到自己想要的东西。虽然爸爸仍然认为玲玲的要求有些过分，但是，还是满足了她。事后，爸爸给玲玲制定了一些规则，告诉她可以在什么范围内提要求，以及父母不答应她各种要求的原因。

玲玲慢慢接受了爸爸的规则。比如，当玲玲要求增加十块钱的零花钱时，爸爸告诉她，这些钱可以通过替爸爸取报纸、帮妈妈洗碗得到。

这些规则有效地制止了“小公主”的坏脾气。如今，当年那个撒泼打滚的小女孩已经长成懂事乖巧的大姑娘了。不管遇到什么事，她都会处理得很好，不会再乱发脾气了。

女孩发脾气时，不能打，不能骂，有时候讲道理又讲不通，往往令父母无所适从。女孩每次提要求，都会认为是非常正当的，父母若不满足她的要求，她就会觉得“爸爸妈妈不够爱我”。所以，父母若不打算满足女孩的要求时，一定要告诉她原因，让女孩感受到父母的爱。

方法二：爸爸唱白脸，妈妈唱红脸

华人作家刘墉先生对养女儿自有一套办法。女孩心思细腻，感情相对脆弱，所以，在教育女儿的过程中，刘墉喜欢和夫人一起唱“对台戏”——一个唱白脸一个唱红脸，一个责怪一个安慰，这样女儿既不会感觉很受伤，也会明白自己所犯的错误，不过刘墉总是那个唱白脸的。

爸爸在女儿的眼里更权威，所以，由爸爸来唱白脸是再好不过的了。爸爸在责备女孩时，一定要就事论事，最好不怒而威，不要对女孩大发雷霆，更不要使用污辱人格的语言。如果女儿反应激烈，则应先哄后教，即先稳定女儿的情绪，待情绪稳定之后再摆道理。当然，最好在唱完白脸一段时间之后，再跟女儿道歉，“爸爸责怪你时心里也不好受。我知道你是最棒的。”

一般来讲，父亲在女儿心里是权威的象征，父亲平时的行为、人品都会成为女儿的榜样，这样在教育女儿的时候，才能够有说服力。有的父亲自己做不到，却喜欢用大道理教育女儿，反倒使女儿反感，觉得父亲虚伪。所以说，好爸爸决定女儿一生。

细节22："我很勇敢"——父亲给女儿男性精神

女儿胆小、柔弱，这使得父母在养育女儿的过程中要投入更多的精力来保护她。但我们常常会发现这样的现象：一些女孩似乎经常会受到伤害，她们对苦难和痛苦的承受能力特别差。她们经不起一点风吹草动，稍有难处，就会哭哭啼啼，向父母求救。

女儿上高中了。我发现，她常常因为一点小事就伤心不已，有时甚至还会影响学习成绩。例如，考试成绩下滑了一点，她会伤心好几天，与朋友因为一点小事而产生摩擦，她会担心好几天……女儿太脆弱了，她的心理素质太差了，我真不知道该怎么帮助她了。

也有的父母认为，这就是女孩，很正常，我们多保护她、多照顾她就可以了。其实不然，父亲们完全可以给女孩的女性气质中增加一点"男性精神"。

香港中文大学的一位教授曾经对北京、上海、深圳等大城市近1000名父母做了一份调查，报告显示，90%以上的父母对女孩的教育方式趋于男性化，包括鼓励孩子在和人交往的过程中能够影响他人、领导他人，在职业选择上也能够从事一些传统观念看来女性并不适合的工作。女孩要保持女性的柔美的外表和情感特征，而同时她们又渴望自己和男性取得一样的工作权利和社会地位，体验和从事以前只有男性才有权利参与的工作与事务。这就要求，在养育女孩的过程中，父母要正确引导，既不能把女儿养成一个假小子，又不能养育成一个娇滴滴、受不了一点委屈的弱女子。

谢葆璋在烟台任海军学校校长时，经常带女儿去海边散步，教小冰心如何打枪、如何骑马、如何划船。夜晚，就指点她如何看星星、如何辨认星座的位置与名称。他还常常把冰心带上军舰，把军舰上的设备、生活方式讲给女儿听。冰心后来回忆这段日子时说："我整天跟在父亲的身边，参加了他的种种工作与活动，得到了连一般男子都得不到的经验。为方便起见，我总是着男装，常着军服。父母叫我'阿哥'，弟弟们称呼我'哥哥'，弄得后来我自己也忘乎所以了。"

冰心从小立下志愿，长大了要做一个像父亲那样的人。她曾充满深情地说："父亲啊！我怎样爱你，也怎样爱你的海！"父爱，一直是冰心创作的动力之一。

冰心在父亲这种"阿哥"式的教养中，不但没有成长为一个假小子，反而成为一名以描写母亲和童真而著名的女性作家。不可否认，正是父亲的这种异性关爱，让冰心拥有了一个幸福多彩的童年，强化了冰心女性特有的温柔之美。同时，冰心还充分吸收了父亲的"男性精神"，"得到了连一般男子都得不到的经验"，变成独立、勇敢、有思想、有见地的新女性。

有的父母会认为，过多地向女孩灌输男性精神，会使女孩失去女性应有的柔美特征。其实只要不让女孩远离女性世界，一位具有男子汉气概的父亲，恰恰会将小女孩的柔情充分调动出来。反之，倒是那些因为家中缺少父亲关爱，而又过早承担了家庭重任的女孩，男性特征明显。

小于的父亲很早就离开了家，对母亲、她和弟弟不闻不问。为了撑起这个家，小于早早就帮助母亲干农活，17 岁时离家到城市打工。小于平时穿男孩的衣服，留短发，说话有些粗声粗气。不注意观察，还真以为她是个男孩子。

因为缺少父爱，小于从小就把自己当成了男孩，来保护妈妈和弟弟。正是在这样的心理暗示下，小于失去了女孩的温柔之美。为了保持女孩本色，父母在养育女孩的过程中，就要照顾到女孩的心理世界，让女孩充分享受父爱，满足女孩渴望被爱和被保护的原始欲望。

父亲在给予女孩“男性精神”的同时，女孩可能会刻意地模仿父亲的行为，甚至像个男孩那样成为“孩子王”，上山打鸟、下河摸鱼，无所畏惧，还会讨厌作为女孩的一些弱点，而有意掩盖它们。这时候，父亲不要否定女孩，不要对女孩说“女孩应该怎么样”或“女孩不应该怎么样”，此时对女儿的勇敢行为表示肯定和赞赏是最好的方法。不要担心女孩会因此而成为个假小子。你会发现，天不怕地不怕的小公主，仍然会在情绪不佳时流出晶莹的泪水，受伤时仍然会在父亲的怀里撒娇，这是女孩的天性。

细节 23：给女儿最好的爱——用温馨的家幸福女孩的一生

对女孩的成长来说，幸福的家庭尤为重要。然而，生活是多变的，也是无奈的，很多家庭中，往往充满了争吵和各种各样的矛盾。如果父母不懂得正确化解这些矛盾，不懂得克制，让家庭战争逐步升级，对每个家庭成员，尤其是孩子的伤害是巨大的。

玟玟家庭条件不错，父母都是高级白领，家里有房有车。在班级里，玟玟成绩一般，对同学很友好，但不爱说话。有一天，玟玟的妈妈送玟玟来上学，玟玟的脸上还带着未干的泪痕。

通过了解，老师才知道，玟玟的爸爸妈妈感情早就不和，只因为害怕孩子受伤害，两个人勉强维持着没有感情的婚姻。稍有不开心，父母就是唇枪舌剑。虽然父母对玟玟都不错，但是，从小在父母感情危机中长大的玟玟生性孤僻，懦弱。早上，玟玟的父母又因为小事吵了起来，玟玟躲在一边哭了起来，夫妻吵了半天才发现女儿上学迟到了。妈妈这才急忙把玟玟送到了学校。

像玟玟这样的家庭有很多，夫妻双方的婚姻存在各种问题，解决时却不避讳孩子，当着女孩的面吵架，辱骂，评价家人的是非，给女孩的心灵造成很大的伤害。我们没有办法让每个家庭都幸福和目，只能发自内心的呼吁，为了孩子，请给他们一个温馨幸福的家！

方法一：平等待人，培养共同兴趣，增进互相合作

幸福家庭里人人互敬互爱，互助互谅。一人遇有困难，全家合力相助，直至问题解决为止。家人喜欢在一起，一同看电影，一道外出旅游。

家庭成员之间越是互相关心爱护，女孩的心理就越健康。很多父母认为，给女孩提供一个好的环境，就是她提供最充足的物质条件，最好的教育环境。事实上，一个女孩幸福与否，更大的因素是家庭成员之间是否有爱，有爱的家庭，即使每天粗茶淡饭，也会很幸福。

我们常说父慈子孝。不少家庭人心不齐，貌合神离，两代人之间存在着巨大的鸿沟，家人互相猜忌，争钱夺利。为什么相似的家庭矛盾一代代上演？这是女孩从小耳闻目染的影响所致。如果每个家庭成员都能从自己做起，如果女孩从小在一个和睦的家庭环境中长大，家庭中每个成员都互相关心，互相帮助，这个女孩长大后就不怕女孩不孝顺。

方法二：父母摒弃一切不良爱好，给女孩营造一个健康的家庭氛围

小丽的爸爸好赌成性，从早到晚，小丽家里麻将声不断。小丽妈妈一气之下只身到广州打工。小丽学习成绩不好，经常饥一顿饱一顿。爸爸赢了钱时，就扔给小丽一两百块钱，输了钱就拿小丽撒气。

这样的家庭怎能教育出一个优秀的女孩？一个幸福的家庭不仅是女孩成长的基础，更是女孩未来生活的模板。可以想像，一个整天在只有麻将声的家庭中长大的孩子，未来与麻将为伍的机会就越大。

成功的孩子背后，肯定有优秀的父母，而同样，不成功的孩子，父母则担负着最主要的责任。

方法三：营造和谐的家庭关系和良好的家风

法国思想家卢梭曾经说过："只要父母之间没有亲热的感情，只要一家人的聚会不再感到生活的甜蜜，不良的道德就势必来填补这些空缺了。"所以只有夫妻之间互敬互爱，家人之间互相关心、互相爱护，这样女孩才能在温暖的家中快乐健康地成长。家风的范围应涉及思想道德、学习劳动、生活休闲等各个方面。大至信仰、理想，小至言谈举止、待人接物。父母应该注意自己的各个方面，给女孩树立良好的榜样。

第四章 如何说，女孩才会听；如何听，女孩才肯说

社会心理学家研究指出，父母与孩子之间70％的矛盾问题皆因沟通不畅所致。沟通是双向的，女孩渴望父母理解自己，尊重自己，沟通前，父母一定要了解一些沟通中的心理学，真正走进女孩的内心世界。

细节24：父母多站在女孩的角度考虑问题——归因偏差思想

有一种心理学现象，叫“归因偏差思想”。那么，何谓归因偏差思想呢？打个比方说，在一次考试中，如果取得了不错的成绩，在心理上，我们会更偏向于相信这是自己的能力如此而非运气所致；如果结果相反，我们在心理上会倾向于相信这不是自己的过错，而是一些非自身能力控制的因素所造成的；如果别人考得不错，我们会认为是他运气好，如果他考砸了，则会认为他自己能力不行。

在很多时候，父母在对女孩的教育中，也会无意识地陷入这种

"归因偏差"的心理怪圈之中。比如，女孩成绩好时，父母会想，看来最近我天天晚上看着她写作业奏效了。"你看看吧，我告诉你只要认真写作业，你的成绩就会提高上去。"如果女孩成绩不好呢，父母有时候也会说，你为什么不按照我的要求去做呢？你怎么就不听话呢？

每个人都站在自己的角度去理解问题，每个人的感受也不相同，所以人和人之间常常发生不可调和的冲突。如果能站在别人的角度去看问题，有些问题也就好解决了。

有一个故事说：

有一个私塾先生，自诩才高八斗。他和自己的学生一起了几届科举考试，但每次都是弟子们中举，自己却名落孙山。一次，主考大人宴请社会绅士名流，在宴会上谈及此事。主考大人问他这是什么道理，他愤愤然吟诗道："文章不如我，造化不如他。"

这位私塾先生就是"归因偏差思想"的心理反应。

"归因偏差思想"是一种很常见的心理现象，甚至于每时每刻，都在控制着我们的思维和言行。在和女孩的沟通中，父母要注意这种心理现象所造成的沟通上的阻碍，避免女孩产生逆反心理。要和女孩顺利沟通，最好办法是父母把自己变成女孩，从女孩的角度看问题，而不是居高临下摆出父母威风。

方法一：换位思考，做女孩的知心朋友

当换位思考时，父母会发现女孩心灵深处是孤独的，她没有说话的朋友。当她跟父母说出自己的感觉和想法时，可能遭到否定、嘲笑、责备、拒绝。

有一天，家里来了客人，雅儿害羞地瞅着客人，嘴巴动了动，但还是没有发出声音。这时，妈妈凑到雅儿的耳旁说了一句话，雅儿高兴地跑开了，一会儿手里拿着洗好的水果跑出来，送到客人面前："阿姨，吃水果。"阿姨好好地夸了一通这位懂事的小主人。

等雅儿回到自己的房间后，客人问雅儿妈妈："刚才你在女孩耳旁说了些什么呀?"

"雅儿害羞，刚才她想和你打招呼，但又不知道说什么，于是我对她说：'你要是不知道和这位阿姨说什么，就拿出你的水果来招待阿姨'。"

父母和女孩要平等交流，就要先和女孩做朋友，最好是知心朋友。作为知心朋友，女儿的一举一动，父母都应该心领神会。知道女孩喜欢什么、讨厌什么、遇到不同的事情女孩会有什么样的想法。把自己变成女孩的朋友，即使发现女孩的错误也应该本着研讨的精神与女孩分析道理，倾听她们的回应，巧妙地帮她解决问题。

方法二：帮女孩把她的感受说出来

女孩从学校回家，把书包往沙发一扔，一副怒气冲冲的样子："我很生气，今天，在体育课上，小明把我摔倒了，膝盖都摔破皮了！"这时候，父母应该怎么回应女孩呢?

"你怎么又跟同学打架了?"

"一定摔疼了吧，那你肯定要生气的。"

正确的说法应该是第二种。因为父母帮助女孩把他的感受说了出来，女孩从心理上觉得父母理解自己。女孩跟父母说这件事，只是想让找个人倾诉，而不是想找人来评判对错的，更不是要一顿数落。聪明的父母只要回应女孩的感受，问题也就迎刃而解了。接下来，女孩就会向妈妈讲述整个事件的过程。父母在跟女孩的交流中，适时的引导她，帮她化解情绪，女孩也会很愉快地接受妈妈的建议了。

方法三：帮助女孩管理自己的情绪

作为妈妈可以限制女孩的行为，但同时也应该让女孩有效地传递她们的情绪。当妈妈不能按照女孩的意愿给他买一辆价格昂贵的电动小汽车时，女孩会对妈妈发脾气，甚至会以哭闹来要挟妈妈。妈妈可以不给她买那辆小汽车，但妈妈不能不让她发脾气。因为对于还没有思想能力的女孩来说，这是一个正当的要求。因此，妈妈应该在女孩哭闹过后再耐心解释为什么不能买，同时教给她怎样正确地表达自己的意愿和情绪。

父母只有站在女孩的角度去考虑问题，去爱女孩，父母的爱才会得到回报！

细节 25：表扬女孩要有原则——边际递减效应

作家毕淑敏讲过一个真实故事：

一位中国女士到北欧的一个国家去做访问学者，周末到当地教授家中做客。一进屋，问候之后，看到了教授 5 岁的小女儿。这孩子满头金发，极其美丽。这位女士送给她中国礼物，小女孩很有礼貌地微笑道谢。女士情不自禁地抚摸着小女孩的头发说，你长得这么漂亮，真是可爱极了！

可是，这位女士的赞美却没有得到教授的首肯。等女儿走之后，教授严肃地对她说："你伤害了我的女儿，你要向她道歉"。

女士非常吃惊。教授于是向她解释：你是因为她的漂亮而夸奖她的，而漂亮不是她的功劳，这取决于我和她父亲的遗传基因，与她个人没有什么关系。孩子很小，不会分辨，由此她就会认为这是她的本领。而且一旦认为天生的美丽是值得骄傲的资本，她就会看不起长相平平甚至丑陋的孩子，这就导致她走进意识误区。此外，你还未经她的允许，就抚摸她的头，这会使她以为一个陌生人可以随意抚摸她的身体，这也是不良引导。有一点，你是可以夸奖她的，这就是她的微笑和礼貌，这是她自己努力的结果。

“请你为你刚才的夸奖道歉”，教授这样结束了她的解释。

这位教授说出了赞美孩子的核心秘密。赞美孩子的时候，应该只赞美他的努力和成就，不应该赞美他的外表。对于一个小女孩，如果每个见到她的人都会说她漂亮，她就会为自己与天俱来的美貌沾沾自喜，这对她毫无帮助，只能助长她的虚荣心。

赞美要具体，针对女孩的每一个言行去赞美。中国父母往往喜欢使用一些笼统的语言去赞美孩子：“你真乖”、“你真聪明”、“你总是想得很周到”、“你真了不起”……这些虽然能够暂时让女孩感到高兴，但她不知道自己好在哪里。如果父母这样夸奖女孩：“以前每到周末都累得腰酸背疼，宝贝女儿帮妈妈做家务，妈妈觉得轻松了不少。”“今天你在杨阿姨家带小弟弟玩，知道让着小弟弟，像个懂事的大姐姐。杨阿姨直夸你呢。”即使是赞美女孩的努力和成就，也要尽量具体。因为赞美得越具体，女孩越容易明白哪些是好的行为，越容易找准努力的方向。

赞美虽然是个好东西，但也不能多用。打个比方说，一个饥饿的人花了5元买了一袋价值5角的包子，吃第一个的时候会觉得好吃极了，吃第二个，第三个，第四个，便不会再有吃第一个时的那种感觉了。这就是“边际递减效应”。根据边际递减效应，如果妈妈对女孩的表扬泛滥，缺少原则，那么，经过几次之后，表扬就不会对女孩起到激励的作用，反而会产生反作用。有两个妈妈在谈论自己的孩子时这样说：

“你家小贝又漂亮，又聪明，钢琴弹得好，舞蹈跳得好。又乖又听话，回回考试都是第一，你是怎么生出来的嘛。”

小贝妈妈嘴上谦虚着，心里却乐开了花：“这孩子太要强了，什么事都要求做到完美。有一次老师说她有一个音没有弹好，她就哭鼻子，再也不肯跟那个老师学琴了。没办法我又换了一个老师。”

如果是妈妈批评了她，是不是连妈妈也要换掉呢？这怎么得了？

一个世界上近乎完美的女孩，妈妈怎么能够不赞美她呢。这也好，那也好，一旦妈妈的赞美过多，在女孩小小的心里，就再也容不下一点批评了。而妈妈还以为是女孩“太要强”。其实，女孩要强和喜欢表扬是两回事。一旦女孩变得只喜欢听表扬，她就很难接受失败，这将对她以后的人生造成很多不必要的痛苦。

所以，妈妈要记住，千万别把女孩表扬太完美，只针对她的某一优点提出表扬，而不是以偏概全。

对那些一次被妈妈“喂”了很多表扬的女孩来说，为了能够永远保住这些赞美，他可能会把真实的缺点隐藏起来（而不是改正），害怕失败，这会无形中给女孩很多压力。

所以，对女孩的表扬要慎重。聪明的父母可以抓住一些特别的机会对女孩进行表扬，使女孩感受到这种表扬的严肃性。比如，女孩每次考试成绩都很好的时候，你不必每次都给予赞美，不要强化“我认为你在同学中是最棒”的意识，反之，你应该在女孩的其他方面去下工夫。比如，她的十字绣真的很棒，她昨天画的那幅模仿徐悲鸿的群马图相当不错。她虽然有时做事迷迷糊糊的，但心眼好，对同学很宽容等。

方法三：用“感谢”代替表扬效果更好

平时，在孩子帮忙、或做家务时，应少用表扬，多用感谢。二者比较一下：

表扬：“宝贝，你的桌子擦得真干净呀！你真棒！”

感谢：“谢谢宝贝，有你的帮助，家里变得一尘不染。”

用感谢表扬法，不仅表扬了孩子做得好，而且还告诉孩子，他做这件事对家人产生的连锁效应。

紫桐放学回家，吃完了水果，就动手把茶几擦干净了。妈妈下班回来，看到明亮的茶几，不禁惊讶道："我们家新买了茶几了吗?"紫桐笑起来。妈妈亲了紫桐脸蛋一下说："谢谢宝贝，妈妈很感谢你替我擦干净了桌子。妈妈可以利用这个时间给紫桐的小毛衣多织上一只小兔子了。"这种感谢不是第一次了。妈妈经常利用各种机会感谢紫桐。

妈妈的感谢使紫桐因为自己的工作而高兴，因为她给亲人带来了快乐，这种感谢表扬法不会让孩子产生骄傲自满的心态。因为每个人都希望自己在别人眼里有价值，价值感可以让孩子更加认同自己的行为，坚持自己的行为。以后孩子再做同样的事情时，他的出发点不是虚荣心，而是价值感。妈妈的每一次郑重的感谢，都会强化孩子的这种价值感，从而使孩子的行为产生自觉性。在感谢时，妈妈要告诉孩子，他到底给妈妈或者别人带来什么样的帮助。比如：妈妈下班很累，宝贝帮妈妈捶腰，妈妈感到舒服多了。比较起来，下列感谢方式对于孩子的个性培养来说，就没有较大的效应。

"你是个了不起的孩子。"

"你真是妈妈的小帮手。"

"要是没有你，妈妈真不知该怎么办。"

细节 26：批评的技巧——反弹琵琶效应

虽然我们都不喜欢听到批评，但是人人都难免受到批评，尤其是孩子们，让他们不犯错误简直比登天还难。每个人都会犯错误，犯了错误多少都会受到批评，这是正常的。对孩子而言，关键不是犯了什么样的错误，而是要受到怎样的批评，对父母而言，关键不是批评，而是怎样去批评。

女孩的面子薄，心理比较脆弱，对很多父母来说，如何批评女孩是一件很头疼的事。批评重了，小姑娘就开始哭鼻子，批评轻了，她不但不听你的，还冲你使小性子。对女孩的过度溺爱使一些父母舍不得说她一个“不”字。甚至有的妈妈认为，只要告诉女孩对的一面，表扬她好的一面，她自然就会“根红苗正”，不需要批评了。

洋洋是一个又聪明又漂亮的小女孩，从小就在爷爷奶奶的溺爱下长大，不管洋洋怎么淘气，两位老人都是护着孙女，不许洋洋的爸爸妈妈进行批评教育。爷爷奶奶认为，洋洋还小，不懂事，做错事是正常的，怎么可以责备她呢？在学校里，只要老师一批评，洋洋就哭鼻子。稍微受了一点委屈就跑回家，不肯去上学。妈妈要费好大力气才能把他劝回学校。这样几次之后，连老师也不敢批评他了。如果有同学说洋洋不好，洋洋就再不理那个同学。最后，连同学都不理洋洋了，洋洋每天独来独往，性格变得孤僻，智力发育也低于同龄孩子。

现代社会独生子女多，中国父母对家中独苗过度的溺爱和保护，使得很多女孩受不得半点委屈，听不得半句批评。试想，人在社会之中，每天都要与他人发生这样那样的矛盾，对批评没有一点免疫力怎么能行呢？法国心理学家高顿教授通过一项专题研究证实，那些难以接受批评的孩子长大后，大多会对批评持“避而远之”或干脆“拒之门外”的态度。

还有一些父母，对孩子动辄打骂，以为如此便可以“棍棒底下出孝子”。女孩的心理是很脆弱的，过度的批评不但会伤害她们的自尊心，更有可能令她们内心深处产生怨恨，甚至因此而做出傻事。一些父母在女孩犯了错误之后，不管什么场合，也不管女孩的感受如何，拿起话来就说。“我怎么生了这么一个东西”、“你怎么这么没出息”、“你这辈子就这样了”……这样的批评只能起到反作用。

看到这里，父母也会觉得难办。不批评不行，批评也不行，那么，到底该如何管教女孩呢？聪明的父母不妨使用“反弹琵琶效应”进行批评。在批评心理学中，人们把原本要批评的过错不给予直接批评，而是充分肯定或表扬其长处，使犯错者自我反省，进而认识过错，改正过错的现象，称之为反弹琵琶效应。

方法一：肯定女孩好的、善的一面。

每个孩子在犯错的时候都会有非此不可的理由。当你一味地批评她时，她不仅不会认为自己是错的，反而会在心里越加坚定自己是对的。

有一天，妈妈发现小允偷了一百块钱。问清原因后知道，钱被她拿去给个正在住院的同学了。妈妈表扬了小允助人为乐的善心，并告诉她，以后有这种事情，可以直接跟妈妈讲。

妈妈在运用“反弹琵琶效应”时，要抓住批评的核心：从女孩错误的行为中看到女孩好的善的进步的一面，夸大肯定女孩的正确的好的一面，激励他继续保持下去。

另外要注意，在使用反弹琵琶批评时，妈妈一定要诚心实意，实事求是，不要廉价表扬，更不能虚假称赞。比如：

兰兰把家里弄得又脏又乱，奶奶走进来说：“快收拾了，一会妈妈下班了，看你搞成这样子，又要批评你了。”兰兰赶紧动手收拾起玩具来。妈妈一进门就看见兰兰在收拾地面，高兴地说：“兰兰真能干！”兰兰的本意是清理“犯罪现场”，听到妈妈的表扬后，不但不开心，反而有做了“亏心事”的感觉。

“反弹琵琶”毕竟是批评，不是完全的表扬，因此，批评二字不能忽略，不能把批评变成表扬。也就是说，反弹琵琶批评可以先表扬后批评或批评寓于表扬之中，这都是可以的，但一定要使女孩感悟到自己的错误所在，并使其改正。

方法二：强化效应，让批评变成欣赏

玲玲看到妈妈在厨房里忙碌，便过去帮妈妈择菜。结果，她把菜叶弄得满地都是。妈妈见她这样帮“倒忙”，气不打一处来，便明褒暗贬地说：“你可真能干，我们家都快成菜市场了。”玲玲从此不再帮妈妈择菜了。

玲玲妈妈这句冷嘲热讽的话，打击了她“尝试”的积极性，妈妈在批评女孩时，应善于发现她哪怕是微小的优点，及时给予认可、肯定，往往会收到很好的教育效果。

素素的妈妈，在发现女儿淘气地将自己刚洗完的衣服又放回水池里以后，只是惊喜地对女儿说：“宝贝，你真得长大了，能帮妈妈干活了。让妈妈教你洗衣服好吗?”结果，女儿兴致勃勃地学会了洗手帕，后来又学会了洗衣服。

假如好孩习惯撒谎，妈妈不妨在女孩说实话时表扬他，用表扬强化诚实，使女孩克服撒谎的缺点；假如女孩学习不够认真，我们也不必劈头一顿数落，不妨在女孩认真学习时，用表扬去巩固好孩的认真。只要我们擦亮善于发现优点的眼睛，女孩就会因为我们的发现而很快进入健康成长的轨道。

细节 27：让沟通更有效——低声效应

心理学家发现，低声的谈话方式，比高声的谈话方式有更好的说服效果，这就是“低声效应。”此外，人和人对话中还有这样的现象：如果一个人低声说话，另一个人也会以低声回应，一个人高声说话，对方也多以高声回应。

美国的凯尼让大学语言研究班曾与美国海军合作，研究在军事行动中一项指令的下达应该以多大声音发出最合适。实验者们通过电话、舰船上的传声管，向接收者发出各种分贝的声音，结果表明：发送者的声音越高，接收者回答的声音越高；发送者的声音越低，接收者回答的声音越低。

这个规律提醒妈妈，女孩跟妈妈高声吵闹或顶撞时，妈妈要沉住气，使用低沉的声音跟她说话，这样能够缓解女孩的对立情绪。有时候，妈妈一个无声而责备的眼神，都可以使女孩安静下来，这也是一种“低声效应”的表现。

方法一：低声讲话，让女孩感到这是妈妈的“理性”表述。

女孩大声哭闹，妈妈气得暴跳如雷，大声斥责，随之而来的是女孩更尖利的哭声。妈妈的“大嗓门”一来让女孩感到自己的情绪没有得到理解，更加委屈，二来逆反心理让她不肯向妈妈示弱，从而以变本加厉的哭闹来报复妈妈。同时妈妈的“大嗓门”也让女孩感到妈妈的处理方式是很自私的，不明智的。她又怎么会接受一个和自己同样情绪化的人的意见呢?

低声讲话可以让女孩感到你是理智的，促使她也保持理智。

方法二：低声讲话，突出强调这是你们两人间的对话。

低声效应可以突出强调：此时此地的谈话，是我们两个人之间的对话，不会让第三个人听到。

有一个3岁的小女孩在别人家的床上又蹦又跳，这时妈妈走近他，用轻得几乎让人听不见的声音在他耳边说：“你觉得不经允许就随便在人家床上乱蹦，可以吗?”

妈妈的声音十分轻柔，但小女孩却像听到了严厉的批评，马上停止了蹦跳。

妈妈用低声巧妙地告诉女孩：你现在的行为会遭到别人批评的，我小声地告诉你，是给你留面子，你也要知错就改。

最重要的是，小声讲话容易形成友好的氛围，比如妈妈走到女孩身边，小声地跟他说："看书时要离书远一点，小心你的眼睛。""看，写字要这样写会好看一些。"如果同样的话妈妈很大声地说出来，女孩的感觉就会不舒服。

妈妈要经常抽出一点时间，和女孩促膝谈心。促膝谈心，意味着现在就只有我们两个人，意味着双方都必须打开心扉。低沉平和的语气萦绕耳边，可以平复女孩的情绪，消除女孩的戒心。无论是爸爸，还是妈妈，叫上女孩，坐在一起，放低声音说些悄悄话，一定会达到很好的亲子沟通效果。比如：

"宝贝，跟妈妈说说，新学校好玩吗？妈妈真羡慕你哦。妈妈像你这么大时，最希望的就是能在这样美丽的校园里，读书，画画。"

"你上次的测验不太好哦，妈妈觉得你最近状态不是很好，是不是没有休息好，有可能是妈妈教给你的学习方法可能不太适合你。"

用低声向女孩暗示，你是在郑重地和她交谈，请她认真倾听。

其一，从物理学的意义上讲，妈妈低声讲话，女孩就必须集中精神才能听清，哪怕她主观上并不想听，但由于条件反射的听觉动作，还是会不自觉地捕捉妈妈谈话的内容。

其二，当妈妈低声说话时，会给女孩一个暗示：我现在很郑重地在和你谈话，请你也能安静下来，听我把话说完。而且，低声语调让女孩意识到妈妈批评的严厉性，却无法用情绪化的方式来对抗妈妈的理智，从而心服口服地接受妈妈的批评教育。

婷婷和到家里来作客的表妹吵架，但是妈妈没有当着表妹的面责怪婷婷，她只是压低声音说："到我房间里一下。"

婷婷跟妈妈到了房间之后，妈妈仍然很低声地告诉她："我不想评判你们两个人谁对谁错，表妹是来家里作客的，你不但没有尽到一个姐姐的责任，还和表妹吵架，妈妈必须严厉的批评你，并请你向表妹道歉。"

总之，低缓的声音、沉稳的语调，能促使使女孩倾听妈妈的讲话，防止高声恶语的升级，从而使母子双方都处于冷静自制的状态中，为进一步的交流创造条件。

细节 28：女孩需要妈妈时常与她谈心——心贴心效应

不少父母都认为现在的孩子被惯坏了，越来越不听话，父母说什么都是顶嘴，要不就是赌气不理人。其实，作为父母，又有几个是真正了解和理解自己的女儿呢？你知道女孩心里在想什么吗？同一件事情，你知道女孩是怎么看待的吗？女孩的思想是什么你清楚吗？做父母的应该尽量多抽时间和女儿谈谈心。和女孩谈心，也是当父母的一门艺术。

妈妈注意到，欣欣最近的表现很反常。以前，她每次放学都是很早回来写作业，而最近有几次妈妈下班回来做好饭了还没见欣欣回来。妈妈问，欣欣就说在学校写作业，妈妈也没有怀疑。还有一个现象：每天晚上 10 点就准时有电话找欣欣。欣欣告诉妈妈说是好朋友佳佳打过来的，妈妈也没有在意。当欣欣变得爱打扮时，妈妈以为是女儿长大了，毕竟初二了嘛，就也没有往别处想。

直到期中考试之后，欣欣的班主任打来电话，说欣欣这次考试，成绩下滑到了第十名，以前欣欣总是前三名的。说完这些，班主任还提醒欣欣的妈妈说，欣欣最近和班上的一个男生走得比较近，有早恋的苗头。妈妈联想到欣欣最近的反常表现，在心里证实了老师的话。妈妈有点生气，有点惊讶，不过她还是尽量让自己冷静下来。因为她知道必须和欣欣好好谈谈了，光靠生气是没有用的，孩子长大了，有了自己的思想了。

周六的晚上吃过晚饭，妈妈让欣欣陪她去附近的小河边散步，欣欣高兴地答应了。河边微风习习，杨柳依依，三三两两的行人来来往往，夜色下的小河很安静。欣欣的心情也变得很好，和妈妈有说有笑的，妈妈还给欣欣讲了自己的初恋，欣欣听了觉得很有意思。过了一会儿，妈妈话题一转，说："欣欣，妈妈昨天看见一个小帅哥放学的时候送你回来，他是不是也喜欢你了啊?"欣欣红着脸说："妈妈，那是坐在我后面的陈强，其实也没有喜欢不喜欢，就是觉得他知识渊博，每天和他一起骑车上学很开心。我也很喜欢和他聊天，所以我们总是互相打电话，遇到什么不开心的事情，我会给他说，他也会安慰我。他说他也喜欢和我一起玩，看见我他就开心。"

听欣欣这样一说，妈妈心里就有数了，看来现在指导欣欣还是来得及的。"欣欣，其实在你这个年纪，对男孩有好感是正常的，妈妈刚才不也给你说过，以前和一个男生互相爱慕吗？但是你要知道，和男生保持正常的朋友关系才是正常的，必须不影响你学习啊。你们现在的主要任务是搞好学习，妈妈不反对你和陈强做好朋友，但是你们一定要分清爱情和友情，在一起交流学习上的事情，同学之间互相关心都是应该的，明白吗?"欣欣听了妈妈的话，在心里松了一口气，因为她觉得妈妈真的很好，像朋友一样给自己指明了方向，明天她就不困惑了，要好好学习。

和女孩谈心，就是和她们进行思想上的交流。这样父母可以及时地掌握女孩的思想动态，帮助女孩学会处理学习和生活中遇到的各种问题，同时，父母也可以在交流中把自己的经验、思想完完整整地传达给女孩。这样不仅可以加强父母和女孩之间的相互了解，并且她们的心也贴得更近了，这就是家庭教育中的心贴心效应。

在女孩成长的每一个阶段，父母都要和她谈心，这对于她的成长来说都是至关重要的。有时候，甚至当女孩结婚生子之后，遇到什么事情，还是喜欢和自己的父母交流下，这样父母可以凭借他们丰富的生活经验，及时帮助她疏通思想。

那么，做父母的应该怎样和自己的女儿谈心才更有效果呢？

方法一：选择良好的谈心场所和时机，制造谈话的氛围

妈妈发现女儿今天很不高兴，于是吃过晚饭时，妈妈拉着女儿的手说："妈妈今天想跟你一起散散步。"母女俩边走边聊，最后来到了小区内的街心花园里，妈妈借故说走累了，就坐到了旁边的休闲椅上，月色很好，有微风吹着，妈妈不禁感叹真惬意，便问女儿感觉好吗？慢慢地，女儿就把白天遇到的不愉快说出来。原来，只是跟同桌闹了个小矛盾。妈妈引导她说这是很正常的事情，要看得开，跟同桌好好交流。经过妈妈的引导，女儿眉头的锁解开了，妈妈也如释重负。

良好的谈心氛围可以使人心情愉悦，利于交谈。谈心的时候，父母可以尝试在公园里面，或者在外面的一些休闲场所，这些地方相对安静。父母还要注意自己和女孩的心理，是不是都在气头上，这样是不适合谈心的。此外，父母要及时抓住一些典型的事件，和女孩进行及时的交流，那样借助于事情对女孩的影响力，谈心的效果就会好很多。在谈心的时候，父母要做个忠实的倾听者，让女孩尽情表达自己的思想和观点。

方法二：和女孩谈心之前要调整好心态，在谈心的过程中要掌握好火候

一位妈妈到心理医生那儿去咨询，她说女儿总不听话，还顶撞自己，更可气的是她常常捂着耳朵不听我说话，真不知道怎么办。咨询师问她："你平时跟孩子说话特别是批评孩子时，有想过自己的心态和语气吗?"她回答说："没有。根本就不想这些，该说时就说，特别是孩子做错事时，我很上火，对她大声吆喝，因为我脾气有点不好。"咨询师说："这就是问题所在，你不能心平气和地和孩子沟通，孩子当然不听你的。"

父母在和女孩谈心之前，不要怒气冲冲的，不管有什么事情，都要先心平气和。只有父母放松自己的心态，说话的语气、语调平和，女孩才会觉得轻松，才会把自己心里最秘密的事情敞开心扉告诉你。

此外，父母要掌握好火候，在女孩闹情绪，发脾气的时候，要引导女孩先去做一些开心的事情，等女孩情绪好了再和她谈心。这样才能收到事半功倍的效果。

方法三：谈心要有的放矢，主题明确

父母在和女孩谈心之前一定先要想好谈什么内容，帮助女孩解决什么问题；在谈话的过程中，双方围绕这一主题，展开思想交流，这样才能收到良好的效果。切忌没有主题，啰啰嗦嗦一大堆，那样不仅起不到谈心的效果，孩子还会很反感。有些不宜直接和孩子说的话题，要采取侧面启发的方式引导孩子说。

和女孩谈话，父母切忌长篇大论一大堆。父母要记住，谈话的目的达到后，就要及时停止。在和女孩谈话的时候，父母不要过于严肃，端出一副父母的架子，在适当的时候语言幽默一些，把女孩当做朋友与之交流，这样才能进行愉快地交谈。谈话可以经常进行，不求时间的长短，能达到效果就好了。

细节29：一次拥抱胜过十次说教——非语言效应

美国著名心理学家赫洛德·傅斯博士研究发现，经常和父母拥抱的孩子心理素质明显高于与父母关系紧张的孩子。

在一个福利院里，孩子们有很好的食物、衣服和玩具，可他们却发育较慢、体质较差。院长请来科研人员帮助寻找原因，通过研究发现，这些孩子虽然物质条件不错，但与正常家庭的孩子相比，他们太缺乏拥抱和爱抚了。如果婴儿缺乏拥抱，孩子会情绪烦躁，爱哭，易生病……

当父母张开双臂拥抱女孩时，给予女孩的不仅仅是你臂弯里暖暖的体温，更给女孩带来了极大的安全感，让她感到自己无论做什么，都有父母做坚强的后盾。在父母的拥抱中长大的女孩，对自己会格外自信，遇到挫折时不会感到孤独，而且会变得更坚强。拥抱只是一种形式，其实质是爱和尊重。教育专家和心理学家认为：

0～3岁的婴幼儿必须要有父母拥抱；3～6岁的孩子很高兴父母拥抱他们；12岁左右的孩子由于自我意识的觉醒，需要父母注意拥抱他们的场合；14岁以后处于青春期的青少年，情感渐趋外向，这时又很需要父母的拥抱。

当女孩取得好成绩，把这个好消息第一个告诉父母时，父母最好的表达方式就是给她一个拥抱说："我为你感到骄傲。"当女孩在外面受到了委屈，把内心的不满向父母倾诉时，父母最好的表达方式就是给她一个拥抱，告诉她："宝贝，没关系。"拥抱给予女孩安慰的同时，还会赐予她们勇气。一次拥抱，胜过十次说教。

中国的父母爱唠叨，却很少与女孩进行非语言沟通。当女孩还很小的时候，不管她们遇到什么困难，爸爸妈妈的第一反应就是抱起她，不停地安慰她，帮她擦去脸上的泪痕，告诉她："有爸爸妈妈在，宝贝不要害怕。"可是，随着女孩慢慢长大，父母与她之间的这种亲昵行为会相对减少，到了10岁左右，就很少有父母再拥抱和亲吻她们了。相较于男孩，女孩更需要身体上的接触和爱抚。我们会发现，同龄男孩之间经常会发生肢体上的冲撞，而女孩之间却经常使用牵手，拥抱等表示亲昵的举动传达她们的友好和善意。她们伤心时，也喜欢被长辈拥抱，爱抚，安慰。这种身体等非语言接触，比语言的开导更能让女孩感到安全。如果女孩长期没有与父母亲密接触的机会，就会造成她心理安全感的缺失，容易形成自我保护意识，与外界的交往会出现一定的障碍。所以，父母与女孩之间，拥抱十分重要。

有时候，只需要一个温和的眼神，女孩就能从父母那里感受到浓浓的爱意。父母这种身体语言会"遗传"给女孩，令她们在长大之后，也能时常回忆那些充满爱意的接触，而使她们相信自己一直生活在充满爱的世界中，使她们的心态平和，对人温暖，这样的女孩才会幸福，充满魅力。

当女孩犯错误的时候，妈妈要对她进行指正，虽然会令她不开心，但如果在批评之后，紧紧地拥抱一下她，轻轻吻她一下，你就会传递给她一种信念：我对你的爱是永不改变的，是无条件的。这一小小的举动，会有神奇的功效，它会让女孩由衷地接受你的批评和建议，使她努力改掉一些不良习惯和行为，努力做得更出色。作家罗西在《每天给孩子三次拥抱》中写道：

先说早晨第一次拥抱。

在不少家庭中，孩子的一天始于妈妈的唠叨和指责之中：“你怎么搞的，这么慢吞吞的。”“你怎么只吃这么一点?”“你到底是缺了哪根筋，丢三落四的。”……这些情绪化十足的负面言语，只会让孩子不舒服，从而影响他一天的情绪。

其实，即使孩子做错了事，或是任性、发脾气，也不妨先给他一个拥抱，让孩子在你的拥抱中稳定下来，然后再说一些你想说的话，“刚才你的书还在沙发上，装进书包了吗?”“我们一起抓紧时间，这样就不会迟到了。”……这时哪怕你在唠叨，孩子也乐意接受。美好而快乐的一天便由此开始。

再谈傍晚第二次拥抱。

傍晚回家了。见到孩子，很多妈妈会边干家务边机械地问：“今天在幼儿园（学校）过得好不好?”孩子的回答也一样的干脆：“好!”他实际上是拒绝了你的询问，因为他觉得你并不重视他。

所以，无论你手头有多忙，请放下手里的一大沓报纸或水淋淋的青菜，给孩子一个热烈的拥抱，这会让孩子有“回家”的感觉，他会觉得你的注意力全部放在他的身上，从而乐意和你分享他的快乐与烦恼。

“你看起来很高兴，有什么好消息告诉我?”或“宝贝，你好像不太高兴，有什么事情能告诉妈妈吗?”诸如此类的开头，会让孩子觉得你了解他，或想了解他，而孩子所希望要的只是被了解。一个拥抱、一句关心的话语，是对他倾吐实情的最好鼓励。

第三次拥抱，可以在孩子睡觉前完成。

不少父母忙于事业家务，恨不得早点把孩子哄上床。但其实，孩子会从你敷衍的态度中看出你的不耐烦，然后又用同样的不耐烦来对付你。

妈妈平时工作很忙，可能没有很多时间陪伴孩子，其实，只需要在孩子临睡之前在他床边坐上一会儿，给他讲上两个故事或几句亲热的话，末了再给孩子一个轻轻的拥抱，孩子就很容易带着你的关爱进入甜美的梦乡。

在女孩小时候，父母就要养成经常拥抱她的习惯，最好每天给女孩三次拥抱，上学前拥抱一次，告诉她："祝你今天过得开心。"放学了，女孩回家了，给她一个拥抱："欢迎你回家。"睡觉之前，给女孩一个拥抱："宝贝晚安。"并且一直到她长大，都要维持这种亲密的接触。不要不好意思，没有一个女孩会拒绝这种拥抱，也没有一个女孩不需要拥抱。当然，父母的拥抱应该变成女孩前进的动力，而不仅仅是护翼，拥抱过后，我们要学会放手，让怀里的小鸟去飞。

长期和父母保持良好身体接触的女孩一般在社交中会表现得非常自信，惯于使用身体语言去和别人交往。身体语言所传达出来的友好，远胜于普通的言语，一个会使用拥抱等身体语言的女孩，在人群中会格外受到欢迎。

除了拥抱之外，女孩喜欢的身体语言还有诸如牵手、搂肩、拍拍头或者后背、轻轻梳理头发等，这些"体态语言"同样可以表达丰富的情感，女孩会从父母的微笑和温柔的接触中中获得爱的信息。当你自然地表达这种爱语时，女孩会感到心情舒畅，内心充满阳光和爱。她也愿意与你沟通，也更容易消除一些误解。

细节30：做女孩最好的心理咨询师——霍桑效应

在美国有一家生产交换机的工厂，配有非常完善的娱乐设施和福利制度，然而奇怪的是，工人对此仍然怨声载道，生活效率不高。后来，工厂请来一些专家，耐心倾听工人的意见。没想到，从这之后，工人的埋怨没有了，工作积极性提高了，生产效率也大大提高。这是为什么呢？

心理学家认为，专家的倾听让工人相信，自己一直是被人关心的对象，这种受关注的感觉使得她们加倍努力工作，以证明自己是优秀的，是值得关注的。这在心理学上被称作“霍桑效应”。

在生活中，人人都有倾诉的欲望，如果有人愿意倾听自己说话，并且认可自己，我们就会认为，自己在对方心里是重要的，自己是被关注的，被人爱着的。女孩更是如此。女孩的心理很脆弱，稍不如意就可能使她们感到委屈，掉眼泪。可是她们却有一套化解痛苦和压力的办法。父母会发现，女孩喜欢跟人说话，她们就像小鸟一样喳喳喳说个不停。懂得女儿心的父母，最好的办法就是耐心地、面带笑容地听她们诉说。要和女孩建立亲密关系，做她们的心理咨询师，而不是一个权威的教育者和控制者，这样女孩才愿意把心里话说给父母听。你一定喜欢有只小鸟在自己耳边唱歌，那么，如何才能让小鸟唱歌而不是生气的吼叫呢？这完全取决于父母是否懂得倾听的艺术，是否愿意做女孩最忠实的听众。

方法一：停下来，全神贯注地听

女孩在说话时，也许你正在忙着一家人的晚餐，也许你正打算把新一集的电视剧看完。然而，这一切都没有倾听女孩说话重要。你可以告诉女孩：“稍后妈妈会听你说。”但千万不要忘记你的承诺。

有些父母一边做着自己的事，一边有一句没一句地与女孩说话，因为心思不集中，交流很难畅通，甚至可能造成某种误解，伤害孩子的感情，此时父母自己也容易疲倦烦躁。父母应该坐下来，用眼睛注视着女孩，微笑着静静听她倾诉。父母作为倾听者所给予女孩的关注、尊重和时间，是对她最有效的帮助。

方法二：不要急着责备女孩

大多数父母会埋怨说："我的女儿有话也不跟我们讲，像个闷芦葫一样。""我的女儿成天在外面跑，也不知道她在干什么，都和什么人来往。"可父母想过没有，哪个孩子不希望父母是自己的贴心人呢？她们不敢说，是因为她们觉得，在父母这里只会得到责骂和批评，只会使事情变得更坏。她们不喜欢跟父母谈心，甚至不喜欢和父母待在一起，这只能说明，父母在某些教育环节上出现了问题。

有些父母在听女孩说话前，存在一种心理定势：如果女儿说功课难，肯定是她不用心；抱怨老师，一定又在学校里犯了什么事。父母们在倾听之前，请把你心理上的种种成见、偏见抛开，对女孩所说的应全盘接受，而不是急着用自己的想法加以评判和批驳。

我们生病时都会到医院去医治，医生从来不会说："你怎么会得这种病？"同样，女孩身上所发生的每一个问题也都是"病"，你应该和她一起去探讨和解决，而不是责怪她说："你怎么会这样想？"、"你怎么会这样做？"当然，女孩也会发泄对父母的不满，这时候，父母们不要急着去解释，听她把牢骚发完。有一个女孩这样向父母发泄她的怨恨：

"你们是不合格的父母！你们心里只有自己，你们想让我做什么我就要做什么，连我每天吃什么东西你们都要为我安排我，我不喜欢这种生活！"

"你说呀，你说你喜欢什么，爸爸妈妈会帮助你的。"

"你们听我说吗？每次我说我想要什么的时候，你们都抬出理由。我宁愿要一个什么都不懂的妈妈，而不是一个自以为精明，可以为我安排好一切的妈妈！我不需要你们帮助，不需要！我只需要有一个地方，能够说出属我自己的想法，我每天都生活在你们的声音里，我都要窒息了！”

听到这里，父母难道还要为自己辩解吗？也许，你们给了女孩太多太多，唯独没有给予她们发出自己声音的机会。如果我们愿意倾听，就会知道女孩内心跟我们平常想象得完全不一样。一位母亲谈到这样一件事：

我把一个驼背的孩子带到自己家玩。事先，我反复叮嘱女儿，千万不要在她的新朋友面前提到他的生理缺陷，以免刺伤他。那天下午，两个孩子玩得很高兴，当他们终于坐下来的时候，我听到女儿问那个小男孩：“你知道你背上那个东西是什么吗？”驼背孩子支支吾吾，十分尴尬。我很紧张又很生气，很想出去教训一顿，责备的话语即将冲破喉间，却听见女儿说：“那是上帝为你造的一个小盒子，里面装的是你的翅膀，时候一到，上帝会把盒子打开，你就会像天使一样飞起来。”

多么富有哲理性的话语啊！如果你愿意倾听，随时都会从女孩口中听到这样的奇思妙语。等待她们把话说完，如果女孩说了伤害别人的话，也请你安静地坐下来，把正确的话说给她们听。“宝贝，不要这样说，小朋友和你一样，都是上帝赐给人间的天使。”

方法三：引导女孩把话说完整

有的时候女孩说出口的话并不真是她所想的，而只是一种情绪的发泄，即所谓的“口不择言”。这个时候，父母凭着女孩一两句话是很难得出正确判断的。也有时候，女孩说出口的话因为没有经过逻辑组织，父母听起来可能有些莫名其妙、不知所云。这个时候父母要注意不能急躁，不妨等一等，听女孩把话说完，听女孩说出全部事实。父母们可以用下面一些办法倾听。

①什么也不做，停下来不说话，关切地注视着女孩，等着她说下去。

②重述女孩刚才说过的话。如：“你刚才说要打你们同学，这个人为什么该打呢?”

②揣测女孩的情感。如：“看起来你很生气。”“你有点控制不了自己了，是吗？是不是感到火往脑袋上冒?”

③用声音或语言认同女孩的情感。如：“听起来你很失望，你其实完全理解了课文，但因为粗心丢了分，真是让人生气。”“你看起来很累，这次考试前你不巧生病，影响了复习，真是不走运。”“哦”、“嗯”、“我明白了。”

提醒自己：“她这样说，一定有他自己的原因。”“这孩子的语气令人生气，但我一定要保持冷静。”“我应该多知道一点事实再下判断。”“孩子现在最需要的是把心里的话说出来，而不是听我说话。”

方法四：做一些抚慰女孩的举动

比如为她擦汗，给她倒杯水。要有部分身体接触，比如轻拍孩子的手。始终保持投入地听女孩说话，不要停下来做别的事。

方法五：根据实际情况替女孩解决问题

女孩倾诉完了，父母们不必当时就给女孩答复，给自己也给女孩一定的空间去思考。如果是女孩情绪上的问题，一定要及时帮助她化解不良的情绪。而不要听完了，就去忙自己的事情。这样女孩会认为，父母做的都是表面工夫，是在敷衍自己。有时候，对女孩的倾诉父母不必过于“用心”。因为女孩的情绪在父母这里得到发泄，她的问题就已经解决了。“这件事确实是老师误解了你。”“是的，小云这么说确实不对。”女孩发泄过后，她就会把自己的怨气忘得一干二净，这时候，父母也不必太当真，事后不必再旧事重提。

细节31：父母对女孩的教育要一致——手表定律

小雪生活在一个大家庭里面，爷爷奶奶、爸爸妈妈都十分疼爱她。但是因为几个大人教育孩子的方式不同，家里几乎每天都要发生争执。一天，小雪要吃蛋糕，爷爷听说了，赶紧出门给她买回来。正巧这时候，妈妈下班回到家，看见孩子正在吃蛋糕，气不打一处来，因为前段时间带小雪去看牙医，医生建议孩子要少吃甜食。于是妈妈走过去夺过小雪手里的蛋糕说："你还吃蛋糕，医生是怎么跟你说的？"小雪"哇"的一声哭了起来。正在这时候爸爸推门进来，看见女儿在哭，于是说："有事情，你不会和孩子讲道理啊，干吗惹她哭？"爷爷奶奶对爸爸的话持赞成态度。"跟她说了多少遍了要少吃甜食，她什么时候听过？"妈妈生气地说。于是一家人开始为了孩子吃不吃甜食展开讨论。妈妈觉得自己很委屈，尽管自己的方式粗暴了一点，但都是为了孩子好；而爸爸和爷爷奶奶还是觉得不能委屈孩子，她要就给她。正当一家人在争论不休的时候，小雪已经偷偷地把那块蛋糕吃完了。

类似的情景在许多地方我们都可以看见，一家人在肯德基门口，女儿很想去吃，妈妈说："就让她去吃一次吧，一次有什么关系，女儿那么喜欢。"爸爸说："不行，不能去，这东西吃多了对孩子的健康不利。"父母双方各持己见，互不相让，女儿于是用乞求的眼光看看妈妈，妈妈的心越发软了；女儿再用哀求的眼光看看爸爸，爸爸还是不看她，态度坚定，不能去。

由于父母生活背景和经历不同，也造成他们的阅历、心理素质、个人品德上的差异，这就致使他们的教子观念和方法出现不统一，这样在教育女孩的过程中就会经常引起争执。

许多家庭都会出现这样的情况，女儿要一样东西，爸爸会心软地答应，妈妈则不同意。或者是女孩犯错误了，妈妈用吼的方式来教育，爸爸则主张和女儿谈心。很多父母认为在教育女孩的过程中，一个唱黑脸，一个唱红脸，这样既教育了女孩，又让女孩不至于太伤心。

研究者们认为，如果女孩的父母在教育女孩的方式上存在较大分歧，女孩就更有可能发生行为方面的问题。如果爸爸当“好好先生”，而妈妈是“铁腕管理”，那就会把女孩搞糊涂。这样的教育方式就像手表定律：只有一只手表，可以知道时间；拥有两只或更多的表，却无法确定几点。更多的表并不能告诉人们更准确的时间，反而会制造混乱，让人无所适从，不知道该以哪支手表为准，不知道现在到底是几点几分。

而父母在教育女孩的时候，因为观念不同，就好比是两只时间不同的钟表，女孩不知道该按照哪个的好，所以只有无助地看着他们。其实父母应该统一用一只“手表”，这样才能给女孩一个教育的度。就拿吃零食这件事情来说，妈妈不允许女儿饭前一个小时吃零食，因为会影响女儿正常进餐，爸爸则认为女儿喜欢吃，就让她吃点。其实，夫妻两个应该先商量好，谁的观点正确就听谁的，比如女孩的妈妈说的是事实，那么爸爸呢，就应该先支持妈妈的观点，给女孩统一的标准，就是饭前一个小时不许吃零食，其他的时间可以。这样女孩就有一个统一的标准执行，不会无所适从，也容易养成好的生活习惯。

既然不一致的步调会教育出两面派的女孩，会影响女孩的价值观，那么父母在教育女孩的过程中如何做到步调一致呢？

方法一：父母在女孩面前要“统一战线”

夫妻两人可以把所有的教育方式都摆到桌面上来讨论，权衡每一种方式的利弊，然后根据实际情况，制定一套两个人都能执行的方法。此外，还要和家中的老人沟通好，这个方法还要得到他们的支持才能更好地执行。当一种教育方式出现问题的时候，父母要避开女孩开始讨论新的方法，并且遇事双方要冷静，可以适当地妥协下，这样会有利于问题更好地解决。父母在制定方法的时候要注意，不要打骂女孩，不要偏袒女孩。教育女孩是一个长期的过程，并且随着女孩的长大，要及时地调整方法。但是一定要记得前后的教育方式是连续的，不能间断。只有这样才能培养女孩的良好习惯，有助于她的一些良好品质的形成。不会让她利用父母之间的教育矛盾来钻空子。同时，夫妻步调一致，也有利于家庭氛围的和睦，给女孩营造一个其乐融融的家。

方法二：父母要互相尊重，维护双方的威信

小玉对爸爸说：“妈妈真是个小气包，一个娃娃都不舍得给我买，真让我生气。并且还唠叨我乱花钱，我不喜欢她了。”

爸爸听后感觉这个小姑娘有想法了，于是告诉他：“你妈妈不给你买没错，因为你已经有很多个娃娃了。妈妈也不是小气包，你看她花钱给你买了很贵的书和文具，你应该感谢妈妈。我们花钱的时候一定要想好，不能乱花钱，钱是爸爸妈妈辛苦挣来的，不是天上掉的。”

小玉不吭声了，但还是有点不高兴，所以嘟着个嘴不说话。爸爸就安慰他：“你想要那个娃娃可以，但你必须自己攒钱，爸爸会跟你一起去挑选。”

小玉说：“好吧，一言为定！”

如果遇到女孩在背后议论妈妈，爸爸听了绝不能默然处之或随声附和，而应批评女孩：有意见应直接跟妈妈提出来，不该背后议论。即使是妈妈做得不对，爸爸也应向女孩解释妈妈那样做的原因，让女孩体谅妈妈的苦心，尽量维护对方的威信。

细节32：给女孩恰到好处的爱——蛋壳心理

青青是家里的独女，有爸爸妈妈爱着，爷爷奶奶宠着，更是见不得青青受一点委屈，只要青青掉一滴眼泪，奶奶就会“宝贝儿，宝贝儿”地心疼半天。青青从小到大，可以说是要风得风，要雨得雨。

在对青青的教育上，妈妈更是费尽了心思，想尽了办法。钢琴、小提琴、舞蹈，美术……这些普通人家轻易不敢让孩子尝试的艺术课（因为学费高），妈妈也毫不犹豫的给女儿全部报上了名。虽然家庭条件并十分宽裕，但一家人省吃俭用，对青青的教育经费却是一点也不含糊。在妈妈的精心打造下，青青在同龄孩子中显得很优秀。全家人都对青青寄予了厚望。

青青上小学后，全家人更是把所有精力都放在了青青的身上。青青也确实很优秀，无论是文化课，还是艺术课，都表现得很好。青青还代表学校参加了市里的一些演出，这让青青一下子成为校园明星。全家人都沉浸在一种喜悦之中，从来没有意识到在青青身上发生的微妙变化。

无论做什么，青青都要求最好，无论做什么，青青都永远只有自己。放学了，青青要写作业了，她就大声地喊：“奶奶，你不要看电视了，我要写作业了。”奶奶连忙把电视关掉。该吃饭了，青青看见桌上没有鱼，也会大喊嚷：“奶奶，我要吃鱼。我明天要考试，需要补充营养！”“妈妈，你明天去给我买我们上次看中的那个文具盒！”没有人觉得青青的一些要求过分，大家都理所当然的认为，青青就应该得到最好的照顾，她是全家人的中心。

青青以优异的成绩考上了全市最好的重点中学，正当全家人在为此而奔告四邻，打算为青青举行一个小庆祝会的时候，青青的情绪却反常了起来。有一天晚上，青青的妈妈发现女儿竟然用小刀在自己的手腕上自残，当即她就吓到了。最后青青的妈妈只好带女儿去看心理医生，原来青青已经患上了抑郁症……

原来，在小学像孔雀一样耀眼的青青，到中学后，一下子多了很多竞争对手，青青不再是老师眼里尖子生。到校一周后的摸底考试中，青青排名中下，这让青青的情绪一落千丈。也似乎就是从这一刻起，青青觉得自己从白天鹅变成了丑小鸭……

现在，我们经常在报纸和电视上看到一些孩子因为挨了批评或者是遇到一些不顺心的事情，就会做出极端的举动，有些甚至会轻生，就像青青那样，并且现在这样的事例越来越多。其实，这样的孩子都有一种“蛋壳心理”。

所谓的“蛋壳心理”就是一触即破的心理，很脆弱。具有蛋壳心理的孩子，在行为上一般表现为对自己缺少自信，不能肯定自我，同时又担心别人看不起自己。因此，为了保护自己，在人际关系方面表现为退缩、孤僻，与人交往时表现为偏激、敏感，甚至敌对，会采取攻击、报复的行为去解决与别人发生的冲突。

处于蛋壳中的女孩都有一个共同之处，就是她们在长辈们的万般呵护下长大，无论遇到什么问题，都有人帮她解决，几乎不会遇到任何挫折。一旦当她们必须自己面对一切困难时，就会变得无法承受。现在很多的家庭都是一个孩子，这个孩子就是全家人的希望，好吃好喝的伺候着，给孩子尽量提供好的物质条件，家里的成员都会尽力满足孩子所有的愿望，不让她受一点挫折和委屈，这样的孩子面对困难和挫折往往不知所措，有时候会采取回避的态度，甚至用极端的方式来处理问题。

那么父母该怎样慢慢引导女孩走出这种“蛋壳心理”呢？

方法一：让女孩多吃点苦头，多受点挫折

运动会上，柳敏的腿不小心被刮了，流了很多血，周围的女孩子都大声尖叫起来，呼喊老师和医生，而柳敏自己却镇定自如，捂着伤口等待校医过来。医生给她包扎完毕，夸奖她真坚强。很多女孩子，一点点的小伤口就哭得不得了。柳敏说：“这是我妈妈训练我的结果，呵呵，我妈说现在的孩子都太娇气，要吃点苦，所以她常常考验我，让我学会坚强，遇事沉着。”

的确，很多女孩子都做不到像柳敏这样遇事坚强和沉着。在生活中，父母要多让女孩尝点苦头，让她多经历一些小挫折。要让女孩知道生活的艰辛，让她们自己做些力所能及的事情，体会父母的艰辛。只有经过锤炼的女孩，才会在困难面前保持乐观。只有受过挫折的女孩，才能在面对挫折的时候泰然处之，不会逃避问题。

方法二：拒绝女孩的一些不合理的要求

高瑜跟妈妈和妈妈的朋友一块儿去逛商场，在买玩具的柜台前，高瑜看中了一个米奇娃娃，让妈妈给她买。妈妈一看标价，好贵，于是就没买。妈妈告诉她：“这个太贵了，咱们暂时不能买，上周你爸爸不是刚给你买过一个麦兜吗，你先玩那个吧。”高瑜点点头答应了。妈妈的朋友感觉很惊讶：“这孩子怎么这么听话啊！真是让人喜欢啊！要是我家那个，你要是不给她买，她今天非不出商场门不可。我每次都拗不过她，忍着心满足她。”高瑜妈妈说："女儿的要求，有些我们不能满足她，这会对女儿的成长不利。"

你家的孩子什么样呢？有高瑜懂事吗？现在，许多女孩面对自己想要的东西时，如果父母不答应，会采取撒娇或者威胁的方式来达到自己的愿望。父母应该坚定自己的立场，不管她采取什么办法，不合理的就是不满足她。让女儿学会接受拒绝，也是提高她经受挫折的一种方法。

第五章　富着养，才能培养最完美、最优秀的女孩

养育一个完美的女孩，是天下父母的心愿；拥有一个出色的女孩，是天下父母的福气。然而，面对这个如花似玉的天赐的宝贝，我们都会有一种困惑：我们应该怎么养育才能让女孩表现得最出色呢？答案就是富养。富养，就是从学识、能力、见识上下工夫，给女孩充分的关爱，让她拥有高雅气质的同时，还具有独立于世、兼济天下的胸怀。

细节 33：自古富贵多淑女——女孩为什么要富着养

中国有句古话叫“自古富贵多淑女”。在古代，但凡那些举止优雅充满自信的淑女一般都是出自家境比较优越的环境。过去大户人家的女孩，对琴棋书画、诗词歌赋无不精通，如卓文君、李清照等。

为什么古代女孩都较通情达理呢？这是因为过去女孩要靠嫁人改变命运，男权社会对女性的品德仪态要求很高，家庭优越的父母

就会在女孩自身方面下工夫，希望女儿将来嫁得好，生活得好。这就是自古富贵多淑女的最主要原因吧。

这就给我们今天的父母一个启示，女孩要“富”养。有的父母看到这里，马上会说“我的家庭环境还不错，富养不是什么难题。不就是给女孩吃好穿好，不让她吃苦嘛！”不，我们在这里说的富养，绝不是指在物质上的丰富。

自古富贵多淑女，是因为出自富贵人家的女孩大多从小就接受了较好的文化和礼仪教育，所以富养女孩自然要在内在修为和外在气质上下工夫，让她乐观、开朗、热情，有同情心，有主见，心智成熟，眼光独特，魅力不凡，长大后能开创出一片属于自己的天地。

较于男孩，在养育女孩时，父母需要投入更多的爱心，对女孩的心灵要进行更多的呵护和照顾，既要富养出精致的女孩，更要富养出独立和大气的女孩。

一说到富养，一些父母首先想到的就是娇生惯养，不让女儿吃苦受累，其结果是养出一个连生活自理能力都没有的女孩。有的家庭经济条件很好，父母认为家务活有保姆做就行了。在女孩的成长阶段，父母最好还是教女孩学会这些，有备无患！红楼梦中的王熙凤虽然自己不做菜，但是对每道菜的做法都是了如指掌，薛宝钗家庭富贵，但她的绣工却是一流的，这都是从小一针一针练出来的！现在号称“富养”女儿的父母只怕舍不得让女儿遭这个罪吧？

女孩蔷薇就和她的名字一样美丽。似乎从她降生那天起，她就不知道什么是挫折。爸爸妈妈给她打点好了一切。大学毕业后，爸爸给她找了一个好工作，但蔷薇仍然嫌苦，一个月后就辞职不干了。爸爸托老战友介绍了一个各方面条件都不错的男孩，很快顺利地结了婚，之后生了女儿，她就全心做起了全职太太，生活起居全由保姆伺候着。一度她成为身边姐妹的羡慕对象。

几年后，蔷薇离婚了，而父母也一下子老去，再也帮不了她了，她的世界突然变得一团糟，她无法照顾女儿，甚至连自己都养活不起。

现代社会，男女角色不像古代那样分工明确。在外面，女人也要去和男人竞争；在家里，女人还要承担生育、打理家务的责任。如今做一名成功的女性，有三头六臂都嫌不够。其实富养女孩的目的就是要让女孩有一个好未来——事业成功、婚姻幸福。

总之，富养的女孩，一定要有生活能力，没有哪种生活方式是不需要付出和努力的。更何况，人算不如天算，在不运的将来命运不知道会把女孩拨到哪里，父母能为女儿做的，就是培养她在任何时候、任何环境中都可以独立自主，可以随遇而安、自在地享受生活。

细节34：富养，让女孩精神富足、人格独立

女孩是美丽的，而女孩的精神世界则是神秘的，女孩人格的独立则是对自己的确认和肯定，也是用来支撑精神世界的支柱。养育女孩，不仅要让女孩出落得楚楚动人，更要让女孩在精神上富足、人格上独立。

很难想象，一个精神上贫乏、人格上有依赖性的女孩，怎么会有一个安定美好的人生呢？而富养，才能让女孩精神富足、人格独立，才能不断进行自我反省，审视自己的能力，用自己的知识结构去实现自己的人生目标。

徐静蕾是我们大家公认的才女，也是一个很成功的女性。无论

是做演员还是当导演，她都非常出色。而徐静蕾则把自己的成功归功于小时候父母亲的培养。

徐静蕾出生后，爸爸和妈妈在这个女孩身上花费了很多心血。为了把她教育好，爸爸徐子建专门跑到图书馆去找早期教育的书，希望把女儿培养成一个在精神上很充实的人。

两三岁时，徐静蕾就开始认字、写字了。开始，她用铅笔写字，后来对毛笔字有了兴趣。爸爸发现她对毛笔情有独钟，就在这上面下足了工夫，每天陪着她练毛笔字。渐渐地，徐静蕾的毛笔字越写越好，有了突飞猛进的发展。

当时，爸爸从事广告制作的工作。在做室外广告时，经常要请一些名人题字，比如“××大厦”“××大楼”。但是，请名人题字花费不菲，而客户又希望能花最少的钱办最好的事。有一次，爸爸灵机一动，就把徐静蕾的字拿过去，让客户过目。没想到，客户看了后，非常满意。认为“毛笔字写得刚劲有力，没四五十年的功底是写不出来的”。爸爸听了，又是惊讶又是高兴，也感到很骄傲。因为，那时徐静蕾只有13岁。

徐静蕾的毛笔字真的如客户所说吗？如果你不相信，那么你可以去看看她导演的电影《我和爸爸》、《一个陌生女人的来信》，片头的字都是她自己写的。看过那些字，你就会明白，徐静蕾的字完全值得爸爸为她感到骄傲。

此外，徐子健发现女儿对绘画也很有兴趣，就极力鼓励女儿在这方面下工夫。平时只要北京有美术展览，徐子健就用自行车带着女儿去参观，光中国美术馆就不知道跑了多少趟。

在爸爸的支持下，徐静蕾对新鲜事物一直有着强烈的好奇心和求知欲。她总是主动背着画夹，到处走走看看，发现好的景色就坐下来写生，自己找老师上课。

早年的这些艺术熏陶和人生经历，让徐静蕾的精神世界更加富足、充实，也养成了她凡事不畏缩、胆子大的性格。后来，她在完全没有经过专业知识培训和指导的情况下，考上了北京电影学院，这也得益于她以前的磨炼。

徐静蕾的经历说明，一个富养的女孩，才会有一个强大的精神世界作支撑，为她将来走遍世界打好坚实的基础。

而女孩在人格上的独立更不容忽视，那些优秀的女性无一不是人格独立的代表，她们的成长之路则处处显示着富养的理念。

铁娘子玛格丽特·撒切尔夫人，曾三次当选为英国首相。在5岁生日那天，玛格丽特聆听了父亲的一番忠告："孩子，你要记住——凡事要有自己的主见，用自己的大脑来判断是非，千万不要迎合别人。"

父亲是这么说的，玛格丽特也是这么做的。从小，玛格丽特就接受了严格的家教，跟着母亲学习熨烫衬衫，并学会了在熨烫时如何不伤衣服上的刺绣。不仅如此，撒切尔夫人还学会了家庭理财，做各种家务时都有板有眼。

虽然年幼的玛格丽特并不能完全理解父亲的良苦用心，但她已经逐渐地把独立、有主见的意识融入到内心深处，并不断付诸实践。

在玛格丽特进入学校后，她发现同学的生活是如此的丰富多彩，他们放学后可以去逛街，周末可以叫上朋友一起玩游戏，或者一起去野餐。为此，她壮着胆子向父亲提出去玩一玩的要求，却被父亲严厉教导了一番："你不能因为别人干什么，你也干什么。你必须自己做决定，不能让别人的行为牵着你的鼻子走！"

玛格丽特一声不吭，父亲见状，语气缓和下来，继续开导她："孩子，不是我不让你去玩，而是说你要有自己的主见，有自己的想法。学校的时光是用来学习的，你要做的事很多。如果你像你的同学一样沉迷于玩乐，那么你是不会有什么收获的。你自己做决定，是把学习的时间用来玩，还是充分利用这段时间，做你应该做的事。”

父亲的这番话对玛格丽特的影响很深，她慢慢想明白了：为什么要向同学看齐呢？我有好多事要做，时间还不够用呢！此后，玛格丽特专心学习，积极进取，最终在政坛上取得了非凡的成就。

可以说，玛格丽特·撒切尔在政坛上的非凡成就离不开父亲的“富养”。正是父亲在生活、学习上的严格教导，才把独立、自主、坚持己见的优良品质印在了她的脑海里，并成为指导她成功的人生信条。

这就说明，女孩只有富着养，才能培养她的独立性和自主性，让女孩做一个有主见、有个性的人。富养，才能让女孩精神富足、人格独立；唯有这样，女孩才能更好地认识自己，不易受社会不良风气的影响，才不会随波逐流，从而成就人生的辉煌！

细节35：让女孩多见见世面，眼界开阔的女孩更聪明

父母在女孩很小的时候，就要开阔她的视野、增长她的阅世能力、增加她的见识。女孩只有见多识广、独立、有主见、有智慧，很清楚自己要的是什么，什么才是真正值得追求的东西，才不会在尘世中迷失自己。

一般父母会认为，男孩长大后需要历练，所以要多见些世面。女孩过早地接触复杂的世界没有什么好处，反而会让女孩学坏。所以就主张女孩从小待在家里，过去讲就是养在“深闺”无人识。虽

然现代父母不会像过去那样把女孩关在家里，然而在养育女孩的过程中，父母还是主张女孩要安静、禁止女孩独自出门。如果家中同时有男孩和女孩，可能会不自觉地说出这样不同的话：

对男孩：你写完作业出去走走，一个男孩不能老待在家里，没有出息。

对女孩：你写完作业不要乱跑，一刻也待不住，一个女孩家，成何体统？

古话说："女子无才便是德。"此句话形容女人见的世面越小越好、懂得越少越好。如今，虽然男女平等了，但在教育女孩的问题上，一些父母往往不自觉地充当着封建父母的角色。

杨澜三四岁时，寄居上海外婆家，小舅舅常在领了工资的周末带她去最高级的红房子餐厅吃西餐、去淮海路照相、去看最新潮的立体电影。长辈责怪他为一个小女孩乱花钱，他说，女孩从小多见世面，对她将来有好处。

有一句话说：心有多大，舞台就有多大。从小让女孩多见世面，眼界开阔了，女孩看世界的眼光就不一样了。一些父母认为，女孩考试成绩好，就是聪明的，女孩的未来就有了保障。知识对女孩来说确实是重要的，但是盛装知识的心如果很小的话，那么女孩也很难有所作为。见识丰富、眼界宽阔的女孩更加聪明，做起事来目标明确、意志坚定。

女孩容易小气，长期封闭更容易让女孩退缩。我们常说某女孩小家子气，就是说女孩见识少，着眼于眼前的小事小利。小气甚至成为女孩的代名词。

"小气"似乎成了女孩注定难成大器的理由，这是长久以来父母对女孩实行穷养策略的结果。所以，在养育女孩时，父母就要打破传统，在女孩的见识上下工夫。

一个女孩如果拥有丰富的知识、广阔的视野，这样不仅会令她产生一种内在的气质美，还可以使她从容地应对复杂的社会。当她走出校门、走上社会时，她就能利用自己的所见所闻充实自己的大脑，学会与不同的人打交道。

李煜婉，一个初一的女孩，天真、活泼、热情、可爱，是个很有主见却不太“守规矩”的丫头。写武侠小说、唱流行歌曲、看电视、玩游戏、爱爬山、喜欢所有的动物，还要去西藏寻找梦中的雪原……

她的妈妈很苦恼地说：“女儿对什么事情都感兴趣，就是学习成绩上不去。每次考试都排在十来名，她要是学习努力，肯定能名列前茅。真是急人啊！”

一个活力四射、兴趣广泛的孩子，成绩稳定地保持在这样一个名次上，还有什么可苦恼的呢？还有什么比一个热爱生活、富有情趣的年轻生命更让我们做父母的感到欣慰的呢？

在应试教育的竞争中，很多父母和孩子都患了“名次恐惧症”。在升学的压力面前，人们有时很难看清教育的真正意义。但有些事情，父母还是可以有所改变的。比如，别紧盯着女孩的分数不放，尽量为女孩提供多彩的成长环境，培养她丰富的生活情趣。

有一个女孩，她的学习成绩在全年级一千人中名列前茅，但很遗憾，她除了学习成绩好，再也没有其他的业余爱好，而且与人的交往能力、语言表达能力都很差。一般来说，像这样成绩突出的孩子，应该是一个思维比较活跃的孩子。为什么这个孩子会这样？原来女孩的父母对她的唯一要求就是学习成绩好，除此之外，不允许女孩有任何的兴趣和爱好。这样，女孩的成绩上去了，但她思维的开阔性，却因为生活内容的单一而被限制了。

我们培养的是一个对社会有用的人，我们应该在体育、自然、手工艺、科学和艺术等多方面，培养女孩的兴趣，让她们从小在这样活生生的“书”中，学习新的生存方式，而不仅仅是单一的书本知识。

所以，从现在开始，让女孩走出书斋，到更为广阔的天地里，开阔眼界，增长自身的见识！

从小带女孩出入各种场合，对培养女孩的见识和气质很有必要。为什么会这么说呢？因为女孩身体弱，在外容易遇到一些突发事件，所以很多父母并不希望早早就放女儿出门，而是把女儿关在家里小心看护，不许女儿走出父母保护的视线。女孩在这种养育环境下，久而久之就养成了狭窄的视野，缺少丰富的阅历和见识，从而限制了女孩的发展。

一位妈妈在她的文章里写道：

我女儿很幸运，生长在一个和平安定、物质生活日渐富足的年代。从在娘胎里开始，她就跟着我走南闯北，天上地下到处游荡。还没上小学，她乘车船飞机旅游，行程超过上万公里。我信奉让女孩“见多识广”的原则，让她抓住一切机会多出门，开阔眼界，增长知识。十几年下来，她到过海滨城市大连、现代化都市上海，东到连云港，西到贵州苗寨，北到古城西安，南到云南大理、丽江。并在福建的武夷山，江西的三清山，四川的青城山，都留下了她从稚嫩走向成熟的足迹。除此之外还跟着学校管乐团去了宝岛台湾的阿里山……这些旅途经历，潜移默化地对她的人生、个性发生着深远的影响。

女儿虽然生活在单亲家庭，但她性格开朗，聪明懂事，为人处世也知道为他人着想。她非常热衷于参加各种社团活动，如竞选学校管乐团的单簧管乐手，还竞选上了校学生会的学习部长，最近又参加校电视台和广播室的主持播音节目，忙得不亦乐乎。去年年底，女儿告诉我学校寒假将要组团去法国进行校际交流，她很想参加。说句实话，对于我们目前的家庭经济情况来说，拿出这样一笔旅费，绝不是一件轻松的事情。

但是女儿的一句话打动了我：人小时候的一些独特经历会影响他的一生，她现在去法国跟她将来有了工作以后去法国的感受会是完全两样的！

于是我痛下决心，“咬着后槽牙”拿出钱来，成全了她的“浪漫法兰西”之旅。

现在看来，可以说自己做出的是明智之举，女儿也用自己的行动印证了她关于“小时候的经历将会影响她的一生”。

父母要给女孩看世界的机会、给女孩尝试的机会，在女孩心中种植希望的种子，洒下阳光的雨露。女孩容易受社会风气影响，对自己的价值估计过低，做事不思进取、畏首畏尾，这就需要父母在教育上丰富女孩的思想，增长她的见识，给予女孩更多的自信，鼓励她开发自己的潜力，告诉女孩不要做墙头上的麻雀，而要做枝头上的凤凰。

林徽因1904年6月10日出生于杭州，原籍福建闽侯。父亲林长民是诗人兼书法家，早年留学日本，他思想开朗，曾任北洋政府司法部长。1916年把自己的掌上明珠送入教会学校——北京培华女子中学，让她接触西方文化，为此她学会了一口流利的英语。1920年4月，她随父赴欧洲，游历伦敦、巴黎、日内瓦、罗马、法兰克福、柏林、布鲁塞尔等地，开拓了自由的视野。同年入伦敦圣玛丽女校学习。在此期间，林徽因受邻居女建筑师的影响，立志将来以建筑为业。

萧乾在《一代才女林徽因》里说：

（林徽因）因得了很严重的肺病，还经常得卧床休息。可她哪像个病人，穿了一身骑马装。她常和费正清与夫人费慰梅去外国人俱乐部骑马。

她说起话来，别人几乎插不上嘴。别说沈先生和我，就连梁思成和金岳霖也只是坐在沙发上吧嗒着烟斗，连连点头称赏。徽因的健谈，绝不是结了婚的妇人那种闲言碎语，而常是有学识、有见地、犀利敏捷的批评。

林徽因的见识和气质，绝不是在书斋里培养出来的，这与父亲带她从小游历世界有很大关系。

细节 36：富养，轻松打造更具内涵的女孩

人们总说：女孩的形象价值百万，也就是说女孩的气质是非常重要的。那么，气质是什么？比较常见的说法就是指一个女孩内在涵养或修养的外在体现；气质是内在的不自觉的外露，而不仅是表面功夫。

在现代社会中，气质高贵优雅的女性无疑是“知性美女”的代名词，比如上镜率极高又受人推崇的“明星级人物”杨澜，再比如叱咤风云的“女强人”张欣，还有“不老的玉女”张曼玉等。

这样的女性懂得时尚更尊重时尚，她们追求物质打扮更追求心灵保鲜；她们把岁月的痕迹放在内心深处，而不是任其爬上脸庞；她们的知性比较厚重，她们的美丽也比较持久。这样的女性可以称得上女性中的极品，也是众多父母培养女孩的模板。而富养，才能让女孩的气质更高贵优雅。

但是，不少父母在这一点上陷入了误区，他们认为要想打造一个气质高贵优雅的女孩，就应当为女孩提供最好的物质条件。于

是，就有了这样的理论：

“女孩就是让人疼，让人保护的。所以宁肯自己少吃点少穿点，也要让她过上好日子。”

“只要让女孩多穿那些名牌衣服，她的品位想不提高都难。”

“平时，只要女儿想要什么，我都会满足她。女孩嘛，就得像小公主一样，什么要求都能得到满足，才会有公主的风度。”

……

“可怜天下父母心”，只是让女孩吃好的、用好的，享有充裕的物质生活，女孩就会拥有超高的品位、超高的审美能力，进而拥有高贵优雅的气质了吗？

答案当然是否定的。单纯的金钱与物质，并不是什么“富养”，相反成了一种“穷养”，那样只会装扮出一个衣着光鲜的女孩，并不能丰富女孩的内心和精神世界。要想让女孩的气质高贵优雅，父母必须从真正的“富养”入手，下工夫培养女孩，才会有所收获。

月月出生在一个很普通的家庭里，爸爸开出租车，妈妈在一家工厂当资料员。

家里的经济条件一直不太好，月月从小到大也没什么漂亮的衣服，更没什么高档玩具。

最初，爸爸妈妈很自责，为自己不能给女儿提供一个相对优裕的物质环境而难过。后来，爸爸妈妈决定从培养品质与气质入手，一定要把女儿培养成一个真正的小淑女，让她拥有一种同龄人所不具备的气质。

在穿衣打扮上，他们没有钱给月月添置那些高档的名牌衣服，但妈妈会织各种漂亮的毛衣，还学会了改衣服以及服装的颜色搭配。月月穿的衣服并不昂贵，但每一件衣服都会受到别人的称赞，有人还问月月“衣服是从哪里买的”。时间长了，月月越来越喜欢妈妈为自己准备的衣服，也很为自己的装扮而自豪。

在生活习惯上，爸爸妈妈严格要求月月。为了让月月养成干净整洁、有节制的习惯，他们甚至定了一条家规：宁肯不吃饭也要干净！

在学识修养上，爸爸妈妈不仅给月月买了很多知识类的书，妈妈还带着月月去图书馆办了一张借书卡，每个月都会陪月月去一两趟图书馆，让那些经典的书籍丰富月月的心灵。

平时只要有空，爸爸就带着月月去郊外玩，看天上的蓝天白云、观察地上的花花草草，让大自然的美渗透到月月的一举一动之中。此外，爸爸妈妈还带着月月去美术馆看展览，以便培养月月的审美观；在家里用录音机播放古典音乐的磁带，让月月感受经典音乐的独特美。

与此同时，爸爸妈妈还十分注重对月月的行为举止、礼仪方面的教育。从月月很小的时候开始，他们就开始教她如何对客人说话，如何才能让自己的行为举止看起来更优雅。在爸爸妈妈的严格教育下，月月不仅在学校是老师同学眼中的榜样，更成为了左邻右舍眼中标准的小淑女。

我们有理由相信，月月长大了，即使不会拥有很高的社会地位，也会有一种不俗的气质，因为这种气质已经深深印在了她的生命历程中。月月的故事也说明，一个气质高贵优雅的女孩并不是用金钱和物质打造出来的，而是用各种精神养料“富养”出来的。

与金钱物质的“穷养”相比，精神富养才能让女孩得到多方面的培养，并在潜移默化之间形成女孩独有的气质。精神富养的女孩，才会坦然接受自己先天的性格和面貌，并在父母的引导下，学会扬长避短，从而增加自己的吸引力，最终形成自己独特的气质。

这样的女孩不会自视清高，在人际交往中，也不会因为别人与自己脾气不同，身份有异，就显示出不耐烦或瞧不起别人的样子。同时，她们也不会因为自己的职务、地位不如人家，或长相一般、服饰不佳而过分谦卑，而是落落大方，不卑不亢。

富养的女孩，从父母那里得到了充分的信任和关心，从而养成了热诚待人，关心他人的品质。当一个女孩对别人关心体谅时，她就会获得相同的回报，别人也会为她的气质而折服。这样的女孩，不会惧怕流露真情实感。相反，一个经常压抑、掩藏情绪的女孩，会被视为冷漠无情的人，没有人会喜欢和一个“冰美人”交往的。

富养的女孩，从小受到良好的教导，会时时注意自己的仪态举止是否优雅、仪表是否端庄整洁。要知道，一个步姿洒脱、衣着得体、充满自信的女孩，最能吸引别人的。

一个没什么内涵的女孩，再怎么打扮也是毫无气质可言的，相反，还可能给别人一种肤浅的感觉。一个气质优雅的女孩要比外表美的女孩，具备更高一层的精神境界。这种富养出来的气质犹如花的灵魂，水的韵律，松的魄力，不会随着岁月的流逝而褪去，不会因为世事的纷扰而消失，相反会日渐醇厚，成为女孩一生的财富。

细节37：富养，让女孩更懂得珍爱自己

女孩是柔美的，女孩更是感性的。女孩很在乎外界对自己的评价，无论是相貌、衣着打扮还是感情等，女孩都希望得到别人的认同，甚至会为了“迎合”别人的喜好，而压抑自己的想法。恐怕这不是我们想要的结果吧？

相信天下的父母，都希望自己的小公主，无论长什么样，做什么样的工作，遇到什么样的事，都能懂得珍爱自己。唯有这样，女

孩的人生之路才会走得更平和。要想让女孩更懂得珍爱自己，富养就是最好的方式。

所谓“富养”，就是让女孩的安全感得到最大的满足，对自己产生最大的认可。这样的女孩，才不会过分在意外界的看法和评价，而是会倾听自己内心的声音，学会走自己的路。

对女孩子来说，相貌是她们最关心的问题。天生丽质固然会给女孩的形象加分，但相貌平平也不是女孩自卑的理由。

13 岁的晓晓一直很自卑，她觉得自己长得很丑，没人会喜欢她。在学校，她几乎没有一个好朋友，一个人独来独往。

有一天，晓晓在公交车上遇到一个女孩，那个女孩的脸明显受过伤，有着难看的伤疤。这个女孩上车时，一车人都用或惊讶或鄙视的目光打量着她，而晓晓则为她难过：“天啊，她的脸怎么成这样了，她可怎么办呢?”

没过一会，晓晓就发现自己的想法纯粹是多余的。这个女孩的脸上，一直挂着恬淡的微笑，没有一点忧愁和自卑。即使面对一车人观望的眼神，她也没有躲闪，而是和同她一起上车的妈妈说说笑笑，还会像一个正常的女孩子一样冲着妈妈撒个娇。

那一刻，晓晓惊讶极了，内心也受到了极大的震撼。相比之下，自己是多么可怜啊，连和妈妈大声说句话的勇气都没有。

公交车过了几站，那个女孩和她的妈妈下了车，晓晓也急忙跟着下了车，快走几步跟上那个女孩。

“请等一下……”

女孩奇怪地看着晓晓，不知道晓晓有什么事，晓晓也有些不知所措，不知道该怎么说。半晌，她指了指自己的脸，吞吞吐吐地说道：“我总是觉得自己长得很丑……感到很自卑……我不知道你能不能……”

女孩的妈妈一下就明白了晓晓的意思，她微笑着说："傻孩子，你不觉得你的脸很清纯吗？"

晓晓惊讶极了，从来没有人这么说过，连爸爸妈妈也总会有意无意地说："长得这么丑，长大了可怎么办呢？"

女孩的妈妈又说："我的女儿也很漂亮，你看她的脸充满了青春的活力，她当然不会自卑了。你也一样，有什么可自卑的呢？"

晓晓一下就彻悟了，长期以来困扰她的心结也舒展开了。

在这个故事里，我们看到了两种完全不同的教育方式，晓晓的父母或许不是有意的，或许在物质方面晓晓并不比别人差，但他们的教育方式并不是"富养"，倒可以称得上"穷养"了。一个青春妙龄的女孩为自己的相貌而自卑，这难道不是一件很悲哀的事吗？相反，那个中年妇女能让一个脸部严重烧伤的女孩，坦然正视自己的相貌，并笑对生活，那才是一种高明的教育方式，也是一种真正的"富养"。

心理学家指出，自卑就是那种不如人的感觉，而这种"不如人的感觉"往往与"貌不如人"的感觉紧密联系在一起。也就是说，女孩在长大成人后的那种自卑意识，往往和童年时的经历有着密切的联系。而这种经历，并不是来自家境或者学识上的"不如人"，十有八九来自于容貌上的"不如人"。

只有富养的女孩，才不会过分看重天生的相貌，而会在父母的宠爱中明白一个人的整体表现效果才是最重要的。她们不会因为平凡的相貌而自觉低人一等。唯有在富养的教育理念里，女孩们才不会有对"相貌"的过分关注，也没有对"相貌"的过度追求。

富养的女孩，才会明白外在的气质比天生的相貌更受关注、更具有魅力。女孩只有对相貌有了正确的看法，才不会过分追求外在美。当然，如果女孩天生丽质，那么她更需要富养，才能从中学会"珍爱自己"。否则，那些漂亮的女孩会因为别人赞美自己的相貌，而加倍关注自己的长相。甚至，女孩会为了赢得别人的注意和赞同，而不断地修饰相貌，与别的女孩比较，无形之中忽略了内在的涵养和性格气质的修养。

此时，父母的角色不仅是引导，必要时还应当出面“干涉”，制定适当的“规矩”，这才是富养的内涵所在。只有富养女孩，才能帮助女孩强化全面的个人意识。即使女孩还会关心自己的相貌，但也不会像以前那么迷恋了。

其实，爸爸妈妈不仅要引导女孩正视自己的相貌，还要在情感上给予女孩足够的爱与关心，这样女孩长大了才会有充足的安全感，才能够积极应对各种纷繁复杂的事情，更不会因为外界的影响迷失了自我。也就是说，富养才能让女孩安全感十足。在家庭教育中，爸爸妈妈经常用语言和行为对女孩表示爱与关心，会让女孩产生安全和归属感；而女孩向爸爸妈妈学习爱与被爱，从中发展亲密的感情，才能懂得珍爱自己。女孩的基因决定了她们的细腻、敏感，也让她们对爸爸妈妈有着很深的依恋感，她们总是用自己的感觉“触角”，去触摸爸爸妈妈对自己的关爱。

富养的女孩，才能感受到爸爸妈妈所给予的那种最温馨、最可贵、最感动、最纯真的亲情。而这种亲情，会成为她们一生的精神财富。无论何时何地，无论遇到什么事，背后的亲情就是她们前进的动力，远方的亲人就是她们坚持的理由，而“珍爱自己”则是她们永远不变的人生信念。

细节38：富养，不等于娇生惯养

富养，不等于娇生惯养，更不等于放纵女孩的脾气，任由女孩我行我素。在生活中，很多父母都把“富养”一词的范围定义得很狭窄。他们认为“富养女孩”就是把女孩当掌上明珠一般，吃好的、穿好的、用好的，让女孩成为一个真正的“千金”，而不能吃一点苦。当这些集万般宠爱于一身的女孩走上社会后，不可避免的考验就来临了。

路雪从小就是爸爸妈妈手心里的宝贝，加上爷爷奶奶、姥爷姥姥的万般宠爱，路雪就是一个不折不扣的“小公主”。

爸爸妈妈认为女孩“要富着养”，那就是说这个小公主必须有优裕的物质生活和高雅的生活情调。他们还认为，一个真正的“公主”应该如同安徒生笔下那个“豌豆公主”一般，隔着12层褥子也能感觉到异物。

于时，他们给路雪吃各种营养品，穿各种名牌衣服。每个周末，他们会带路雪去听音乐会。此外，他们专门花钱请了高级家教，上门来教路雪弹钢琴、学古筝。至于家务，路雪是从来不会沾边的。尤其是做饭，路雪从来不进厨房，一来爸爸妈妈不允许，二来她也不喜欢那种油烟味。

爸爸妈妈希望路雪的生活像公主一样无忧无虑，不像那些普通人家的女孩一样，成天为柴米油盐的琐事而犯愁。

爸爸妈妈的苦心没有白费，长大后的路雪不仅出落得楚楚动人，而且才艺俱佳，钢琴学得像模像样，穿衣打扮也有自己独特的风格。只是，路雪在学习上不太用功，那些复杂的数理化题目在她眼里可比学古筝困难多了。初中毕业时，路雪不肯升高中，理由是高中的学习更辛苦，高考更累人。

爸爸妈妈虽然希望路雪能进一步深造，但出于对路雪的疼爱，还是同意了她的要求。于是，路雪进了一所普通的中专学校就读。读中专时，路雪的生活费高得惊人，别的同学一个月才四五百块钱，而路雪一周就能花掉五百。有一次，一个舍友好奇地问路雪，那么多钱都干什么了？路雪的回答是，用来添置漂亮的衣服、小首饰、化妆品了，还说女孩就得在这上边下工夫，不然就不吸引人了。几个舍友听了，一时间有些瞠目结舌，不知道说什么么好。

中专毕业后，家里本想花钱为路雪在电力公司找份好工作，只是爸爸的生意不顺，家道开始中落，拿不出那么多的“人情费”。最后，路雪在一家小公司做了文员。也就在这个公司里，路雪邂逅了未来的老公彭科。和路雪不一样，彭科是一个来自大山区的穷小子，从小就吃够了苦头，人生经历远远比路雪丰富。

那时，天生丽质的路雪身边不乏追求者，但彭科是最能“迁就”她的一个。为此，路雪被彭科打动了，执意要和彭科在一起。爸爸妈妈本来死活不同意，他们认为宝贝女儿从小就过着无忧无虑的生活，是难以接受彭科这种贫困人家的生活的。但路雪的“公主”脾气上来了，说什么也要嫁给彭科。最后，爸爸妈妈只好让步了。

结婚后，彭科才发现，路雪不仅有“公主”脾气，更有“公主”架子。路雪不会做饭，也不肯学做饭，理由是在家里从来不进厨房。即使偶尔去一次菜市场，也不会买菜。路雪不爱洗衣服，理由是总洗衣服会让手部的皮肤变得粗糙。结果，彭科经常加班回来，还得洗一大盆衣服，累得不成样子。

有一次，彭科衬衣的扣子松了，让路雪帮忙缝一下，没想到路雪一脸的惊讶：“我不会缝扣子啊!”

家里的大事小事，路雪都要等着彭科回来处理，即使像交水电费这样的事，路雪也嫌麻烦，不肯去办。

路雪还特别娇气，出门就要打的，身体稍微不舒服就请病假不去上班。而且，路雪还经常换工作，每到一家公司都能挑出一大堆毛病。工作一不顺心，路雪回到家就会掉眼泪，觉得“天都塌下来了”。

除此之外，路雪和彭科的家人关系也不好。彭科的妈妈、妹妹在路雪眼里都是“怪人”，因为他们的穿衣打扮、说话太“土气”了。

与此同时，路雪对彭科也很失望。恋爱时，彭科非常迁就她，不管什么事都会让着她。结婚后，彭科也开始有了脾气，路雪觉得自己受了“欺骗”。不仅如此，彭科的能力也一般，薪水就那么一点，还要时不时地接济自己的家人。

路雪越来越灰心，觉得生活好没意思。因为，这不是她想要的生活，她希望能过很富足的生活，什么事都不用自己操心。为什么现在成这样子了呢？

路雪错在哪里了呢？其实，最大的错误在于路雪的爸爸妈妈，他们误读了“富养”的涵义，结果培养出了一个极其挑剔的女孩，虽然眼光很高，但自己的能力又很一般，心理也特别脆弱。也许路雪的故事只是个案，但她的故事是很有代表性的。

“富养”之前，父母一定要明白的是，富养不是养育一个弱不禁风，未来只能依靠婚姻吃饭的女孩，而是要养育一个气质高贵，能力出众的女孩，使她将来在社会上具有更好的竞争力，在脱离父母这座“靠山”之后，也能够独立地生活。

当今的社会，对女性的要求越来越高，那些弱不禁风的“林妹妹”是很难在社会上站稳脚跟的，自强、独立的女性才能赢得别人的尊重。不仅如此，女性还面临着“双重标准”的要求，一方面在工作上要得心应手，一方面还要留出一定的时间和精力操持家务。

一个娇生惯养的女孩能承担起这么多责任吗？恐怕只是背负其中的四分之一，她就无法忍受了。事实上，一个娇生惯养的女孩，她的人生是掌握在别人手中的。

真正的富养，不是为了养育一个娇气、奢华的公主，而是为了培养一个集自信、独立、高贵、优雅和大气于一身的完美女孩，让女孩真正成为她自己，而不是别人思想的跟随者。

细节 39：富养，不等于用金钱和物质培养

女孩本是“千金”之身，那么“富养女孩”不就是要有足够的金钱，去为“千金”之身打基础吗？如此说来，穷人家的女儿是无论如何也成不了“公主”与“天使”了？

果真如此吗？其实，“富养”的富本是“富足”的意思，它不是指物质上的富足，而是指精神上的富足。富养，不是富在“金钱和物质”上，更不是用大把大把的金钱去养育一个女孩。金钱是两面性的，用得好，可以为女孩提供一个充实的物质环境，让她在一种相对安定的环境中长大；用不好，极有可能毁了一个女孩。

14 岁的茉茉就读于一家寄宿制贵族学校，一年的学费就有一万多元。不知情的人，可能会觉得茉茉家很有钱，但茉茉心里明白，自己家穷得要命，哪能和班上那些同学比呢。

茉茉的家住在郊区的一幢筒子楼里，一家三口挤在一起，根本没什么多余的空间。茉茉的爸爸有“车”，不过是出租车；茉茉的妈妈以前在一家事业单位上班，后来赶上单位改制，内退了。虽然家庭条件不好，但爸爸妈妈相信“女孩要富着养”，为此，他们省吃俭用，把茉茉送进了这所贵族学校。

平时，爸爸妈妈总是不厌其烦地教导茉茉：“茉茉，你得好好学习，将来才能出人头地，过好日子。要不然，就像我们一样，只

能过这种穷酸的日子了。唉，穷人在这个社会上是没有地位的，还要被人看不起。”

时间长了，茉茉也受到了感染，认为贫穷是一件非常可耻的事。在班上，茉茉也总是有一种深深的自卑感。和同学相比，自己是多么可怜啊。虽然爸爸妈妈给她的零花钱不算少了，但和同学相比，这点钱还不够他们上饭店撮一顿呢。

茉茉的自卑感越来越强，脾气也越来越大。每次爸爸妈妈问起学校的事，她都是牢骚满腹。不是嫌自己的零花钱太少，就是抱怨自己没有漂亮的衣服。茉茉已经对自己的家庭和爸爸妈妈有了强烈的反感情绪，而爸爸妈妈还浑然不觉，以为女儿只是发点小脾气罢了。

每个周末都是全家人的节日。爸爸一到周五下午就不再拉活了，而是专门到学校接茉茉回家；妈妈在家里准备各种好吃的，等着茉茉回来。每到这个时候，一家人都特别开心，对未来的生活也充满了希望。以前，茉茉很喜欢周末回家和爸爸妈妈一起吃饭，现在她却越来越不喜欢回家了。

又到周末了，爸爸一如往常，开着夏利出租车到了郊区那所贵族学校。他怕自己的寒酸给茉茉带来不快，就把车停得离那些宝马、奔驰车远一点儿。

放学时间到了，爸爸一眼就看到茉茉和几个同学有说有笑地走了出来。茉茉越长越漂亮了，爸爸怜爱地望着自己的女儿。

到了校门口，茉茉的同学分别钻进了自己家的高级轿车，只有茉茉一个人还继续向前走。爸爸连忙下了车，迎着茉茉走了过去。没想到，茉茉一看到爸爸，脸就拉长了。爸爸的心有些发抖，刚想说什么，茉茉扔出来一句话：“下次别用这破车来接我了，我自己打车回家。你不觉得丢人，我还嫌丢人呢！”

这句话震得爸爸头皮发麻，他即生气又酸楚，猛得抡起手臂，冲着茉茉脸就是一记耳光。“啪”的一声，茉茉的脸上多了一个鲜红的手印，一时间，爸爸和茉茉都愣住了。

爸爸没想到自己会动手打心爱的女儿；茉茉也没想到一向宠爱她的爸爸会打她。茉茉“哇”的一声尖叫，大哭起来。她捂着被打的脸，一脸悲愤地盯着爸爸：“我再也不回你的家了！”

说完，茉茉转身就跑。等爸爸回过神来，茉茉已经不见踪影了。

茉茉去哪里了呢？以后怎么办呢？其实，这样的情节在生活中很常见。一个养尊处优、习惯了被人捧着的女孩，怎么受得了这种“委屈”呢？也许有人会说，这都是“富养”惹的祸。错了，茉茉的爸爸妈妈根本不是在“富养”，而是在“穷养”！或者说，茉茉眼里已经“穷”得只剩下钱了！

从茉茉的成长经历来看，她几乎没有接受过正确的人格教育，对金钱的认识也仅限于“过好日子”。14 岁的茉茉正处于成长期，难免会有这样那样的困惑。当她看到同班同学的家庭远远比她的家庭更有钱时，她难免会抱怨自己父母的“无能”。这个时候，如果爸爸妈妈没能及时给她精神方面的教育，那么她很容易对人生的意义产生误解，也会对金钱产生至高无上的崇拜。

富养女孩，不是一定把她送进贵族学校，接受“贵族”式的教育，而是要从精神上“富养”女孩，让女孩在拥有相对丰富的物质环境的同时，也能清醒地认识到自己内心的真正需求。

教育学家指出，良好的物质环境可以约束女孩的行为，良好的精神环境则可以陶冶女孩的性格。这里所说的“良好的物质环境”并不是说要住豪华的房子，屋内有着奢侈的摆设，而是说在现有条件下，让居室干净、整洁、有秩序，给人一种愉悦的感觉，也有助于培养女孩良好的卫生习惯。

而“良好的精神环境”其实是一种“良好的氛围”，爸爸妈妈的互敬互爱，一家人的其乐融融，面对生活的艰辛不怨不急，快乐达观地生活，都有助于培养女孩良好的性格，让女孩对人、对事、对生活都充满信心。

对父母来说，没有钱并不可怕，可怕的是精神上的“贫穷”，甚至对自己的贫穷感到耻辱、感到恐惧。一旦有了这样的心理，自卑感就油然而生，进而会对社会产生仇恨感，这样的心理，怎么可能“富养”出一个完美的女孩呢？

教育实践家冯恩洪曾经说过：“我们的教育要教会孩子什么？学会做人比学会做学问更重要，要引导孩子先学会做人，然后是做学问。”

每一个女孩首先要学会做人，她才可能去做事、与人交流。如果父母没有对女孩的为人态度和品格进行教育，女孩无疑会养成一些不良的习惯，这些习惯将直接影响女孩与人交往，更严重者也会给女孩的人生蒙上一个个污点。

富养女孩，就是要通过各种教育，让女孩养成讲诚信、有责任心、有公德心、有爱心等美好的品德，让女孩成为一个受人喜欢的人。

第六章 授人以鱼不如授人以渔——培养女孩卓越的学习能力

传统教育普遍认为，女孩的学习后劲不足。其实，这是由于女孩天性比较被动，独立思考性差造成的。女孩在逻辑思维方面，相对男孩要差一些，但在语言能力、记忆能力和自控力方面则比较突出。在辅导女孩学习时，让女孩多总结，掌握正确的学习方法，发挥长处，弥补短处，多思考，多尝试，提高独立解决问题的能力。

细节 40：学习很有趣——如何让女孩喜欢上学习

大教育家苏霍姆林斯基也以自己丰富的教育实践经验为依据，明确肯定“学习兴趣是学习活动的重要动力”，并指出“教育的基础任务是坚持不懈地发展孩子对学习的真正满足感，以便由此产生和确立热切希望学习的情感状态。”

据调查显示，对学习有浓厚兴趣、自觉性强的学生，大都能专心，注意力集中，肯动脑筋，爱提问题，按时完成作业。而那些缺乏学习兴趣的学生，学习上往往很被动，学习不专心，敷衍了事，遇到困难易产生消极情绪，把学习看成一种负担。当一个孩子对一件事情没有丝毫的兴趣，如果父母一味地强制他们去学，将会扼杀他们的求知欲望。

培养女孩学习的兴趣，不仅让女孩化被动为主动地学习，并且还能够对女孩的长远发展产生持续性的影响。女孩的学习兴趣并不是生下来就有的，是靠后天的培养和引导得来的。两千多年前孔子就提出："知之者不如好之者，好之者不如乐知者。"科学家爱因斯坦也说过："热爱是最好的老师。"

那么，父母怎样才能培养女孩的学习兴趣，让她喜欢上学习呢？

一、精心呵护女孩的好奇心，引导女孩的求知欲望

菁菁非常喜欢花，从小就是个"花痴"，见了漂亮的花朵就不走了。她时常感叹：大自然真神奇啊，居然有这么多不同颜色的花朵！一次去公园，菁菁又大发感慨，妈妈问她："你知道为什么花会有不同的颜色吗？即便是同一种类的花，颜色也不一样。"菁菁睁大眼睛好奇地问："为什么呢？"妈妈说："这是因为花中含有一种花青素，它会在不同的酸、碱度环境下呈现出红、黄、蓝等各种颜色。而各种植物的花朵内酸、碱度含量也不同，花朵的颜色也会不同。以后你学化学时，就知道了。"菁菁惊讶地说："真的啊？化学书上有介绍吗？"妈妈说："当然了，化学书上还有很多比花还神奇的东西呢！"菁菁听了妈妈这样说，很期待赶快学习化学。在后来的学习中，菁菁对化学一直很感兴趣，成绩非常好。

好奇心是孩子学习兴趣的源泉，每个女孩都会有好奇心，面对女孩的问题，父母应该耐心地用女孩能够理解的通俗易懂的话语来回答，也可以引导女孩去看一些书籍。此外，父母还可以经常有意识地引导女孩到大自然中去观察一些自然现象，从而开阔女孩的眼界，丰富她的知识，提高她的学习兴趣。

二、让女孩感受到学习是一件快乐的事情

父母应该让女孩感受到学习是一件快乐的事情，只有快乐的事情，才能激发女孩的兴趣，她才能养成良好自觉学习的好习惯。父母首先要正确引导，让孩子们在学习、探索中发现乐趣。其次，对孩子的进步要给予肯定的表扬，要全面客观地评价孩子。再次，要给予及时的鼓励，给女孩前进的动力。

三、为女孩创造一个愉悦的学习环境

研究发现，人在轻松愉快的情绪下学习，比在压抑烦闷的情绪下学习，成绩要高出 20％以上。因为心情好时大脑处于积极主动的接收状态，信息的吸收量大，记忆的有效性高；当心情不好时大脑处于自闭半自闭状态，反应接收吸纳的效率低，甚至心猿意马根本接收不到。所以父母一是不要因唠叨、批评、训斥等影响女孩的心情，而是要引导女孩学会自我调控、自我释放。

因此，父母要努力营造一个民主、和谐的家庭环境，让女孩在愉悦的环境中学习，这样她才会养成主动学习、主动探索知识的兴趣与习惯。

四、培养女孩的兴趣要循序渐进

学习是个循序渐进的过程，父母要引导女孩从易到难，让她逐步体会到成功的乐趣。在培养女孩的学习兴趣时，最怕的是孩子遇到挫折，这样她的兴趣就会下降，有些甚至产生厌学的心理。父母不要急于求成，急功近利，只有一步一步引导女孩前进，才能激发她继续向前攀登的斗志。

细节 41：如何为女孩营造最佳的学习氛围

有这样一个哲理小故事：

有一天，一个路人发现路旁有一堆泥土，从土堆中散发出非常芬芳的香味，他就把这堆土带回家去，一时之间，他的家竟满室香气。路人好奇而惊讶地问这堆土："你是从大城市来的珍宝吗？还是一种稀有的香料？或是价格昂贵的材料？"

泥土说："都不是，我只是一块普通的泥土而已。"

路人又问："那么你身上浓郁的香味从哪里来的？"

泥土说："我只是曾在玫瑰园和玫瑰相处过很长的一段时期。"

这个故事也告诉我们，女孩生长在什么样的环境里面，她就能成为什么样的人。和什么样的人相处，久而久之，就会有相同的味道。"蓬生麻中，不扶而直；白沙在涅，与之俱黑"，说的就是这个道理。苏联教育实践家和教育理论家苏霍姆林斯基也说："家庭的智力气氛对于孩子的发展具有重大的意义。孩子的一般发展、记忆，在很大的程度上取决于家里人的智力兴趣如何，成年人做些什么，想些什么，以及他们给孩子的思想留下了哪些影响。"

良好的家庭学习氛围，不仅可以让女孩喜欢学习、提高成绩，还对孩子的健康成长起着重要的作用。父母应该怎样给女孩营造最佳的学习氛围呢？

方法一：父母要带头克服一些不良的学习、生活习惯

李茜很喜欢到好朋友靓靓家写作业，因为靓靓家不吵闹，靓靓在写作业时，她的爸爸妈妈从来不打扰，也不支使靓靓拿东西。而自己家呢，妈妈一副大嗓门，爸爸一个急性子，两个人不管李茜是不是在做作业，都是吆喝来吆喝去的。家里到处乱七八糟，走路都绊脚，李茜好希望搬到靓靓家来住啊！

不管居住环境如何，父母一定要把家里收拾得干净整洁，不要打骂女孩，不说脏话。只有父母有教养、好学上进、举止文明、关系和谐，女孩才能在一种很愉快的环境中成长。父母要是爱学习，也会影响女孩的学习兴趣，从而影响女孩的学习成绩。女孩成长在一种充满学习氛围的家庭中，也会耳濡目染，养成自觉学习的好习惯。所以，父母要努力克服自己的一些不良习惯，比如打麻将、看电视，而应该培养好的作风，比如在女孩学习的时候自己也在一旁看书等等。

方法二：引导女孩养成好的读书习惯

少年宫门口，有很多孩子在等着老师来上音乐课。一位妈妈发现，只有一个女孩在看书，其他孩子不是在追打就是在聊天。这位妈妈把自己的女儿叫过来询问，原来那个女孩是钢琴弹得最好的，很努力，老师同学都很喜欢她。这位妈妈很羡慕，于是请教女孩的妈妈教育技巧，女孩的妈妈说："我们爱看书，可能影响了孩子，这不，新买了童话集，她就迫不及待地看起来了。"

作为父母要有读书的习惯，自己没有读书的习惯，强求女孩读书是难于和他们沟通的，也很难以理服人。父母只有多看一些书报杂志，才能与时俱进，这样才能和女孩更好地交流，不会产生代沟。家里可以准备一些报刊书籍，有时候可以边看边和女孩一起交流、讨论。这样不仅能使女孩养成读书的习惯，还有利于父母去了解孩子的思想，增进亲子之间的关系。

细节42：椰壳效应——了解女孩的学习方式

有一个孩子老是不爱吃饭。有一天，父亲把一个空的椰子壳锯开，做成一个小碗的样子。这个孩子对这个椰壳碗感到很新奇。爸爸说，你喜吹吗？喜欢的话，你今天就可以用这个碗来吃饭。孩子听了非常高兴，一直盼望着吃饭时间的到来。到了吃饭时间，他第一个给自己盛了满满一碗饭，吃了有生以来最香的一顿饭。

这就是心理学上的"椰壳效应"。其本质就是改换一种新颖的方式，满足孩子求新、求异的心理需求，以获取较好的学习效果。

妈妈对女孩的学习教育不宜孤立、僵化、静止地进行，要注意学习的趣味性，要抓住女孩的好奇、喜新、求变的心理，采用女孩喜欢的形式包装内容，让女孩爱上学习。

妈妈在帮助小林复习刚学过的单词。在学完家庭成员这些单词后，妈妈习惯性地让小林抄一抄，读一读，可是小林一脸麻木地看着妈妈。懒洋洋地拿出练习本。看来小林很厌烦抄写单词。妈妈灵机一动，让小林以自己喜欢的形式设计一份家庭成员单词卡片。效果出人意料，一张张单词卡，生动活泼的肖像配以整洁的单词书写。每个字母整整齐齐的嵌入四线格内。看来小林用了很大的心思制作这些卡片。

同样是作业，用女孩喜欢的形式做，激发女孩的兴趣，她就会积极主动的做好，效果自然不同。可见，"椰壳效应"不失为一个"智慧妈妈"教育女孩的一个妙招。

一、找到适合女孩的学习方式

根据科学家的研究发现，每个人的大脑就像人的指纹一样独特，没有两个人可以用完全相同的方法来处理信息和思考问题。这就要求妈妈在教育女孩时要考虑孩子的智力环境，即女孩是否在用适合自己的方式去学习。

有的女孩记忆力比较好，学习时以记为主，有的女孩喜欢学习时在纸上写写画画，辅助理解。有的女孩喜欢独立思考，有的女孩喜欢开放式讨论……

因此，建议妈妈允许女孩用独特的方式去发展自己的才能，照顾女孩在学习方式方面的差异，找到适合女孩特点的学习方法，让她们有机会按照自己擅长的方式获取知识和技能。

二、适当更换自习环境，保持女孩学习的新鲜感

爸爸决定星期天带小原去公园。不过爸爸和小原说好了，这次去公园不是去玩碰碰车或者坐旋转木马，而是陪爸爸去钓鱼。不过，钓鱼是一件很费时间很枯燥的事情，可能要钓上整整一天。所以，爸爸建议小原带上作业本和课外书。小原将在水塘边上完成她的作业。

一早，妈妈送父女俩出门时，一直叮嘱：希望他她在完成作业的同时，还能钓上一条鱼，哪怕是一条小鱼，晚上能让全家人都喝上鱼汤也不错。

到了黄昏，爸爸和小原提着战利品回来了——几条小得连鱼汤都做不成的小鱼。妈妈只好苦笑着把它们养在鱼缸里。而小原和爸爸得到了一天的快乐。小原在钓鱼的同时，也读完了一本童话书，写完了作业。小原说，今天的作业写得特别愉快。

一提到学习，妈妈就想到书桌，想到书房。把女孩关在小房间里，四面白墙，环境安静，看起来没有任何打扰，但每天都待在一样的环境里，学一样的东西，会让女孩感到枯燥。所以，适当地变换学习环境，使女孩有新鲜感，也是不错的选择。在大自然中，有清凉新鲜的空气，湛蓝的天空，碧绿的池塘和树林。吸足氧气的大脑充满了愉悦，学习的效果也会不错的。春天带女孩到郊外，顺便让女孩带上语文课本，让女孩在大自然中理解语文课本上描写春天的句子，女孩是不是记忆得更深？晚上，让女孩带上课外书，陪她一起到楼下，到河边散散步，顺便读上几页书，是不是比关在屋子里的效果更好一些呢？女孩的世界里不应该只有书和作业本，大自然会让女孩学习到更多的东西。

三、让女孩自己安排玩耍和学习的时间

雨嘉告诉妈妈暑假要去郊区的外婆家。妈妈说，可以，不过你去外婆家有可能就完不成学习计划了。如果你能找到两全其美的办法，就可以去外婆家。以后你会遇到很多突发状况，你得学会临危不乱，让计划顺利进行。

雨嘉摸着头想了半天。到了中午，她给了妈妈一份计划：早上和晚上写作业；每天都会写一篇日记，在游戏中进行学习；要把外婆家后山的花草都临摹下来；陪表哥每天去鱼塘，观察鱼的生长情况，并记录下来……

妈妈同意了雨嘉的计划。妈妈知道，雨嘉会过一个快乐而有意义的暑假。

妈妈不要给女孩安排刻板枯燥的学习计划，也不要让女孩为了学习而学习。好妈妈要让女孩学会自己安排学习和玩耍的时间，制定适合他的学习计划，并能随时根据情况调整计划。

让女孩自己安排学习计划，就好比是让女孩自己选择用哪个碗吃饭一样。是椰壳碗还是用瓷碗。女孩对自己的选择会比较容易上心。妈妈只要在女孩松懈时，提醒她一下就可以了。

女孩可能在完成学习计划的途中，会发现有更好的方法，更符合自己的兴趣，更有利于自己的学习效率。让女孩自己摸索，女孩对计划的摸索本身也是一种快乐。

妈妈要告诉女孩，随着兴趣和需要调整学习计划，但是要随时注意学习的进度。计划可以调整，但进度绝对不可以落后。妈妈会发现，那些会自己制定计划的女孩，学习的兴趣会越来越浓厚，学习的效率会大大提高。她们会为自己配备各种不同的碗。

细节 43：数学——谁说女孩就比男孩差

在人们的印象中，女孩学语文、英语相对容易，而数学等理科成绩较困难一些。最明显的例证就是女孩在学校里的数学成绩普遍不如男孩好，这作为长期以来的一个铁证，而被人们所认可。事实上，美国得克萨斯大学、明尼苏达大学和威斯康星大学组成的课题组在 2008 年进行的研究结果显示，女孩完全能和男孩一样学好数学。课题组以国际奥林匹克数学竞赛和其他一些数学竞赛的结果作为研究基础。这些竞赛结果表明，女孩的数学成绩不一定逊于男孩，只要她们同样有机会参加竞赛。

在许多国家，女孩的数学天赋没有被发现。如美国在很多年里只让男孩参加比赛。1998 年，16 岁的美国女孩梅拉妮·伍德结束了男孩独霸竞赛的局面并获得银牌。她为后来给美国队夺得金牌的两个具有数学天赋的女孩作出了榜样。可见，女孩学不好数学只是长期以来的一个世俗偏见。

以下是获得过数学竞赛金牌得主女孩李丽莎学习数学的一些心得：

在学校里，都是男生学数学和参加竞赛的比较多，女孩在这其中本来就不多见，能取得金牌者更是凤毛麟角。丽莎说，她在学习的过程中，也经常遇到困难，关键是要坚持下去。她解决困难的常用方法是跟同学交流，数学解题需要广阔的思维，最忌讳在难题面前钻牛角尖。“剑走偏锋”般的狭隘，不但浪费时间，还会打击学习热情和信心。另外，请教老师也是一个好办法，但如果不经过自己思考就请教老师，得来的结果印象不会太深刻，这样的“捷径”还是不能常走。在困难面前，李丽莎说自己会注意“缓冲”，如果太久做不出来的题，她会选择先放一放，让紧张头脑和心态缓和一下。当心情平静下来后，再回到学习上，这样的学习效果会比抱着难题“硬拼”要好。看来，数学学习也是“持久战”，不能计较一城一池的得失。

通过李丽莎的学习心得，我们大略可以总结出以下几条经验：

经验一：改变女孩思维方式是学习数学的关键

在数学学习中，女孩思维方式过于单一，不善于使用抽象思维能力，不能触类旁通，解一题就会一题，缺乏主动钻研和创造精神。

所以，在女孩学习数学的过程中，父母要鼓励她独立分析和思考，教她如何举一反三，触类旁通。平时可多和女孩做一起益智性的数学题目，多和她一起讨论，一来培养女孩对数学的兴趣，二来，可以有效地提高女孩的独立思考能力。

不少父母过于看重女孩的分数，在平时指导女孩学习的过程中，往往急于告诉女孩标准答案，通过考试，获得高分为学习目的。这对女孩学习数学是极为不利的。数学不是通过背答案就能学会的，即使背会了全部答案，可是，一旦需要女孩在生活中实际应用时，女孩马上就会“抓瞎”。哪怕你把所有的数学题目都背了下来，也于事无补。所以，在辅导女孩学习数学时，父母应该教会女孩解题的思路与方法，而不是告诉她正确答案是什么。

经验二：熟做基础题，多做综合题

有的女孩在学数学时只喜欢做基础题的习惯，可是一遇到应用题时，就马上茫无头绪。所以，父母在指导女孩学习数学的过程中，要让她多做一些综合性的应用题。也有一些女孩很喜欢攻难题，简单的题目却往往出错，这说明女孩的基础不牢。所以，父母这时要提醒女孩加强基础题的训练。

经验三：鼓励女孩学好数学，但不要看重分数

受生理、心理等影响，女孩学习数学时，可能会有畏难情绪。一时的成绩不理想，女孩就会对自己失去信心，放弃学好数学的念头。这时候，父母千万不要责备女孩，或者认为，学不好也没什么关系，而应该多鼓励女孩，让她在数学的王国中找到学习的乐趣。女孩学好数学，并不一定是要参加什么数学竞赛或者将来考取理科方面的专业。学好数学，是对女孩思维能力的一种训练，对女孩未来的生活、学业、事业都有很大的帮助。下面，我们来看看这个父亲是如何教女儿学习数学的。

我内心常常把女儿比作大海中航行的一条船，只要她前进的方向正确，不强求她开足马力。四年级的最后一学期，女儿在期末考试中数学意外地考了65分，在班里属于中下水平。这在女儿的考试经历中是最差的一次。女儿回家就流泪不止，伤心极了。我安慰她说："考砸了，不要紧。爸爸上大学时还考过不及格呢！考分并不能说明多少问题。不过，我们可以一起来分析一下，你在数学这门功课上是否还存在漏洞。"

我检查了女儿对数学基础知识的掌握情况，又分析了学校的数学试卷的特点，我发现：试卷部分题目的难度大大超过了平时课堂数学的水准。我突然意识到：残酷的社会竞争，过早降临到了女儿身上。为了尽快使她走出失败的阴影，我和她商讨了一阵后，制定了一个富有挑战性的目标：加强数学的难题训练，争取数学成绩在班里名列前茅。暑假期间，我辅导女儿初步学完了小学五、六年级的全部数学教材。方法很简单：只做例题，看一遍，把道理一讲，孩子来做，做完——对答案。OK！通过！马上进入下一节。给孩子的感觉势如破竹。然后，开始学习小学数学奥林匹克，教法依然如此。经过半年多的辅导后，女儿很快脱颖而出，成为佼佼者。与此同时，她的自信心也得到了空前的增强。

著名数学家华罗庚先生曾经说过："数学上有一些问题，如停留在原有的基础上，是很难弄得清楚的。但是，学习了下一步之后，再回头看看前面的问题，就变得很简单了。"

数学是由易到难，由基础到综合的过程，所以，在辅导女孩学习学习时，父母不要急于求成，如果女孩前面的问题还没有弄懂，你就要求她去学习更难的题目，就如同在空中建造楼阁一样，是无法搭建起来的。在辅导女孩学习数学时，一定要搞清楚，女孩的数学基础是否牢固。女孩的基础一旦牢固，就要帮助她进入下一步学习，使她在数学的迷宫中，有柳暗花明又一村之感。

受生理、心理等因素影响，女孩对知识的理解、应用能力相对要差一些，对问题的反应速度也慢一些，而预习正好能弥补女孩这方面的不足。预习不仅让女孩对课程有一定的了解，便于听课时有的放矢，突破难点，还能让女孩把被动的学数学变成主动参与。

一般来说，女孩的依赖性较强，缺乏独立钻研和质疑问题的精神；女孩的面子观念强，感情色彩浓，对成绩的起落看得过重，思想压力较大。对此，我们不妨引导女孩看淡成绩，多从学习中找乐趣，而不是让分数左右她们的心情。

经验四：信心让女孩在数学天地里自由飞翔

近年来，"奥数"班一直是众多父母关注的焦点。那么，女孩适合上"奥数"班吗？女孩能学好"奥数"吗？怎么平衡数学学习和其他学科学习的关系？

2007年，南京金陵中学高三女生潘宇在全国第五届女子数学奥林匹克竞赛获得金牌。

一时间，潘宇受到众多女孩父母的关注，大家都想知道潘宇是如何学好数学的。潘宇表示，学好数学，除了兴趣，还要对自己有信心，相信自己能学好。

针对众多父母对奥数的关注，潘宇认为奥数不是人人都喜欢学，不适合学的，不能强求。如果想学，应该是从小接触比较好，在小学阶段就可以培养兴趣，带着兴趣去学习，这样学起来也开心，如果学了一段时间不喜欢，还可以更换。

潘宇不仅数学成绩棒，其他的文科、理科功课成绩都不错。她是怎么做到这一点的呢?

潘宇很自信地说："如果你学习一门课，学得很好，肯定有一定的办法，可以运用到其他的科目当中。比如学数学，可以超前去学，那么学物理、化学都可以超前学，这样就会显得比较简单。学习时，不要一直看一门课。如果一直看，即使很喜欢也会感觉头痛，完全可以抽空再看看别的科目，当作休息。"

潘宇的故事说明，女孩要学好数学，最重要的不是逻辑思维能力，而是自信心。如果女孩不管学什么课程，都对自己充满信心，并认真对待，针对每个学科的特点制定合理的计划去学习，那么女孩学什么都没有问题。

细节 44：阅读——博览群书，培养知性气质

一个不爱读书的女孩很难说她有气质，一个没有知识的女孩即使有美貌，也很难有迷人的气质。如果说女孩的十分气质包括一分容貌、两分自信、三分浪漫的话，那么余下的四分应该是知识。

“腹有诗书气自华”，这是一条恒久不变的法则，也是女孩一份永不过时的美丽。莎士比亚说过：“人的美丑是先天带来的命运，有没有素养则是书籍造就的命运。”让女孩爱上阅读，让女孩心有明灯，在喧哗的尘世中守住这份宁静港湾，始终视书籍为精神的伴侣；累积的知识最终打造出一个有着超凡气质的女孩。

小女孩大都喜欢阅读，那是因为在那些古老的童话故事里，有很多令她们向往的人物，也有很多她们尊重的英雄，还有很多她们想拥有的梦想。教育心理学家认为，女孩喜欢阅读表明她们不愿意做旁观者，而是要融入她所能感知到的关系中去。

阅读对女孩的好处是显而易见的，通过和父母一起阅读，女孩可以发挥自己的想象力，按自己的方式参与、安排故事情节，并从中反映、分享她们的愿望和快乐。更重要的是，女孩通过阅读，提高了自己的文化修养和艺术品位，对她的学习成绩的提高以及独特气质的形成都大有裨益。然而，大千世界，对女孩的诱惑真是太多了，我们如何让女孩爱上阅读呢？

方法一：尽早开始阅读并持之以恒

女孩阅读越早越好，而且贵在坚持。但不同年龄女孩的认知水平不一样，所以阅读的方式方法也不太一样。

女孩出生后，我们就应该读一些词句优美的名篇名句，这时女孩虽然不懂其中的意思，但在潜意识里会留下深刻的印象。等女孩会说话时，我们每天最好抽出10～30分钟的时间，与女孩一起阅读一些故事性强、有寓意的图文并茂的儿童读物。亲子阅读不仅能让女孩明白许多道理，而且能增进父母们与女孩之间的情感交流。

随着女孩年龄的增长，尤其是上学后，阅读就显得更为重要。女孩上学后不但要多识字而且要理解其中的意思，这时光凭老师上课教的几个字、几篇课文是远远不够的，最好的办法就是多阅读。

这个时候，要让女孩坚持每天阅读一篇课外文章，像历史小故事、名人趣事、漫画、幽默等，只要不是观点偏激的、低俗的、不健康的东西都可以拿来阅读。

这样不仅可以提高女孩识文断字的能力，而且会丰富女孩的知识，培养塑造女孩高尚的道德品质。

方法二：创设良好的家庭阅读环境

我们要尽可能为女孩创造有趣、轻松、自在的阅读环境，如图书一定要放在伸手可及、取放自如的地方。阅读时让女孩姿势舒适，不能让女孩产生不适感。

我们可以在家里布置一个空间专门供女孩阅读。一个灵巧的小书架、一小块漂亮的地毯、一个舒适的小沙发，都会让女孩更加热爱阅读，让阅读伴随女孩度过更多愉快的时光。

我们可以利用节假日带女孩去书店，书店里琳琅满目的图书会令女孩兴奋不已。但是，把图书带回家，需要花不少钱。在这里可以让女孩学会取舍，我们可以规定每次只买一本书，告诉女孩看完了再来买。这样，女孩为了得到更多心仪的图书，回家后必定认真看书，阅读兴趣就会经久不衰。

同时，不断给女孩买书，营造书香家庭的环境。有了读书的氛围，在不干扰女孩的阅读选择的同时，也不要对女孩的阅读时间和数量做具体限制，那么，随着家中藏书的不断积累，女孩就会自然而然地爱上阅读。

方法三：做女孩的榜样和倾听者

要让女孩爱读书，先要让她在读书之前爱上读书的气氛，我们要努力在家庭中营造读书的气氛。

我们自己首先要热爱阅读，以自身读书的热情感染女孩。如果我们自己不看书，把业余时间都耗费在电视机前或麻将桌上，却要求女孩爱看书，是难以培养女孩阅读兴趣的。

不仅如此，我们还要学会做一个聆听者，分享女孩阅读的感受。当女孩把自己所学知识讲给我们听时，不管她表达得是否具体和正确，我们都要专注地聆听。

如果她讲到我们所不知道的事情时，我们要从语言和表情上体现出惊喜和对女孩由衷的欣赏。这样女孩则会从我们的“无知”中找到自信和成功感。

方法四：让女孩体验阅读的“成就感”

“成就感”永远是女孩坚持阅读的最大的支持力。为了让女孩时刻保持对阅读的兴趣，我们就应该经常提供一些方式，让女孩体验成功。

比如，我们先把一篇小故事分成几个角色，在讲完故事之后，和女孩一道进行角色对话，在家庭里演绎一台“小话剧”。这样不仅能让女孩的兴趣变浓，也加深了父母与女孩之间的感情。

再比如，引导女孩把自己熟悉的、感兴趣的内容，讲给小朋友听。女孩在讲解的过程中，不仅加深了印象，更能在小朋友的赞美、羡慕中得到满足，感受到阅读的乐趣，从而更加激发女孩的阅读兴趣。

方法五：带女孩去少儿图书馆感受阅读文化

到少儿图书馆，是去感受一种阅读文化，将女孩拉进阅读世界的第一步，从而引发女孩阅读的动机。少儿图书馆是为女孩营造自在、有趣、丰富的阅读情境，引领女孩成为爱书人的最重要的社会资源。

然而，一个温暖情境的组成，不只是一个地点和一本书。人，才是引导孩子学习“与书对话”的关键。在图书馆的阅读环境中，工作人员、同龄伙伴以及父母，都可以成为女孩阅读的引导人，引导女孩选书、看书、读书，引导女孩发问、讨论、思考，进而引导女孩对阅读的兴趣。

细节 45：自学能力——比任何教育方法都有效

现代社会，人们获取知识的渠道很多，女孩在课堂上学到的知识是远远不够的。未来社会，随着知识和技术更新换代的加速，一个人如果不学习，很快就会落伍，被社会淘汰掉。这就需要女孩从小就养成自学的习惯。而一些父母为了让女孩在学校考出好成绩，只许女孩学习课本知识，禁止女孩通过其他方式学习与课堂内容无关的知识，这无形中扼杀了女孩的求知欲和自学能力。另一方面，一些女孩无论学什么，都求助于老师。一旦让她自己去学习，就不知道该如何下手。这都是自学能力缺乏的表现。

所谓自学能力，就是不依赖老师，能通过自己独立学习、钻研而获取知识的能力。从社会发展的要求看，扫盲的标准在不断提高。联合国教科文组织出版的《学会生存》一书中指出："未来的'文盲'不再是不识字的人，而是没有学会怎样学习的人。"

随着社会的发展，环境的变化，需要人们不断学习，不断适应，以免被淘汰。在信息化时代里，各种各样的知识多得如山似海，一个人耗尽一生的精力也学不完。如果女孩初步具备了自学的能力和科学思维的方法，就如同在学海中找到了船只，在书山中找到了路径，就可以主动获取取自己所需要的知识。

要培养女孩的自学能力，并不是越早越好。这种能力要求女孩具有最一般的文化科学知识的基础，具有读、写、算的基本技能，以及中等以上的智力水平。

在女孩具备了这些条件时，我们应当这样来培养女孩的自学能力。

方法一：自学，从独立阅读开始

要让女孩学会自学，就要让女孩先学会独立阅读。在为女孩挑选图书时，要挑选适合女孩年龄的书籍。

女孩年幼时，掌握的词汇有限，需要文字简单、画面生动的注音读物和连环画，如《世界童话名著连环画》等，从而把女孩引向丰富多彩、充满幻想和诗意的世界。女孩年龄大一些时，选择的图书一要实用，二要立足于启迪思维、开发智力。

要注意一点，不要选择那些给她们加重学习负担的“资料”，那样只会产生适得其反的效果，可以选择《儿童百科全书》、《十万个为什么》之类的图书。在这个过程中，我们要注意培养女孩独立阅读的能力，并让女孩学会根据需要主动去阅读书籍报刊，自学能力就能突飞猛进，终生受益无穷。

此外，预习也是培养独立阅读能力的重要途径，可以要求女孩对主科进行预习。

方法二：引导女孩正确看待各种视听媒介

现在，电视、电脑等非常普及，大多数女孩一出生就被各种视听媒介包围了。很多父母担心看电视会影响女孩的学习，便采取了“管制”的办法，不让女孩看电视。然而，这种作法只能救了一时之急，却不利女孩长远的发展。一旦女孩长大成人，童年时被压抑的“电视情结”就可能爆发出来，最后，她们的生活中除了电视就没有更多的放松方式了。

因此，我们不能一概反对女孩看电视，关键是正确地引导。比如，引导女孩看《智慧树》、《新闻联播》和好的动画片、故事片，不要看暴力性质的录像片和无聊、空虚的动画片。在看电视的过程中，不妨让女孩多质疑提问，这是女孩对待各种视听媒介的正确态度，也是培养女孩自学能力的重要途径。我们要鼓励女孩敢问、善问。女孩的问题越多，好奇心越强，她最终获得的知识就越多，自学的能力也越强。

方法三：让女孩学会理解、分析、组合外界信息

在学习中，有些女孩为了应付考试而习惯于一味死记硬背书本知识。在低年级时，这种方式还能让女孩轻松取得好成绩，而在升入高年级时，女孩就会感到学习吃力，难以应付。此外，一些父母在向女孩讲解知识时，也习惯了只“讲”不启发女孩“理解”，单纯地让女孩按某种僵硬的方式去学习，这种形式主义的危害是很大的。

英国哲学家培根说过：“我们不应该像蚂蚁，只会收集；我们应该像蜜蜂，既采集蜜汁，又进行加工，只有这样，才能酿出香甜的蜜来。”

要培养女孩的自学能力，要让女孩学会把接收到的信息与头脑中的原有知识相联系，并纳入自己的知识结构。比如，我们可以引导女孩自己把书本上的内容和通过学习实践所获得的经验结合起来，作整理小结。

此外，应鼓励女孩发表自己独特的见解，善于与人探讨问题，并把自己的学习心得介绍给同学，帮助学习有困难的同学赶上来。这样，女孩就会把外界的信息与自己原有的知识结构更好地结合起来，无形之中，女孩的自学能力也得到了锻炼。

方法四：教女孩学会整理资料

单纯地把外界的信息纳入知识结构，本身是一种存储，但并不是长期的、永久的存储。为了防止遗忘，我们可以指导女孩写读书笔记、做卡片，把有用的资料记录下来。

现在，随着电脑在家庭中的普及，整理资料也更为方便了。我们可以让女孩学会用电脑来对相关的资料进行归纳、整理，这样不仅查找信息方便，也能加强女孩的自学能力。

方法五：自学能力与成绩无关

有些父母认为，成绩好的女孩才需要培养自学能力；成绩差的女孩，应付课堂学习都很吃力，哪还有什么精力去自学呢？

其实，对于那些学习成绩较差的女孩，我们也要重视培养她们的自学能力。因为，自学能力是伴随女孩一生的财富，与成绩没有直接联系。

当然，成绩差的女孩一般能力较弱，我们在培养她们的自学能力时，要采取欲进先退的策略，适当降低要求，放慢进度，激发女孩的学习兴趣。

我们可以采取各种各样的练习，让学习较差的女孩在学习上顺利爬坡，时间长了，再要求女孩恢复正常的学习速度。

总之，不能挫伤女孩学习的积极性，督促女孩抓紧时间迎头赶上。这样，女孩的自学能力才能慢慢培养起来。

细节 46：帮助女孩缓解学习中的隐形压力

2008 年 9 月 2 日，一份《广州市中学生学习情况调查研究》的抽样报告新鲜出炉。调查结果表明，超过四成的中学生承认学习压力大，女生比男生更好学。

正是因为女孩的好学，无形之中让女孩背负的学习压力也更大。因为女孩是用“关系”解读这个世界的，她们希望自己能够成为父母眼里的乖乖女、老师眼里的好学生、众人眼里的好女孩。于是，她们加倍用功，希望自己的努力能得到回报。然而，并不是每一个女孩都能如愿以偿。一旦辛苦学习没能得到期望的回报，女孩就会不可避免地做出一些“傻事”来。

翻开报纸、点开网页，一个个触目惊心的故事，都在诉说着一个个如花似玉的女孩因学习压力过大而出现的种种不良行为，轻则厌学、逃学，重则得了心理疾病，甚至离家出走、选择轻生……因此，父母不要一味地让女孩考高分，学这个学那个，女孩不是学习的机器，更不是可以无限制地存储知识的电脑，父母要帮助女孩缓解学习压力，把压力控制在一个限度内，让女孩能快乐学习，正确面对压力。

方法一：不给女孩额外“加码”

谷梦是一个很内向的女孩，不到6岁就被父母送入学校，10岁就上了小学六年级。谷梦学习很勤奋，但不是那种很有天赋的孩子。如今，眼看要考中学了，父母希望她能考外校，于是让她加班加点地冲刺：每周有3个晚上放学后要去上英语培优班，周末两天是培训数学和作文。

谷梦每天做完学校的作业已是筋疲力尽，可还有一大堆培优班的东西弄不懂。她自己着急，又不敢说不去学了，可是越学越学不懂，几次上课都把她急哭了。

谷梦几乎没有一天在11点前睡觉，即使躺到床上，也总是翻来覆去睡不着，常常折腾到零点才睡着。可是还是睡不踏实，经常说梦话，有时“腾”地一下从床上坐起来。

有一天晚上，谷梦竟然半夜2点从床上爬起来梦游，坐在书桌前连喊：“上课了！上课了！”

每一个人的承受能力都是有限的。10岁的女孩还不太会用语言表达自己的真实情感，谷梦更是将压抑的情绪深深地埋藏在心底。谷梦以后怎么办呢？其实，当前最要紧的是，谷梦的父母应当与她好好商量一下，充分尊重谷梦的想法，把一些她不愿意去上的培优课取消。要知道，10 岁正是女孩长身体的时候，保证每天晚上有 9 小时以上的睡眠比去培优班学习对孩子的成长更重要。

父母的期望值越高，给女孩的压力就会越大。因此，女孩的学习压力大，父母负有最直接的责任。为了女孩的健康成长，每一对父母都要注意不要给女孩额外增加压力。

我们要转变教育观念，破除“成功唯有上大学一条路”的想法，要认真思考女孩的长处、短处、兴趣、偏好，和女孩一起精心设计她的成材之路。对那些在学习上确实存在种种障碍的女孩，要在科学分析的基础上另辟蹊径。

方法二：缓解女孩的学习压力要及时

目前，中小学课程有一定难度，有的女孩因为某一个问题没弄明白，一步没跟上导致步步跟不上，渐渐失去了学习的信心和兴趣。所以，从女孩上一年级开始，我们就注意女孩是否跟得上学习进度。

有条件的，每周都要和女孩一起总结一次，发现哪里出现了问题就要及时补上。必要的时候，还要请专门的老师给女孩进行专题辅导。只有女孩在学习上的困难得到解决，女孩的学习兴趣才能得到提高，女孩的学习压力才不会太大。

方法三：正确引导女孩的学习动机

学习动机是女孩学习的根本动力，只有随着年龄的增长，不断地明确学习目的，学生的学习才会有持久的动力。在相当长的时间里，暂时性的、直接性的目标也会激励女孩的学习兴趣。

因此我们要注意经常鼓励女孩，不断在女孩面前树立起各种小的、直接的目标，用讲故事、树榜样等方法激发女孩的兴趣，并潜移默化地向孩子灌输社会性理想，帮助女孩将目光投向社会、世界和未来。

一些父母爱用“将来没饭吃”、“不读书一辈子干苦力”等话数落女孩，既没有给女孩讲道理，又没有直接激发女孩的具体实例，往往不起任何作用。

方法四：鼓励成绩不好的女孩

女孩的可塑性很强，一时的分数偏低，并不能代表全部，也不能就此断定她学习不好。

我们不仅要帮助女孩克服学习上的困难，还要不时地给予女孩积极的鼓励，特别要注意发现女孩在学习以外的优点和长处。与此同时，对女孩辅以必要的严格要求，两方面交替对女孩施以刺激，达到强化学习动机的目的。

方法五：让女孩养成良好的学习习惯

很多时候，女孩缺乏学习兴趣，学习发生困难大多数不是因为智力问题，而是没有养成良好的学习习惯。比如，上课不认真听讲、注意力不集中、爱做小动作、做事没耐心、写作业爱拖拉不认真等。

父母要从小注意培养女孩良好的心理素质，用日常生活、游戏、习作等方式有意识地训练女孩的注意力、认真态度、专注做事的习惯和严谨的处世态度。良好的习惯，能让女孩合理安排学习时间、认真完成作业、勇于面对学习中的小挫折。

方法六：寻求专业心理机构的帮助

对于学习压力过大，已经明显表现出病态心理和行为的女孩，要积极求教于心理咨询和治疗机构。

在专业人员的指导下对女孩进行科学的辅导，逐步帮助女孩及时得到积极矫治。

细节 47：教女孩学会“温故而知新”

很多女孩平时学习不错，小测试成绩也很好，但一到大的考试就不行。

有的女孩表示，一到考试，有的概念、定理或者公式怎么也想不起来。奇怪的是，一下了考场，就想起来了。为什么？

出现这种情况的女孩，固然可能存在考试技巧和心理素质较差的原因，但更多是由于复习做得不好而造成的。

什么是复习呢？说得简单一点，那就是“温故而知新”；从字面上可以理解为“再一次温习”的过程。复习是一个承上启下的过程，通过复习，不仅可以加深认识和理解那些遗忘、生疏的概念或知识点，还能为新知识的学习和理解做更好的准备。本质上讲，复习是强化记忆的过程，也许是材料，也许是技能，都是一个认识固化的过程。

富养女孩，就是让女孩学会“温故而知新”，通过复习来制胜考场。其具体有以下几个方法仅供参考。

方法一：引导女孩注重复习，而不是“临时抱佛脚”

复习是学习的需要，不是单纯地为了考试。

珊珊是一个很聪明的女孩，她的理解能力、反应能力都不错，课堂练习也做得又快又准确，平时小测试也不错，但考试却总是发挥不好。

珊珊很是苦恼，爸爸妈妈也很奇怪。于是，爸爸仔细地询问了一下珊珊的学习情况，发现珊珊往往只是在考前才对所有的学习内容进行复习。每次考前复习时，她一看内容觉得自己都会，总感觉自己没什么问题。结果，到了考场就感觉不顺手。考试时，她不是忘了这个定理就是记不清那个公式。

所以，爸爸妈妈应该帮助女孩养成经常复习的好习惯，而不是到了考试的时候才想起要督促她。因为复习是出于学习的需要，不仅仅是为了应付考试。

平时进行复习的方法很简单，那就是有意识地、有规律地、及时地操作。

我们应当要求女孩注重平时的小复习，就是课后的复习和单元的复习。

◆ 课后复习四步走。

第一，静心回忆。把课堂上老师讲的知识，认真回忆一遍，老师讲的内容，理解和记住了哪些，还有哪些不太理解或没记住。

第二，细读课文。对所学知识有个全面的掌握，看有没有忽略或遗漏的地方。

第三，深入思考。通过认真推敲，搞清知识的来龙去脉，把知识学活。

第四，反复记忆。运用一定的记忆方法，把知识牢固地储存在头脑里。

◆ 单元复习不可少。

它可以把知识系统化，既利于理解，又利于巩固。比如，学完有机化学后，把有机化学的各类反应，各种有机物之间的联系，通过归纳整理，系统地复习一遍，既有助于知识的理解和巩固，又有利于新知识的学习。

也就是说，每学过一个知识单元，就应该做一次复习；每个星期都应该对本周的学习内容做一次复习；每一个月也应该对该月的所有学习内容进行一次全面复习。

只有这样，女孩才能明白自己到底哪里学得好，哪里学得还有不足，然后及时采取相应措施来解决。这样做，最大的好处就是考前的大复习会很轻松。

期末复习，是学期结束前或一门课程学完之后的复习。这类复习要把知识条理化、系统化，加深理解，牢固记忆，为学习新知识奠定坚实的基础。

有的女孩为了应付考试，突击复习，开夜车。由于忽视了课后复习和单元复习，在知识的理解和记忆方面，欠账太多。加上时间短，复习的内容多，只能死记硬背，结果搞得头晕脑胀，效果很差。这种做法是不可取的。

方法二：周末学习安排以复习为主，而不是补课

我们不必在周末给女孩搞什么补课活动，学习安排应该多以总结性的复习为主。

要知道，那些缺乏经验和不负责任的补课老师通常只会简单让学生做许多题目，缺乏针对性的盲目补课往往是低效重复的劳动。只有在女孩的基础较差的情况下，才应该考虑采取补课的方式来弥补。

周末的复习安排，尽量以阶段性为主，也就是以一周、一月为单位，对所讲过的内容进行查漏补缺和归纳总结。

方法三：引导女孩科学复习

女孩是否能够科学地复习，是学会学习的重要内容。

对理科类的科目，为了避免问题对下阶段的学习产生影响，在学习完一个章节后就要做全面复习。目标是尽快把问题解决，而不让问题成为历史遗留。对于文学概念、文法、单词等文科内容，复习更多体现的是记忆。对逻辑性较强的数学、物理等知识点，记忆是重要的一环，但复习更多是以查漏补缺、总结归纳和针对练习为主。

在复习时，要让女孩学会及时复习。也就是学习新知识后立即复习，比如上午学习的内容，下午自修课或晚上抽时间复习。这样，不仅有助于理解，又能有效地防止遗忘。如果等到新知识在脑海中忘得差不多时再去复习，那等于重新记忆，效果自然差。

复习时，不能“贪多求快”，应当把内容分散在几个间隔不长的时间里进行复习，通过课后复习和单元复习，把复习的内容分散开来，采用“各个击破”的战术，不要在考试前临时抱佛脚。

随着女孩年级的升高，所学的科目也越来越多。复习时，要注意把几门性质不同的课程交叉起来复习，而不是在较长时间“专攻”一门课程。因为单一的复习，由于内容的类似，容易引起女孩大脑疲劳，降低复习效果。穿插复习由于是把不同性质的内容，交叉开来复习，大脑可以在较长时间里保持兴奋状态。

这一点在期末复习时尤为重要。女孩要学会根据各门课程学习的不同情况，统筹安排复习时间，运用穿插复习的方法，千万不要“单打一”。我们要引导女孩把复习当作学习过程的有机组成部分，在复习中逐步掌握一套适合于自己的科学的复习方法。

细节48：如何培养女孩学习的专注能力

余洋的妈妈抱怨道：

真拿女儿没办法，那么大人了，竟然还像小孩一样，注意力不集中。在做作业时，周围只要有一点响动就会走神。做一件事，明明一小会就能做完，她一会玩玩这个，一会玩玩那个，嘴巴叼着笔头，眼睛看着本子，可是半天也写不了一个字，看样子，心思根本就没在作业上。老师也常说："你这个孩子最大的问题就是不专心，上课时有多半时间心不在焉，所以学习成绩一直往下滑。"我现在最担心的就是孩子学习不专心。

上面事例说明，由于女孩注意力不集中，影响了女孩的学习效果，使得女孩的学习成绩下滑。可见，专注力对于女孩的学习是非常重要的，专注力不强，学习质量难以保证，而且对今后的成长也有很大的影响。

法国生物学家乔治？库维说："天才就是不断的注意。"俄国教育学家乌申斯基这样说："注意是我们心灵的唯一门户，意识中的一切，必然都要经过它才能进来。"确实，专注于你所要做的事情是成功的第一大要素。尤其青少年，只有善于克制自己，把精力投入到学习中去，完成自己的职责，才有成功的希望。

法国著名作家巴尔扎克的成功，就是专注的结果。有这样一个故事：

巴尔扎克在年轻的时候，曾经做过出版、印刷工作，但由于经营不善，他的企业破产了，并欠下了巨额债务。为了躲避债主的纠缠，以及警察的通缉，巴尔扎克迫不得已偷偷搬进了巴黎贫民区卜西尼亚街的一间小屋里。

他隐姓埋名，躲进这间不为外人所知的小屋子里。他坐在书桌前，此时一颗原先浮躁不安的心境平静下来。他认真地反思着，多年以来，自己一直游移不定，今天想做做这，明天又想改行做别的，始终没有集中精力来从事自己最喜欢的文学创作。

经过思索，巴尔扎克终于找到了自己的目标，于是他写下了这样一个奋斗目标："彼以剑锋创其始者，我将与笔锋竞其业。"拿破仑想用武力征服全世界，他没做到，而巴尔扎克却要用笔征服全世界。果然，巴尔扎克在文学上取得了巨大的成就，为世人所敬仰。

可见，一个人只有专注于一个目标，才能在这个目标上取得成功。对于女孩来说，也是如此。所以，培养女孩做事专注的习惯，也会对他的一生产生重大的影响。美国教育专家 M. S. 斯特娜夫人认为，女孩只有形成一种更专心的习惯，才有可能在日后对自己的事业全身心地投入，不会被其他因素所干扰。

女孩注意力不集中，是父母、老师很头疼的事情。很多父母经常会说这样一句话：女孩很聪明，可是从来就不会把精力用到学习上。其实，这些父母并没有意识到，女孩不是不想好好学习，而是他们没有办法集中自己的注意力。

其实，每个女孩的体内都孕育着专注的天赋，只不过由于引导上的差异导致了今后在此方面差距的悬殊。女孩可能对许多事都有兴趣，但往往很难能够专注于某事，未全身心地投入进去，永远只能在目标的外围徘徊，难达到很高成就。

那么，父母应该如何培养女孩的专注能力呢？

方法一：为女孩创造一个良好的学习环境

女孩的注意力与周围的环境有很大的关系。要女孩在学习时注意力集中，父母就应当给女孩的学习提供一个安静、祥和、简单的学习环境。比如，女孩的房间布置不要有太多刺眼的干扰物，物品的摆放也要整齐有序；在女孩做作业时，父母应关上屋子的窗帘，避免外界的吸引，也不可打开电视音响，以免打扰女孩；在女孩专注于学习时，父母不要以关心之名一遍又一遍出入他的房间进行视察，分散女孩的注意力等。所以，当女孩学习时，父母也最好坐下来，看点书读点报，或作一些不惹女孩注意的事情。

方法二：让女孩在一定时间内专心做好一件事

很多父母总会这样说："我家女儿做事效率太低，做作业动作太慢，磨磨蹭蹭的，也不知道在想什么。"父母要注意培养女孩在某一时间内做好一件事的能力。学习，最大的“敌人”就是注意力涣散。很多女孩做作业时，总会无意识地想到其他的事情。比如，前两天的电视剧是不是结束了，结局怎么样；明天周末要与朋友去旅游等。还有的女孩一边写作业，一边看电视。很多父母这样抱怨，女孩只需十分钟完成的作业却两个小时还完成不了。因此，父母要引导女孩养成良好的学习习惯，不要让女孩一边学习一边做其他事情。

方法三：培养女孩的阅读能力

注意力不集中的女孩一般都不喜欢阅读，因为阅读需要长时间地集中注意力。父母应该培养女孩阅读的习惯，这样可以让女孩在较长的时间内集中精力来阅读，这有利于提高女孩注意力的稳定性。当然，培养女孩的阅读能力应让读一些她自己比较感兴趣的书籍，当女孩的注意力可以稳定在一段时间内了，父母再引导女孩阅读其他健康的有意义的书籍。只要女孩爱上了阅读，女孩就能集中注意力做其他事了。

方法四：培养女孩的自制力

青春期女孩面对的是一个处处充满诱惑，时时会受到外界的干扰的环境，当然，要维持长时间集中的注意力，女孩必须具备一定的自我控制能力。

所以，从某种意义上说，良好的专注力是稳定而集中的注意力和自制力的结合，培养女孩超长的自制力有利于培养女孩的注意力。

细节 49：如何迅速提高女孩良好的学习习惯

英国唯物主义哲学家培根，在谈到习惯时曾深有感触地说：

"习惯真是一种顽强而巨大的力量，它可以主宰人的一生。"

一个有趣的行为研究项目结果显示，在一个人一天的行为中，大约只有5%的行为基本属于非习惯性的，而剩下95%的行为是属于习惯性的。当诸如拖延成性、懒于改变、不动脑子、缺少恒心等坏习惯牢牢占据日常生活时，你可能一辈子都偿还不清这些因为坏习惯而欠下的"债务"。

有的父母认为学习习惯是个小问题，"长大懂事了，自然就会好的。"其大多数女孩在学习上发生的问题都不是智力上的问题，主要是学习习惯不好，也就是我们平时所说的非智力因素的问题。

其实，这种"自发论"对女孩的成长是极为不利的。许多专家经过长期调查研究证实，3～12岁是孩子形成良好行为习惯的关键期。在这个时期中，女孩求知的欲望强烈，容易接受成人的引导和训练。

12岁以后，要纠正女孩已经形成的习惯就困难多了。虽说积习难改，但并不是说不能改，只是所花费的时间和精力要更多一些，训练的强度要更高。培养良好的学习习惯，要从平时学习生活小事抓起，主要方法是：

方法一：父母们从教育自己开始，成为女孩的榜样

女孩良好习惯的养成首先取决于父母。女孩最初形成的行为习惯几乎都是从模仿父母或最接近的家庭成员而来的。

父母是女孩学习的最直接、最具体的榜样，其一言一行犹如一本无字教科书，潜移默化地影响着孩子。在女孩面前，父母从自身的思想品德到生活小节都要注意。

正如托尔斯泰所说："教育孩子的实质在于教育自己，而自我教育则是父母影响孩子最有力的方法。"

方法二：让女孩明确学习责任，自己承担后果

作为一个学生，女孩的首要责任就是学习。在新学期开始时，我们就要与女孩约法三章，在未完成学校的功课之前，不能去做任何与作业无关的事情，例如玩游戏、看电视。

爸爸妈妈可以分配女孩去做些力所能及的家务活，如整理自己的衣物用品，让孩子从中了解所谓“责任”的意义。当女孩完成“责任”后，要给予小小的奖励，让她感受到尽全力去做并取得成绩时，给自己带来的自豪和自信。反之，女孩必须承担不负责任所带来的惩罚，如停止看动画片一周等。

方法三：为女孩订立时间表

根据女孩年龄的大小和学习任务的轻重以及季节的变化，科学地为女孩安排和调整好作息时间。

女孩吃饭、睡觉、做作业、玩耍的时间一经规定就要严格执行并坚持下去。按时做作业、复习功课，按时休息，每天监督孩子，令其养成习惯。

我们可以和女孩一起制定作息表，然后自觉地按时间表去执行。比如，可以按月制定时间表，某年某月，放学后几点到几点做什么，或者用多长时间复习功课。

只要坚持下去，习惯就会变成女孩自觉的行为准则。如果女孩这一个月坚定不移地执行了，那么我们就要适当地奖励女孩。

方法四：要求女孩专心、按时完成作业

每天放学回家，必须完成当天的作业。在一段时间里，我们要做到每天检查，定期和教师联系，直到女孩养成习惯。每天放学回家，必须复习当天在学校学过的内容。

在指定的做作业和复习功课的时间内，必须集中精神，做作业一丝不苟，抓紧时间不拖拉，用奖惩的方法逐天训练，直到女孩能自觉坚持。女孩做作业的认真态度也是一个重要的学习品质，要做好相关的训练。

有一点要注意，这项训练一定要进行，特别是要训练那些做功课马虎拖拉的女孩。在一段时间里，我们要做到每天督促，直到女孩养成习惯。

方法五：每天梳理知识点，进行深刻理解

女孩对所学内容必须充分理解，不应死记硬背而不求甚解。

在一段时间里，要逐天询问女孩当天所学内容的要点，帮助女孩养成理解的学习习惯。每天询问女孩上课的内容实际上就是去推动女孩的理解习惯的养成。

每天对女孩进行这样的训练，就能有效地帮助女孩抓住她上课听讲的核心内容，这对一个人的思维能力包括掌握知识的能力都是至关重要的。

但是，我们开始对女孩进行这种训练的时候得下点工夫，要天天跟女孩讨论，才能让女孩养成习惯。

方法六：让女孩学会自己准备功课

充分的准备是造就成功最基本的要素。在做任何事情前，我们都需要为新的事项做些必要的准备。

所以，爸爸妈妈可以从小让女孩习惯为“第二天”的上课做准备，其中包括学业预习、书包用具准备等。

与此同时，在完成作业和复习之后，要让女孩对第二天的课程进行预习，为第二天的新课做好准备。

方法七：巩固与监督相结合，给女孩以充分的信心

要培养女孩良好的学习习惯，最佳的办法就是经常不动声色地观察女孩的行为表现。

当女孩表现优秀时给予表扬，不断巩固优良习惯；在稍有偏差时适时提醒，以求及时纠正习惯。另外，爸爸妈妈千万不能吝啬对女孩的表扬与肯定，不要觉得多表扬会助长女孩的骄傲之气。相反，及时表扬女孩的正确行为，会刺激女孩形成和巩固良好的学习习惯。

同时，我们要给予女孩一定的“行为空间”，以良性地谈心方式与女孩沟通，斥责、辱骂只会带来一时的效果。只有当女孩真正对自己有信心，她才会按良好习惯行事。如果女孩能够经常自我激励、自我鞭策，她便有可能避免学业失败。

辅导女孩学习是一门学问，我们只要认真坚持去做，定会有成效，特别是对低年级的女孩。

细节 50：“这次没及格”——请理性看待女孩的成绩

在这个竞争激烈的社会，分数成了评判孩子优劣的重要标准。于是，在每次大考、小考之后，总会出现“几家欢喜几家愁”的情景。事实上，分数在竞争中起到了一定的作用，却不是主要作用。一位教师在自己的教学当中，发现了这样一个现象：小学期间前几名的尖子生在升入初中、高中、大学乃至工作之后有相当一部分会淡出优秀者行列，而第十名前后的孩子，却在后来的学业和工作中出乎意料地表现出色，成为栋梁之才。

经过对这些实例的调查和研究，这位教师找到了“第十名现象”的成因。他说：

“第十名”孩子更聪明，更具与年龄相应的儿童味，“前三名”孩子也很聪明，但更像个小大人。一个孩子乖得和自己的年龄不相称，不是正常发展。“第十名”孩子常能接受老师的教育，但时有犯错误；“前三名”孩子非常在意老师的评价，很少犯错。前者有更多错误尝试和体验，后者则很少。“第十名”的孩子，被班长等顶尖的班干部管，但往往也担任小组长、课代表之类，因此也有管别人的机会；“前三名”孩子则有更多管别人的机会，很少有被同龄人管的体验。这使前者更富有人际关系，而后者则往往只习惯管别人。

妈妈要认识到，女孩未来成功的标准不仅只有“分数”这一条标准。

思雨的学习成绩中等，却是班里的干部。妈妈在别人面前经常提及她，甚至以她为傲。这究竟是为什么呢？

原来，思雨虽然成绩中等，但很会为人处世，说话也幽默，深受大家的欢迎。

老师曾这样对思雨的妈妈说：“如果思雨的学习再提高些，真的是一个完美的人呢。”

思雨的妈妈笑着说：“其实孩子这样挺好的，虽然她没有优异的成绩，但她却拥有快乐的生活。”

是的，也许思雨没有优异的成绩，但她却拥有其他孩子所没有的，那就是为人处世的能力，以及快乐而真实的生活。同时，思雨也是幸运的，她有一个保持平常心的妈妈。

每个女孩都有自己的强项。妈妈们没有必要对女孩的成绩太苛刻。而且，今天的第一名并不能保证孩子未来也永远是第一名。与其让女孩从小就为了分数名次学习，给她增加压力，但不如多给她一些空间，让她增长课外知识，发展女孩其他方面的能力。

妈妈要求碧玟在班上拿第一名。后来有一次，碧玟认真地对妈妈说：“妈妈，你每次都让我拿第一，可是你想过没有，谁的妈妈不希望自己的孩子拿第一呢。可是第一名只有一个啊。别人拿了第一我就拿不了，我拿了第一别人就拿不了。总不能用一个第一名的成功来否定全班同学的学习吧，荣誉也不能只给一个人吧。李盟上次没有考第一，被他妈妈打了，我觉得很伤心，如果考第一能让李盟不挨打，我愿意把第一名让给他。”

每个妈妈都希望自己的孩子是最优秀的那一个。不管在一百个孩子还是在一千个孩子里面，他都要考第一。难道每个孩子都要在这种无休止的追赶中争夺这个唯一的第一吗？又有几个孩子能永远是第一呢？

女孩的竞争意识不如男孩强，但是，随着时代的进步，优秀的女孩越来越多，父母对女孩的期望也越来越大。女孩的记忆力比较强，文科成绩会相对较好，但这并不能真实反映女孩的实际学习能力。所以，那些只关注女孩考试分数的父母，应该了解一下女孩的实际学习能力，对那些喜欢死记硬背的女孩，父母应训练她的独立思考能力，不然，女孩到了高年级，一味死记硬背会使她变得力不从心。

方法一：成绩不好时，妈妈要给予宽容和鼓励

女孩对成绩比较看重，尤其是自尊心强的女孩，一旦成绩下滑，会觉得没面子，害怕父母责备她，害怕同学看不起她，老师不喜欢她。所以，在女孩成绩不佳时，父母不要再火上浇油。妈妈的宽容和鼓励，是让女孩重新调整，重新投入学习的动力。而妈妈的责备、批评，对孩子来说，除了伤害，没有任何激励的作用。

方法二：告诉女孩，努力的过程比结果更重要

只要成绩好，一切都好，成绩不好，孩子的一切都不好。妈妈的这种思维方式和评价标准也严重影响到了女孩的健康成长。

对女孩来说，成绩不是最重要的，重要的是她在学习过程中的乐趣。如果女孩努力了，那么，名次和成绩并不是最重要的，妈妈一定要告诉她这一点。告诉她，你不是为了100分才去学习的，也不是为了将来考上好大学学习的，学习过程远比考试的结果更重要。让女孩享受成功过程的喜悦，不断地尝试，不断地学到新知识，这才是最重要的。

著名教育家陶行知说："小心你的教鞭下有瓦特，你的冷眼里有牛顿，你的讥笑里有爱迪生。"分数只是在一定程度上反映了女孩掌握知识的情况，而不能完全反映女孩的智力水平，更不能以分数的高低来衡量女孩的优劣。

第七章 天赐的女孩更需超凡、优雅的气质

有句话说得好，女孩可以不漂亮，但不能没有气质。一个有气质的女孩往往会给别人留下深刻的印象，也会给她的人生之路平添几分成功的筹码。培养优秀的女孩，就要从培养女孩超凡的气质入手。我们很难给予女孩"沉鱼落雁"、"倾国倾城"般的容貌，但我们完全可以通过后天的富养，打造女孩的气质，让女孩即使走进"花的海洋"里，也能"质压群芳"。

细节 51：智慧——让它们成为女孩生命的底色

中央电视台一个访谈节目对著名歌手韦唯进行采访，节目最后，主持人拿出了一个题板，问韦唯在她人生最艰难的时候，是什么给予了她最大的支撑？题板上写了"美丽、善良、温柔、自立、善解人意、坚强"等答案。韦唯看了片刻，摇摇头说，"不是这些，是智慧，是包容了这一切的智慧！"

是啊，在众人眼里，女人的美德无疑与主持人答题板上的词汇

相一致。韦唯一语道破："美丽、善良、温柔、善解人意这些词是适合于传统女性的，而自立、坚强又太简单。只有智慧，才能包容21世纪女性的最重要的品质。"作家毕淑敏说：

女人比男人更需要智慧，因为她们是更柔软的动物。智慧是优秀女人贴身的黄金软甲，救了自身才可救旁人。没有智慧的女人，是一种遍体透明的藻类，既无反击外界侵袭的能力，又无适应自身变异的对策，她们是永不设防的城市。智慧是女人纤纤素手中的利斧，可斩征途的荆棘，可斫身边的赘物。面对波光诡谲的海洋，智慧是女儿家永不凋谢的白帆。优秀智慧的女性，代表人类的大脑半球，对世界发出高亢而略带尖锐的声音，在每一面山壁前回响。

但女人难得智慧。她们多的是小聪明，乏的是大清醒。过多的脂粉模糊了她们的眼睛，狭隘的圈子拘谨了她们的想象。她们的嗅觉易在甜蜜的语言中迟钝，她们的脚步易在扑朔的路径中迷离。智慧不单单是天赋的独生女，她还是阅历、经验、胆魄三位共同的学生。

一个女孩可以没有美丽的容貌，但一定要有智慧。有智慧的女人可以凭借自身的修养与气质获得更长久、更有内涵、更耐回味的美，智慧能使女人的美丽随着岁月的流逝而更加动人，事实上，女孩天生就具有可贵的智慧，父母在养育女孩的过程中，要注意保护女孩的这种天然的智慧。那又该如何培养女孩的智慧呢?

一、保护女孩来自童心的智慧

有一次，美国著名教育家柯尔伯格曾经给小朋友们讲了著名的海因茨盗药的故事：

海因茨有一位美丽善良的妻子，不幸的是，她得了一种很怪异的疾病，需要一种稀有昂贵的药来医治。海因茨经过寻找，发现只有一家商店才有这种药，而海因茨的生活非常贫困，根本就支付不起昂贵的药费。为了挽救妻子，他找到药商，哀求道："先生，您就发发慈悲，把这药只按成本价卖给我，好吗？我的妻子眼看就要死了！"

药商很不耐烦地说道："按原价卖给你？你知不知道你在说什么？要是那样，我还卖药干什么？"

海因茨继续恳求道："要不这样，我把手头上的钱全给您，请您先把药卖给我，治好我妻子的病。剩余的欠款我随后还您，您看行吗？"

狠心的药商一口回绝了他。

海因茨绝望地走了，但是他不甘心自己的妻子就此与世长辞，于是，他在夜深人静时，到药店偷走了给妻子治病的药物。

故事讲完了，柯尔伯格就问小朋友道："小朋友，你认为海因茨应该偷药吗？用'偷'的方式来拯救另一个人的生命对吗？海因茨在这种情形下偷药应该受到惩罚吗？"

听完问题后，孩子们纷纷举手发言。大部分孩子认为偷药是不对的，但是他们同时表示了对药商的仇恨。还有一些孩子，认为海因茨应该偷药，因为那个药商不把药卖给他，而他的妻子就要死了。

无论孩子们持什么样的意见，所有的孩子都认为救人是重要的。这时候，柯尔伯格看到女孩布兰妮一直坐着，一声不吭，就让她发言。

布兰妮站了起来说："我认为，海因茨偷药是不对的，但是他为了妻子的病又必须这样做。不过，最好在他妻子用药后，他主动到药商处告诉他真相，接受责罚。"

说完这些话，布兰妮居然哭了起来，柯尔伯格连忙安慰她，问她为什么要哭泣，布兰妮回答说："因为必须要惩罚这个偷东西的人，但他只是为了救他将要死了的妻子。"

柯尔伯格感动不已。

对孩子来说，善良与爱是与生俱来的，爱心是智慧的源头。女孩是爱的天使，这使得她们从一生下来就充满了灵性和智慧，一个很难解决的问题，只要用这颗纯真的童心一衡量，一切便都迎刃而解。

二、让女孩在经历中学习做人和处世的智慧

女性的智慧需要学识和阅历来实现。而在女孩童年时期，父母要给予她获得智慧的经历和能力。

赖斯出生于美国的一个黑人家庭，其祖先是奴隶的后代，赖斯从小就生活在种族歧视的恐惧中。他的父亲曾在丹佛大学担任副校长一职，他告诉小赖斯一个真理：黑人需要付出双倍的努力才能获得和白人一样的成功，高出三倍，才能超越对方。而赖斯的母亲是一个不屈服于命运，在任何时候都能够保持镇定自若的的女人，她教给了赖斯很多成为智慧女人的经验和方法。正是在父母的教育下，赖斯也成长为一个充满智慧的女孩。

在美国民众的心中，赖斯是一位镇定、优雅的智慧女性。她有着不平凡的经历，她走过亚拉巴马州的伯明翰、科罗拉多州的丹佛、加利福尼亚州的帕罗·阿尔托，最后在47岁时进入白宫。

赖斯并没有在种族歧视的社会环境中迷失、愤怒、自卑，相反，她从中学到一套处世的智慧和人生真谛，最终取得了举世瞩目的成就，这跟父母正确的教导分不开。

女孩小的时候不懂事，去什么样的环境，交什么样的朋友，请什么样的老师，看什么样的书籍等都需要父母严格认真的为孩子选择、把关。父母要提供给女孩的不仅是一个学习环境，更应该是一

个良好的人文及人际关系环境，让女孩在一个幸福安宁、有良好教育的环境中长大。

当女孩有了初步的判断能力后，父母要带女孩多看看社会，体验社会形形色色的人，告诉女孩社会和人生的真相，从小让女孩多见识，多经历，同时给予女孩最好的教育，女孩就会在复杂多变的尘世中炼出一种气定神闲的优雅与智慧。

细节 52：举止——举手投足间培养女孩的淑女气质

对女孩来说，优雅的举止如同漂亮的衣服一样，能够起到锦上添花的作用。一个举手投足之间富有淑女气质的女孩，往往能够在公众中产生巨大的感召力，甚至会产生一种魔法般的吸引力。这样的女孩，不仅能够博得异性的青睐，还能赢得同性的敬重。当然，良好的举止不是与生俱来的，而是在父母的呵护下，一点一滴培养形成的。要培养一个举止优雅的女孩，父母就要从她的孩童时期开始，进行举止方面的培养。那么父母要用何种方法培养女孩的淑女气质呢？

方法一：让女孩从小养成仪表整洁的习惯

女孩拥有整洁的仪表是非常重要的，一个干净清爽的女孩本身就是一张形象气质的名片。

在女孩 3 岁左右时，爸爸妈妈就应当教女孩树立“干净整洁”的意识，每天洗脸时，要把脖子、手都洗干净。再大一点，女孩要学着剪指甲、洗头发，并且养成勤剪、勤洗的习惯。早晚刷牙，饭后漱口，注意口腔卫生。让女孩养成经常洗澡的习惯。女孩的衣着要干净、整洁、合体。

方法二：教女孩学习优雅的坐势、站势及行走姿势

女孩 3 岁时，爸爸妈妈就应对女孩的站、坐、行走以及神态、动作等方面提出优美的要求。与此同时，妈妈也应当注意自己的举止，给女孩作一个榜样。

女孩的站立姿势应当是优美的，身体直立、挺胸收腹、脚尖稍向外呈 V 字形；要避免无精打采、耸肩、塌腰等，那样会给别人一种非常懒散、不美观的印象。

女孩的坐姿应当是端正挺直的，而不能死板僵硬，更不能半躺半坐。生活中，我们不仅看到一些女孩坐下时大大咧咧，双腿分开，或者把腿随意往前伸，样子极不雅观。事实上，正确的坐姿要求女孩膝盖以下的腿总是直立的，正确的坐法会使双腿看起来好像相叠在一起。

走路时，女孩应当挺胸抬头，肩臂自然摆动，步速适中。要告诉女孩走路时不得迈“八字步”，或者摇摇晃晃，以及扭捏碎步。

无论是站立、走路或坐下，最容易忽略的是手的动作，这里有一个最基本的原则，那就是保持自然。站立时，教女孩把手的位置放在腰部或外侧，但不要紧贴腰际，那样会显得很胖，所以一定要保持一点儿空隙。坐下时，可以把双手自然放在膝盖或者扶手上，显得大方得体。要让女孩记住，在正式场合中不要双手叉腰或者双肩环抱于胸前。

无论是什么样的姿势，女孩的表情神态都要表现出对别人的尊重、理解和友善，自然微笑，而不能有各种“小动作”，比如随便剔牙、掏耳朵、挖鼻孔、搔痒、抠脚等。

方法三：用各种方式告诉女孩“什么是优雅的举止”

生活中，很多父母都会说自己的女孩：“你是女孩，要有女孩样。”“女孩子要文雅些。”这样的话没什么错，但是太过空泛。要想让女孩有良好的举止，父母们应当告诉女孩在什么样的场合下，做出什么样的举动才是优雅的。

当然，有的父母本身也不清楚什么样的标准才叫优雅，那么我们可以借助图书、光盘、电视等媒介资料来解决这个问题。比如，和女孩一起看一些介绍举止的图书，或者观看类似的光盘，从中进行观赏、学习、研究。此外，电视上的世界小姐选美大赛、主持人选秀节目也是不错的学习题材。

需要注意的是，在向女孩讲解优雅举止的标准时，不要用教训、命令的口吻，而是要循循善诱、谆谆教导。当优雅举止成为女孩一种不自觉的习惯，女孩卓尔不凡的气质也就形成了。

方法四：多提示和表扬女孩

即使我们下了很大工夫来培养女孩良好的举止，但女孩还是会有“犯错”的时候，比如，客人来了，女孩忘了向客人问好，或者没给客人倒茶。这个时候，你是不是会很生气地“教训”女孩，说她“今天太没礼貌了”？

其实，女孩的一些错误行为往往出于考虑少，而不是有意冒犯。因此，如果我们此时严厉地斥责女孩，并给女孩制定规矩，那么往往会使女孩产生反感和抵触情绪。因此，如果想让女孩的举止变得优雅，那么最好的办法就是多提示和表扬她。

妈妈带媛媛去一位阿姨家做客。路上，妈妈用提示的口吻对媛媛说：“我们去看阿姨的时候，如果你能安安静静地坐在自己的座位上，而不是到处乱跑，那么妈妈会很高兴的。”

做客回来后，妈妈这样表扬了媛媛：“我今天很高兴，我喜欢你像个小淑女一样坐在那里的样子。”

一般来说，当我们对女孩子有所提示时，女孩子往往会牢记并努力实现父母的期望。而我们适时的表扬，则可以让女孩的这种好习惯得到延续。

经常作这样的提示和表扬，用不了多久你就会发现，你已经不再需要提示、只需适时表扬就可以了。

此外，我们还可以制定一些家庭内部的基本原则，来引导女孩形成文雅举止。

吃饭时，洋洋把胳膊放在了桌子上。妈妈看到了，有些生气。

因为，爸爸妈妈不止一次告诉洋洋，吃饭时不要把胳膊放在桌子上。

妈妈本来想批评洋洋“不懂事”，转念一想，便用很轻松的口气说：“我们家的规矩是吃饭时，胳膊不放在桌子上，对吧。”

一旁的爸爸笑着点点头，而洋洋已经悄悄把胳膊从桌子上拿开了。

与严厉的批评相比较，制定基本的原则会比较容易被女孩所接受，因为你是在说一种制度、一种行为，而不是在批评她。

细节53：谈吐——女孩“说”出的气质

谈吐文雅，是女孩聪明、有教养、有才智的体现。

一个外形漂亮的女孩，如果讲出满口粗俗的话，一定会令人失望；一个既不漂亮又满口脏话的女孩，到哪里都会令人反感。

高雅的谈吐，是女孩走向社会的一张通行证，也是女孩超凡脱俗的内在精神气质的表现，更是良好修养的有力说明。

高雅的谈吐，能让女孩的魅力完全放射出来，让周围的人受到深深的感染。作为父母，我们应当如何培养女孩高雅的谈吐呢？

方法一：让女孩的声音富有艺术性

女孩的可爱表现在三个方面：声音、形象和性情。但是，在实际生活中，人们往往注意到的只有后两点。其实，声音在女孩子的可爱之中占有的分量是很重的，它有一种奇妙又神奇的力量，如同女孩裸露的灵魂。

女孩在开口学说话时，爸爸妈妈就要注意让女孩养成温柔的音调。女孩温柔的声音，娓娓动听，就像高山流水的音乐，美妙绝伦；就像林中清脆的鸟声，悦耳动听；就像飘溢流香的酒，沁人心脾。温柔的声音是世界上最美丽动听的音乐，令人陶醉。

同时，要让女孩带着感情去说话。女孩本是感性的，有感情的声音才能发挥女孩与生俱来柔情似水的天性，她们的声音像抑扬顿挫、欲言又止的磁场。在磁场里，女孩的感性将成为一个被关注的焦点，产生强大的磁力。

当然，我们并不是说训练女孩的声音，达到出神入化的地步，而是说女孩的声音一定要有艺术。毕竟先天的音质不同，有的女孩声音清脆响亮，有的女孩则有些沙哑，但不管是什么样的声音，只要音调适中、富有感情，都能制造出磁场来。

方法二：让女孩学会正确的用词

在女孩学说话的过程当中，注意不要让女孩用“嗯”、“喔”等简单的鼻音词汇来表达自己的意见。要知道，这种发音会给别人留下极其不好的印象。

当女孩长大后进入社会时，这种词汇会让别人觉得女孩很“懒惰”，说话时一副慵懒的样子；同时也让对方觉得女孩态度不好，不尊重人。因此，父母要让女孩学会用准确、清晰的词语来表达自己的意见，比如“对”、“很好”、“是这样的”，这样的词汇才会向别人传递一种礼貌、尊重的感觉。

同时，女孩的模仿能力很强，可能听到别人说一句“没劲”、“真无聊”，她就学会了。或者不小心听到大人说“他妈的”、“神经病”，误以为好玩，也随口说出来了。因此，爸爸妈妈要注意及时优化女孩的口头禅，把那些消极的口头禅从女孩的词库中抹除。

方法三：让女孩养成文雅的说话态度

女孩在与别人交谈时，态度要诚恳、亲切，简洁得体，不要沉默不语，也不能喋喋不休。

谈话时，女孩的举止要落落大方。女孩不仅要会说话，更要学会听别人说话，不随意打断，不随便接话。谈话时，要平视对方，而不能东张西望，或者翻看其他东西。交谈的人比较多时，注意不要只和其中一个人说话，而冷落了其他人。

在训练女孩说话时，要注意不要让女孩养成“咄咄逼人”的说话习惯。一般来说，女孩不应当与别人口枪舌战，但是并不意味着女孩就应该忍气吞声，没有反驳与辩解的权利。相反，我们要引导女孩发挥才思敏捷的优势，说话有条不紊，应答如流，这样的女孩到哪里都受欢迎。

此外，女孩说话时，要注意自己的语速、语气、语调，说话的内容要注意场合，不要在公众场合高谈阔论，手舞足蹈。谈吐是女孩风度、气质和优雅的表现。

女孩子的谈吐除了讲话的内容外，讲话的姿态、表情、语速、声调等都会体现一种艺术感。谈话时，女孩可以适当地使用肢体语言，但是过多的动作就会适得其反。

一个优雅的女孩应该知道：该说的话说，不该说的话不说。说话像泼妇骂街、唠唠叨叨、道人闲话、说三道四、粗俗不堪的女孩只会令人厌倦。

细节 54：礼仪——仪表美是好女孩的第一要素

多数父母都知道，礼节和礼貌是女孩最起码的教养。所以，很多父母都十分注重培养女孩的礼貌习惯。一位风度翩翩的女性，不仅在女人群里具有很大魅力，对异性也具有吸引力。

若女孩在孩童时期便养成了良好的、优雅的礼仪习惯，则会对日后的成长发展起到重要的促进作用。谁都更愿意接受一个举止得体、彬彬有礼的女孩，这样的女孩会更能让人产生好感，招人喜爱，从而为自己带来更多的机会，不是吗？童星秀兰·邓波儿的成长经历就验证了这一道理。

1928 年 4 月 23 日，秀兰·邓波儿出生于加利福尼亚州的圣莫尼卡。她的父亲乔治是美国加州圣莫尼卡银行一位很有才华的经理。母亲格鲁特天生丽质，擅长音乐舞蹈。这是一个艺术修养很好的家庭。

与此同时，父母还十分注重对邓波儿行为举止、礼仪方面的培养。他们告

诉邓波儿什么是对的，什么是不对的，一个有礼貌的女孩应该如何对大人说话，如何对客人说话，还告诉她怎样让自己的行为举止看起来更加优雅，更加招人喜欢。邓波儿很听话，她按照父母的教导做得十分得体，天使般的笑容时常挂在她的脸上。

有一天，好莱坞一家制片公司的工作人员来一家舞蹈学校寻找合适的小演员。他们在众多女孩中一眼便看中了邓波儿，这个才 3 岁的女孩天真可爱，像一个小天使。

1932～1933 年，邓波儿一连拍了 12 部影片，尽管还有不少地

方显出稚嫩和不成熟，但她身上已经隐约可见一个伟大艺术家的气质。1935 年 2 月，邓波儿登上了美国电影艺术与科学院颁发的第七届奥斯卡领奖台，获得了许多成年电影艺术家梦寐以求的特别奖。此时，她刚刚 7 岁。

邓波儿成年以后继续取得事业上的成功，她的形象依然是那么清纯可爱，仪态万方。1969 年息影后，她踏入了政界，很快被尼克松总统任命为美国驻联合国首席代表；1976 年被任命为美国总统府礼宾司司长，后来还两度出任驻外大使。

当然，我们不能说邓波儿的成功仅仅来自礼仪习惯的养成，但优雅的举止和动人的表情给予她的帮助却是不能忽略的，这些帮助使她打开了踏入电影界的大门；天使般的可爱加上小公主般的仪态，使她成为“洋娃娃”玩具的固定形象；涉足政界出任礼宾司司长和驻外大使，这也足以说明她出众的仪表形象受所有人欢迎。

由此可见，优雅的礼仪对一个人的成长十分重要，它是保持良好人际关系的一种行为规范，是表达情感和尊重的行为方式，是人际交往中相互尊重的桥梁。

可是，父母应当注意，任何强制女孩学习礼貌的行为，都终将是毫无成效的。所谓的礼貌教育，应当是如春风化雨一般，深入女孩的内心世界，让她学会体味他人的情感、懂得感恩，这才是正确而有效的。

方法一：在家庭中提高使用“敬语”的频率

女孩在外面的时候，父母会十分注意提醒和鼓励女孩使用敬语，如“请”、“谢谢”、“对不起”等最常见的礼貌用语。但在家里，很多父母都放松了对女孩的要求，认为在家里不使用敬语是无所谓的事情。其实，这样做是不妥当的。女孩良好气质的形成，并不在于她在外人面前表现如何，而在于这种良好的表现是否成为她的一种习惯。所以，父母教育女儿讲礼貌、懂礼仪首先要做到的就是，让女儿在外、在家的表现保持一致。

一位妈妈曾这样介绍自己教育女孩懂礼仪的经验。

我和老公平时在家里大大咧咧惯了，在言谈上并不讲究。比如，我要老公拖地时，会大声大气地喊："老公，快帮我把地拖了！"老公往往也会回敬我："喊什么喊，我又没聋。"有一天，我正在厨房忙着，突然听见客厅里的女儿喊道："妈妈，给我拿个苹果过来，快点！"平时和老公随便惯了，我以为那是同龄人之间表达亲密关系的一种方式，也不觉得有什么不妥，然而，同样的话从女儿口中出来，我觉得是那样刺耳。

老公回来后，我同他讲了自己的感受。从此，我和老公约定好，在家里，家人之间，无论什么时候，都要使用"请"、"谢谢"、"对不起"等字眼，改掉一家子大大咧咧的性子。多年的习惯不是一朝一夕就能改掉的，但为了女儿，我和老公硬着头皮去改。结果一个月下来，我发现改掉一个坏习惯也没那么难，很快我和老公就适应了这样的用语方式。比如，我要女儿帮忙时，会说："女儿，帮妈妈一个忙好吗?"接受了女儿的帮助之后，我会说："谢谢女儿。"我发现，当我用这样的语气和女儿说话后，女儿也会用同样的方式回应我。

比如，女儿以前会这样说："妈妈，你去给我拿那个玩具，快点儿。"现在她会说："妈妈，帮我拿一下玩具好吗?"然后说"谢谢妈妈"。

一直到现在，女儿都是一个对人彬彬有礼的好孩子。

女孩小的时候，往往分不清什么话当讲，什么话不当讲，她会将最亲近的、接触最频繁的父母作为模仿的对象。所以，在家中为女孩树立一个良好的榜样，让"运用礼貌用语"成为女孩的一种习惯，是对父母的第一要求。这也是女孩成长为气质淑女很重要的一点。

方法二：引导女孩去感悟礼貌，而非强制地执行礼貌

如果父母强制女孩执行礼貌行为，就好比是揠苗助长，表面上看是成功了，实际上却是失败了。所以，教育女孩学会礼貌，最好的方法就是：引导她去体味他人的心情，带领她去感悟礼貌所能带来的更加美好的东西。

6 岁的明珠刚收到叔叔送给她的一件包装好的礼物，满心好奇，赶忙用力打开，想弄清楚里面包的是什么。妈妈却阻止了她，说："明珠，住手！当你收到礼物时该说什么？"

明珠则不情愿地说："谢谢叔叔！"

其实，明珠的妈妈大可不必这么粗鲁地教女孩学习礼貌用语。她可以先对女孩的叔叔说："谢谢您送明珠这么可爱的礼物！"

相信这时候，懂得察言观色的小女孩会跟着妈妈的话，表达自己的感谢。如果女孩没有那么做，妈妈可以在事后，这样对她说："叔叔很疼爱你，给你买了这么好的礼物。我们给他写一封感谢信或者打一个感谢的电话如何？如果他知道我们也惦记着他，一定会很高兴的"。

引导女孩要懂礼貌，虽然比直接训斥要复杂，但却具有更长远的成效。父母不仅要给女孩更多感悟的时间，同时还要引导女孩多考虑他人的感受，让女孩明白为什么要感谢别人。这样，女孩从小就拥有一颗感恩之心，显然要比单纯地学会说"谢谢"有益得多。

方法三：让女孩学会互换角色

在教育女孩对待客人要有礼貌时，如果用道理不能说明的话，我们不妨让女孩真正体会一下做客人的感受。

我与小侄女关系很亲密，有一次我带朋友去做客，小侄女却一个劲地吵闹，不理会客人的招呼。第二天，小侄女到我家来做客时，我没有像往日一样用果冻、薯片等好吃的招待她，而是对她不理不睬。看到我这样对待她，小侄女委屈地撇起小嘴。

这时我才对她说："叔叔不理你，你是不是不高兴了？那昨天来的那位客人跟你说话，你不理睬她，客人是不是也不高兴呀？"小侄女似乎听明白了，以后家里来了客人，她不但会主动打招呼，有时还会将自己的水果拿出来招待客人。

当女孩学会站在他人的角度思考问题，礼貌问题自然也就不再是什么教育难题。

方法四：购买相关的书籍、光盘，和女孩一起欣赏、学习、研究

有些父母可能觉得举止优雅说起来容易做起来难，究竟什么样的标准才叫优雅，父母们自己都搞不清楚，又怎么告诉女孩呢？其实，这个问题很容易解决。现在有很多介绍这些内容的书籍，甚至有很多是带光盘等视频资料的。不妨买来一些和女儿一起欣赏、学习和研究。

另外，电视里有很多女主持人在这方面做得非常好，可以和女孩一起观看她们的节目。还有一些选美大赛、主持人选拔等节目，也都是可以学习正确礼仪、优雅举止的渠道。

细节55：装扮——引导女孩选择适合自己的衣服

装扮，是指女孩的衣着服饰，是女孩内在品位、气质的无声表达，也是尽情展现女孩个性的魅力符号。一个打扮得体的女孩，无疑是一个亮点，无形之中就为她们自己平添几分韵味。

女孩不仅要让自己有优雅的举止、不俗的谈吐，还要学会选择适合自己的衣服，穿出自己的独特个性来。倘若一个女孩，对穿着打扮表现出一副无所谓的样子，那会如何呢？

曼兰是一个不怎么喜欢讲究穿着打扮的女孩，留着短短的板寸，穿的衣服也总是偏向男孩的款式。

从小到大，曼兰从来不觉得这有什么不好，因为她的妈妈也同样不爱打扮，说话也是大大咧咧的。妈妈从来没为曼兰的衣服操过心，只要能穿上身就可以了。倒不是家里经济条件不好，没有能力给曼兰添置漂亮的衣服，而是妈妈总认为一个女孩子太注重打扮，很容易变得虚荣。

上初中后，曼兰班上的女同学一个个都出落得亭亭玉立，穿衣打扮也变得多姿多彩，而曼兰还是一副假小子样，课余时间也喜欢和男生一起打打闹闹。

有一次，曼兰正和一帮男生兴奋地谈天说地，说到兴奋处，还抡起拳头打了一个男生一下。那个男生生气地指责道："你看你，穿衣打扮像男孩，说话也这样，怎么一点儿女生的样子都没有？"

曼兰一下就沉默了，很长时间都缓不过劲来。

看得出来，曼兰其实是一个很开朗、外向的女孩，幼年时期一副假小子打扮也没什么，但到了一定的年龄对衣着打扮还是无所顾忌，那么她可能会受到来自多方面的批评和压力。这种压力不仅会影响女孩的人际交往，也可能对她未来的婚恋生活产生不好的影响。

俗话说，"人靠衣装马靠鞍"，得体的着装是女孩展示给外界的一张"名片"。父母要教给女孩一些必要的着装知识，让女孩学会选择适合自己的衣服。

说到这儿，可能有的父母会说："我家的女孩根本不用我们教，小小年纪最爱'臭美'了，整天对着镜子研究自己的长相，琢磨自己的衣服。”

其实，爱美本是女孩的天性，也是一种积极的、健康的追求。一个外表令人愉悦的女孩不仅能让别人赏心悦目，更能展示自己的美丽和气质，获得更多的自信。父母要做的就是对女孩的“臭美”进行正确的引导和鼓励，让女孩从外表到内心，建立自我的感觉，并养成良好的行为习惯。

方法一：抓住女孩的“审美敏感期”进行引导

在生活中，我们时常可以看到一些小女孩，喜欢偷穿妈妈的高跟鞋，一摇一晃地走来走去；喜欢照镜子；喜欢漂亮的衣服；喜欢让大人拍照……

有些父母为此感到担忧，怕女孩这么小就如此爱“臭美”，长大了还不成了一个只注重穿衣打扮的“花架子”了？其实，这是因为女孩的审美敏感期已经到来了。儿童心理学家指出，女孩到了 3 岁后，开始对自己的衣着产生了浓厚的兴趣，并且对自我和环境有了一定的审美要求。

从 3 岁开始，女孩对许多东西都有了自己的美丑判断。女孩认为美的，就特别喜欢，根本不管它是否适合自己；女孩认为丑的，就坚决不碰。爸爸妈妈对此也不必过于紧张，可以从日常生活中入手，一点一滴地帮助女孩树立自己的审美观，使她成为一个审美能力极高的气质女孩。

即使女孩的打扮很“怪异”，也要尽量让自己的反应平淡一些，通过对女孩精神方面的关注，让女孩自己把注意力也转移到精神方面。比如，你可以说：“今天阳光不错，穿件鲜艳的衣服，人也会觉得很精神。”

相反，在女孩的“审美敏感期”，如果我们经常粗暴的态度加以干涉、阻止、限制，那么女孩的审美发展就会停滞，并遭到破坏。

方法二：教女孩学会正确的衣着搭配

爸爸妈妈要让女孩明白，衣着打扮不仅是个人的喜好，也是社交礼仪的需要，不同的场合要有不同的打扮。

如果女孩穿着很怪异，不妨向她讲明道理，告诉她衣着得体是基本的着装要求，明确告诉她哪些衣服绝对不能穿出家门。如果她想让自己更漂亮，那么她可以根据场合和身份选择合适的衣服，还要考虑天气的变化，适当增减衣服。

平时，妈妈与女孩一起研究一下衣着搭配的学问，让女孩自己选择穿着的色彩、款式，并给予她一些建议。

方法三：让女孩自己动手设计服装

9岁的雅丝不仅喜欢漂亮的衣服，也喜欢自己动手给芭比娃娃设计衣服。

有一次，她正在摆弄小碎布，妈妈回来发现了她的举动，便说："雅丝，为什么不给你自己设计一套衣服呢？"

雅丝有些为难："我怕不好看。"

妈妈鼓励道："没关系啊，自己设计出来的衣服更对自己的胃口嘛。再说，你不是很喜欢画画吗？"

接下来，妈妈又给雅丝讲了一些设计衣服的步骤、要领，并建议雅丝向她喜欢看的漫画书取材。

在妈妈的鼓励下，雅丝看了很多漫画书，并收集了网络聊天工具中QQ秀的服饰。接着，她把从中找到的自己喜欢的元素一起画出来，并修改色彩、样式，加上装饰，最后画出了一个图样。

"妈妈，你看我画我的图样！"雅丝兴奋地举着一张图纸跑到妈妈面前。

妈妈接过来一看，上边画着一件粉色的上衣和一条粉色的裙子，款式新颖、时尚，又有童话元素。

妈妈一把拉起雅丝："走，我们去挑选布料。"

妈妈带着雅丝来到商场，挑到了合适的布料，然后又把图样送到裁缝店加工。

衣服做好后，雅丝高高兴兴地穿在身上，在全家人面前优雅地转了一圈，众人都大声叫好。第二天，雅丝穿上这身衣服去上学，街上的行人纷纷向她行"注目礼"，班上的同学还问她衣服是在哪里买的。

雅丝高兴极了，回到家告诉妈妈："我长大了要做服装设计师，让别人穿上我设计的衣服。"

妈妈点点头："好啊，只要你努力，肯定会成功的。"

其实，雅丝能不能成为一个服装设计师并不重要，重要的是在自己动手设计服装的过程当中，她已经学到了很多东西，也进一步提高了自己的审美能力。

美丽的最高境界就是拥有自己的个性，不随波逐流。这样的女孩，才不会为流行所累，更不会为衣服而痴迷，而是懂得如何打扮自己，让自己更漂亮、更有气质。

细节 56：音乐——提高女孩自身的修养

音乐对于女孩子智能的开发以及素养的提升有着很重要的作用，其也是培养女孩超凡气质的一种不可缺少的教育方式。

也许有的父母会说，我们自己都没什么音乐细胞，孩子当然不会有音乐天赋了，所以学音乐也没什么作用。其实不然，不管父母有没有音乐细胞，只要在家庭环境中为女孩提供一种音乐氛围，尤其是在女孩 6 岁以前注意对其音乐天赋的引导，就能为女孩日后的音乐学习奠定良好的基础。

一项科学研究表明，音乐训练能对女孩的神经网络产生深远的影响，能让女孩享受一种深沉的爱，让女孩的心里充满快乐。这种情绪能促进女孩神经系统的发育，能够调节血流量和神经系统的活动功能，有利于女孩的记忆、理解、想象能力的发展，对女孩的身心健康成长大有裨益。

一个对音乐有着感知力的女孩，能够深切感受和理解优美、崇高的情感；一个在音乐中成长的女孩，她的心灵不会为世事所缠扰，能够保持一颗不老的心。

著名作曲家、音乐评论家德彪西说过："音乐是热情洋溢的自由艺术，是室外的艺术，像自然那样无边无际，像风、像天空、像海洋。"

因此，女孩的生活中不能缺少音乐，音乐不仅能带给女孩心灵上的宁静，还能提高女孩自身的修养。良好的艺术修养对培养女孩超凡气质的重要性不言自明，那很可能是女孩一生的财富。当然，艺术修养不是天生的，它需要在艺术欣赏和才艺学习中逐渐培养和锻炼起来。

方法一：经常给女孩播放轻松、欢快的音乐

在女孩出生后，爸爸妈妈不妨经常让女孩听些欢快的乐曲，用音乐来刺激其神经，让女孩感受到愉悦和安全，并对这个世界产生积极的认同。此外，还可让女孩听音乐电台的广播、听幼儿歌曲、看音乐电视。如果一个女孩一出生就生活在美妙的音乐之中，那么她就会觉得音乐是生活必不可少的一部分。

事实上，虽然对音乐的感知力并不是女孩的特长，但是女孩的思维细腻，富有想象力，比男孩更容易走进音乐的幻想中。女孩隐藏的音乐才能是极其丰富宝贵的，远远超出成人的估计。

欣妍两岁半了，因为爸爸是小提琴手，家里经常播放优美的乐曲。在欣妍还没出生时，就已经生活在音乐声中了。出生后，音乐声又伴随着她一起成长，她对音乐有一种特殊的依赖性。因为欣妍太喜欢音乐了，爸爸妈妈就把音乐当成了一个“法宝”，只要欣妍哭闹，他们就放她最喜欢的音乐给她听。

有一次，欣妍为了一点小事哭个不停，爸爸就给她放了一首她最喜欢听的曲子。可是，由于电压不足，录音机里放出的音乐“跑调”了。这个时候，欣妍的哭声还没完全停止，便一边哭一边哽咽地告诉爸爸：“磁带坏了！”

欣妍的话令站在一旁的保姆孟阿姨惊诧不已，因为她一点都没听出来。

可见，女孩出生后，如果每天都能接触音乐、听音乐，慢慢地，女孩就能真正发现音乐中的美感，并能逐渐听懂音乐，也会学着用音乐来表达自己的情感了。

方法二：帮助女孩分析音乐表达的意义

为了提高女孩的音乐素养，光让她听还不够，还要帮她分析音乐表达的意义。也就是说，要让女孩明白自己正在听什么，比如呼啸的北风、潺潺的小溪、滴答的小雨等。这样，通过听自然界的声音，女孩就能理解声音的基本含义。再听音乐时，就能借助于最初对声音的感受、辨别和记忆能力，从而了解音乐所描绘的事物形象，直到有了乐感。因为，女孩要熟悉现实世界中所感受过、听过的各种音响，才能体会出音乐是怎样通过对现实世界各种音响的模拟和反映，来表现这个世界的。

方法三：判断女孩是否有音乐天赋

对那些有音乐天赋的女孩，爸爸妈妈不妨及时加以引导，用科学的方法去开发、训练和培养她，不仅有助于其气质的形成，也有助于女孩未来的人生发展。

怎么判断女孩是否有音乐天赋呢？爸爸妈妈可以在日常生活中加以观察——在家庭生活中，那些有音乐天赋的女孩自幼喜欢唱歌，特别是别人没唱过的歌。这些女孩的音准、节奏比较准确，而且还能用符合歌曲内容的表情歌唱。不管什么时候，女孩听到音乐时总是全神贯注、专心致志。

没有专人的引导，有音乐天赋的女孩也能自发地亲近某件乐器，喜欢摆弄，甚至自己能够弄出准确的曲调来。

有音乐天赋的女孩对各种声音有特殊的兴趣。如：风声、雨声、水流声、波浪声、树叶声、雨滴声、虫鸣鸟叫声，或者能辨析脚步声、敲门声、电话中的一声招呼等等，都能令其产生共鸣。

如果女孩具备以上一些特征，那就说明她具有优秀的音乐发展潜力。这个时候，爸爸妈妈应该及时引导女孩向音乐方面发展，以便女孩长大后能够在作曲、演奏、演唱、音乐鉴赏等领域有所成就。

此外，爸爸妈妈也可以请专业的老师，为女孩作一个测试，做到心中有数。

一般测试的方法为：

让女孩在钢琴上弹出一乐句或一小乐段，看能否模唱；能否快速模唱单音，确定音准；能否快速模唱双音、和弦，可以用旋律或和声两种弹法。

打出从简单到复杂的节奏，看其能否模仿。

在测试中，有音乐天赋的女孩发音纯净、明亮、动听。唱歌的音调准确、有节奏感。随着音乐的展开，有明显的情绪变化，会伴着音乐的节拍、速度和表达的内容，做出相应的动作反应。

当然，如果测试结果一般，也不必灰心，更不要逼着女孩学习音乐。那样不仅不能开发女孩的音乐智能，反而会让女孩对音乐产生“憎恨”的心理，对其气质的培养也没有什么效果。

细节57：舞蹈——让女孩更灵动、更具活力

每一个女孩都是一个天生的舞者，每一个女孩都梦想着能站在舞台上，尽情旋转。

跳舞的女孩，身上所散发出的青春活力与韵味，既养眼又养心。跳舞的女孩，身上那种艺术气质会表现在日常生活中，即使是平平常常的举手投足，都美得可以入诗入画。因为她们长期处于美的渗透与潜移默化中，身体已经充满了“旋律”的味道。跳舞的女孩，如同手工制作的陶器，需要经过细雕、造型、绘画、着色、上釉等一道道工序，最终才能捧出一件光彩照人、俏丽而又华贵的作品。

女孩学舞蹈的好处很多，舞蹈让女孩的身体富有灵动感，也让女孩的气质更加出众。并且，女孩学舞蹈也是一个内外兼修的过程。要知道，形体艺术修炼，需要女孩付出相当艰苦的努力。在一次次的自我挑战中，在与同伴比拼意志的过程中，女孩的心灵也得到了锤炼。

女孩学舞蹈的好处不仅外在优美，而且也会令心灵沉淀出一种“我能”的自信。当这种苦行僧式的修炼上升到一定境界时，舞蹈就成了一个女孩的行为艺术。这个时候的女孩，不仅举手投足韵味

满满，待人接物也会大方得体、自成风度，成为一个名副其实的气质美女。

要知道，形体的优美、肢体的灵活与柔韧、较强的审美能力，这些正是培养女孩子超凡气质所必需的。

因此，要想让女孩成长为一个更有才艺、更具个人魅力的女性，我们应从小就注重培养女孩的舞蹈气质。那么，我们应该怎样去引导孩子学习舞蹈，进而让孩子拥有优美的气质呢？

方法一：发现并培养女孩的舞蹈天赋

一般来说，具有舞蹈智能的女孩，在很小的时候，大约1～4岁就会表现出其舞蹈方面的天赋。对舞蹈有强烈的兴趣。动作协调、轻盈、优美、灵活；动作完全与音乐一致。脚的走、跑、行进、跳跃等动作，富有节奏且灵活自如。能利用手和手臂的结合，做出许多动作，喜欢模仿性动作，喜欢电视上的舞蹈节目。能伴着音乐的节拍律动，愿意与小朋友一起表演，能根据自己学过的动作，编创一些简单的舞蹈。

如果女孩没有表现出天生的舞蹈天赋，我们还可以在日常生活中加强培养女孩对舞蹈的兴趣。例如，经常让女孩通过观看少儿文艺节目、歌舞表演等，让女孩用感官直接感受舞蹈的美，引起孩子对舞蹈的注意和兴趣。这时，如果你发现自己的小公主喜欢“手舞足蹈”时，更要积极地加以引导。

此外，我们还应鼓励年龄较小的女孩学习一些儿童舞。儿童舞动作简单且富有韵律，女孩十分容易掌握。即使不送女孩进入专业的舞蹈学校进行学习，也要让女孩积极地加入班级或集体组织的舞蹈学习中。

当女孩对自己的舞蹈充满自信时，自然会对舞蹈产生浓厚的兴趣。

方法二：在合适的年龄学习舞蹈

如果我们希望自己的女孩进行专业的舞蹈训练，第一要看女孩的兴趣，第二要看女孩的身体条件。而且进行专业舞蹈学习时，女孩的年龄也不宜太小。

女孩开始学舞蹈最好是4～5岁，这个时候的女孩有一定的专注力，也能听懂老师的话。4岁以下的女孩，骨骼韧带及各种器官正处于不成熟期，应注重培养其兴趣和训练动律，达到四肢协调，有节奏感。比如学习简单有趣的小舞蹈、几种简单的步伐，不宜给予某一局部动作过多重复训练。

在选舞蹈培训点时，父母要先看班级人数。一般小班教学效果好，每班人数控制在25人以内。舞蹈教学强调言传身教，每个动作都要手把手地教，人数太多，会影响教学效果。选择时，父母最好参观孩子所在年龄段的班级，并试听课。此外，舞蹈老师的资质也很重要。好的舞蹈培训教师，须有6年以上扎实的基本功训练，有多年舞台表演经验，懂得少儿心理，并有责任心。

方法三：不要用考级作为评价的标准

近年来，舞蹈考级逐年升温，很多父母也把考级作为一项考察女孩舞蹈水平的标准。

一位舞蹈专家提醒："特长学习不能将考级放在第一位，它不是评定孩子的唯一标准"。

此外，很多父母盲目攀比，认为女孩跳舞，动作越难越好。一些老师为迎合父母的这种心态，忽略专业知识和技术，盲目拔高训练难度。然而，女孩年幼时骨骼发育尚未完全成熟，动作难度超出女孩的承受能力，会带来终身伤害，并且让女孩对舞蹈产生恐惧感。

事实上，跳舞是循序渐进的过程，它与训练程度及女孩的先天条件有关。一般来说，女孩经过两三年或更长时间的基本功训练，手臂、腿、腰的力量达到一定程度，做一些高难度的动作就水到渠成。

方法四：让女孩学会“苦中作乐”

学任何舞蹈都辛苦，但只要认真对待，就会发现其中的乐趣。芭蕾的专业性相对较强，但它是学其他舞蹈的基础，就算女孩学民族舞或拉丁舞，一开始也要进行芭蕾基础训练。

女孩学舞蹈，我们首先应当多鼓励。其次，常带女孩看现场表演或舞蹈训练录像，培养女孩的舞蹈素养。让女孩从小就在伴有音乐的舞蹈中，循序渐进，由内而外地一路兼修下来，那么，未来的淑女不久后就会出现在你的眼前了。

细节 58：绘画——尽情地涂鸦，展现女孩的心灵语言

法国艺术家罗丹曾说过：“这个世界并不缺少美，只是缺少发现美的眼睛。”

是的，这是一个非常美丽的世界。放眼望去，蓝蓝的天，碧绿的草，火红的太阳，还有那七色的彩虹，一切都是那么的美妙。只是，美丽的东西总是瞬息万变的，为了留住这些美好的瞬间，人们学会了绘画。

绘画是人类表达思想、抒发情感与交流思想所采取的一种艺术手法，而女孩同样可以用绘画来表达自己的想法，并在潜移默化中把这种美表现在外在的气质中。

女孩子都有着敏感的神经，有着卓越的色彩感知力，对美有着非凡的理解。只是，有些美，她看到了却说不出来，只能用心去体

会。而绘画，就是给了女孩创造美的机会。

绘画是一个对女孩进行美育的重要途径，它不仅能陶冶情操，启迪智慧，还能促进女孩的全面发展。科学研究表明，绘画能锻炼女孩的感知能力，增长各方面的知识，还能锻炼女孩的动手能力。

绘画还能培养女孩的想象力与创造力，并可加强女孩独立工作与思考的能力。即使只是信手涂鸦，也能培养女孩的审美情趣，对女孩的观察力、想象力、创造力的培养和发展都有着极其重要的作用。我们可以采用以下几个方法来培养女孩对美的感知力：

方法一：让女孩自由地涂鸦

女孩两岁多时就喜欢画画，还喜欢拿着笔到处乱涂乱划。这个时候，我们千万不要打击女孩的积极性，即使那些内容在我们眼里看来非常可笑，但在女孩眼里却是伟大的创作。

让女孩自由画画，也是使女孩的心理获得自我保护的重要手段。女孩内心的抑郁，心理上的负担，不会像大人那样通过和几个知心朋友谈谈心求得解脱，女孩没有这个能力。而绘画，特别是自由画，是女孩心理的自诉。女孩平时无法表露的内心矛盾可以从中得到发泄，使心理负担减轻，有利于保持心理健康。

方法二：对3岁以前的女孩进行色彩、图形方面的训练

3岁以前的女孩，还很难称得上是有意识地画画。她们控制笔的能力、手眼协调的能力都有待进一步的发展，但她们对色彩是很敏感的。

因此，对这个年龄的女孩，父母不妨将侧重点放在色彩训练上。画画时，要求女孩先认清颜色，并准确地说出名称，区分颜色的深浅等。比如，要求女孩说出需要什么颜色的颜料，“红色”、“绿色”、“蓝色”等。

有些比较容易混淆的颜色，如蓝绿、蓝紫等，可以设计一些色彩游戏来训练女孩的眼力，进行强化训练。还可以让女孩给各种颜色找朋友来比较哪些颜色放在一起更好看等。

方法三：对4岁左右的女孩进行画画训练

4岁左右的女孩各方面的能力较3岁之前都更强一些，参与性好，也更有主见，所以在保持兴趣的同时要对她们提出更多的要求。这个时候的女孩要了解线条的简单造型、色彩的运用等。对这个年龄的女孩而言，画画更多的还是要看内容，而非完全是画面效果。

女孩的画是她自己认识生活的体现，所以建议父母要帮助女孩丰富生活内容，充实生活经验，开阔眼界。在女孩画画的同时多让她自己来讲讲画面的内容，并帮她记录下来，回过头再看会很有意思的。

女孩学习涂色时，父母最好不要强求，开始要顺着女孩。即使她涂不匀或者出线都是正常的，不要为此而打击了女孩画画的热情。当然，单纯的涂色也是不可取的，父母可以设计一些有趣的涂色游戏，让女孩在游戏中得到锻炼。

方法四：通过手工游戏培养女孩的画画兴趣

小女孩们都喜欢玩，都喜欢新鲜的东西。所以，学画画时，父母不妨多提供一些绘画工具，如油画棒、毛笔、彩色水笔、皱纸、水粉颜料、胶水、毛条、手工纸、铅画纸、卡纸、白报纸、彩色卡纸、旧报纸、广告纸，等等。

在画画时，运用这些工具和女孩一起玩绘画游戏、手工游戏，吸引女孩动手参与，使其渐渐喜欢上画画。对女孩而言，手工游戏是一个很好的锻炼机会。撕、剪、揉、捏、搓、粘贴等，既练了手劲又增强了手指的灵活性。父母可以设计一些手工活动，让女孩选择喜欢的颜色，完成后通过比较让孩子自己选择衬底、装裱，这样做效果往往不错。

此外，学习画那些圆、长线、短线、简单的几何图形时，也可以用游戏的方式来加深印象，通过吹泡泡、玩小雨伞、观察杨柳枝的方式，让枯燥的图形变得生动活泼起来。

方法五：多鼓励、表扬女孩

儿童画是没有对错的游戏，我们不能以成人固有的眼光来看待它们。在画画时，我们要鼓励女孩大胆作画，经常为女孩的进步加油。对女孩的每一幅画，都要说几句赞赏的话，这样才能让女孩对画画更有信心。有时候，即使明知不好看也不妨让女孩尝试一下，然后再比较给她看，这样做远比我们的说教效果好。

乐乐从幼儿园回来，让全家人看她画的一只猴子。

妈妈当时正忙，随意看了一眼，就说："猴子的后腿是这样的吗？"

没想到，乐乐一听非常着急："是这样的！就是这样的！"

妈妈见状，连忙又看了一眼，安慰乐乐："确实挺像的，画得真棒！能不能再画一张呢？"

没想到，乐乐更加不高兴了，一边小声嘀咕，一边拿起铅笔在画上乱涂一气。

没一会，乐乐把画全涂黑了，还挑衅似的拿到妈妈面前："好看吗？"

妈妈看了看，突然惊讶又兴奋地说："哦，你画得是猴子晚上去吃桃子吧？天太黑了，什么也看不见，难怪一团黑。没想到乐乐的想象力这么丰富呢！"

本来，乐乐很灰心也很丧气。听了妈妈的这番话，她又看了看被自己涂黑的画，突然也高兴了。

"妈妈，猴子是想偷桃子，白天怕人看见，晚上又太黑了，它很着急呢。”

妈妈又启发乐乐：“那桃树在哪里呢？有什么办法能让猴子看到桃树吗？”

乐乐想了想，说：“那我可以在这边画几棵桃树，在这面画一盏灯，猴子不就可以看到桃子了吗？”

妈妈的话逗得乐乐哈哈大笑，母女二人又一起交流了很久，最后乐乐又重新画了一幅画。

乐乐的故事说明，女孩是很敏感和脆弱的，一旦自信心不够，就很容易自暴自弃。因此，爸爸妈妈要多和女孩交流，当女孩画不下去的时候，要进行一些引导性的交谈，鼓励女孩运用已有的经验进行想象，自己来丰富画面。

细节59：写作：让女孩性格更细腻

汉语，是我们的母语，也是中国上下五千年传统文化的积淀，无论是在小学、初中，还是高中、大学，我们都不断地在语文学习中汲取知识。而真正记录我们生活的还是那一本本已经尘封了的作文册。写作源于生活，同时，写作又服务于生活。我们应该清楚地认识到，写作不仅是提高女孩语文成绩的一个途径，更是让女孩受用一生的良师益友。

方法一：不要给女孩设置条条框框

作文是灵性的表达，而现在一些父母，包括学校的老师，都会给孩子们的“灵性”作品设置条条框框，比如立意、选材等。女孩想写什么就写什么，想怎么写就怎么写。父母尽量鼓励女孩写得长一些、细一些，尤其是记叙文，只有写得长一些、多一些，才能写得详细细致，等写完之后，可以和孩子一起阅读，给他们肯定的同时可以告诉他们如何写会更好，这样可以增加女孩对作文的兴趣。

方法二：教女孩学会观察，描写细节

女孩写作文常常感到无话可说。其实，写作文并非一定要讲大道理，写“有意义”的事。任何小事都可以作为写作的题材。关键是女孩是否能从平常的生活中发现美。父母在指导女孩写作时，要引导女孩去关注生活的细节。例如，山非常美，就要引导女孩观察这座山的每一个细节，山上的树、水、花、草等。每一个小的方面又可以是一个分观点，可以用更小的事例来支撑，例如说树美可以再从树的疏密、高矮、形状、姿态等各个方面来写，依次类推。如果注意到了这些，女孩写起作文来就会言之有物，写出来的作文内容也会丰富充实。

方法三：教女孩发挥想象力

女孩写作文时常感到写作素材单一，比如：

女孩小倩要写一篇关于植树节的作文，但她仅仅把和同学种树的情形写了下来，自己也觉得单调，可是又不知道怎么改。后来，小倩妈妈就引导她想一想，小树种在泥土里是什么感觉呢？小倩想了想说：“小树喝饱了我们浇的水，显得可精神了，小叶子是嫩绿色的，风一吹，它们都摇头晃脑的。”“太好了。你还可以再想想，小树长大后会怎么样呢？”“小树长大后，会长出好多叶子，遮住了太阳，小鸟会来做窝，很多小树在一起就长成一片森林，森林里会有小猴子、小熊，它们会成为朋友，在森林里快乐地生活。”就这样，小倩完成了一篇充满童趣的满分作文。

写作文离不开想象力，上面小倩妈妈就引导女儿充分发挥了想象力。一个没有想象力的人是无法写出优秀的作品的。父母要启发女孩要运用事物之间相互联系的本质，培养她的发散思维。

例如让女孩写山，女孩就要运用想象力，联想到树、水、花、鸟、登山的人、有关山的传说等等一系列事物。如果写上学路上不光要让孩子想到上学路上发生的具体事件，还要让孩子看到上学路上的建筑变化，四季风景、人间万象等方面，开阔孩子的思维。

方法四：要让女孩学会词语活用

词汇是写作的原材料。父母要留意女孩语文教材里的词语，在女孩写作文时提醒她用上几个合适的词语。久而久之，她就会形成习惯。对低年级的小学生，父母可以提供词语，然后让她造句。比如说描述春天，父母可以提供“春意盎然、万物复苏”等词语，让她自己选择应用在文章里。

丰富女孩词汇的最好办法就是让女孩大量的阅读优秀的文学作品。如果遇到名篇佳句，还可以让女孩有声有色地背诵下来。

由此可见，女孩只有通过不断地写作，才能获得良好的书面表达能力。给女孩写作的机会，让她感受到写作的快乐，感受到表达自己思想的快乐。

细节60：诗词：女孩也能博古通今

古典诗词是中华民族的文化瑰宝。让女孩多学习一些古典诗词，有益于增加女孩的文化底蕴，提高女孩的综合素养。一位父亲曾回忆起这样一件往事：

晚饭后又是我们与女儿学习的时间了。我对女儿说：“小璐，爸爸教你读古诗，好吗?”女儿很爽快地回答：“好。”于是，我开始诵读《登鹳雀楼》这首古诗。我一边读，女儿也一边跟着学。读了几遍，我想考一考女儿学习的情况。我说："小璐，你背一背这首古诗给爸爸听，好吗?"为了便于女儿记忆，我将每句诗的首字读出来，女儿立即就将整首诗背诵下来了。我和妻子都非常惊喜，女儿才4岁就学会诵读古诗了！这是期待已久的结果，我们禁不住连连表扬女儿的聪明好学。这说明，女儿在语言发展、文化学习等方面进入一个全新的阶段了！

通过总结在教女孩学习古诗词方面的经验，我们要告诉父母注意把握以下几条原则。

原则一：坚持不懈，但不要急于求成

学习是一个漫长的过程，特别是学习古诗词这种文学知识，更不能急于求成。因为古诗词是高度浓缩的文学语言，内涵丰富，博大精深，就连成人学习也需要反复琢磨和咀嚼，才能领悟。对于年龄尚小的女孩，学习古诗词是一种挑战，要克服发音、理解等难关，这并非易事。

让女孩多阅读古典诗词，并不是单纯为了让女孩会背多少首古诗词，而是要让女孩在古典诗词中发现美，增加她的文化底蕴，所以，在教女孩学习古典诗词时，不要单纯地要她背诵，而应该在女孩可以理解的基础上，教她学会如何欣赏古典诗词的美。在日复一日的潜移默化中，可以培养女孩的古典文化底蕴。

俗话说，熟读唐诗三百首，不会写诗也会吟，教女孩学习古典诗词，应该重质不要求量。多读一些好诗，如果女孩拥有天分，也可以引导她自己去写作。

有一个美国小女孩，小名牛牛，从四岁起，外婆就教她写字，背诗，细心讲解。外公教她平水三十韵，鼓励她自己写诗。牛牛六岁时，已经会背诗500余首，九岁时，已经背诗1500首，写诗填词近三百首。外公说："牛牛每天坚持背诗十分钟，三五年下来就有一千多个十分钟，牛牛并不是神童，而是通过努力做到的。”

背诵和写作古典诗词，对提升女孩的文化品位，修炼女孩的内在气质，有很大帮助。

原则二：注意方法

古典诗词语言的浓缩性和语义的隐含性，以及其内容与孩子生活都有较大的距离，因此在教女孩学习古诗词的过程中，必须注意采取科学的方法。一方面要增强趣味性，如在诵读过程中可以适当辅以肢体语言和夸张表情，让女孩觉得古诗词是可以触摸、可以看见、可以听到的；另一方面要增强针对性，选择一些浅显易懂、富有童趣、贴切生活的诗词作为初学的范文，切忌为追求“古典韵味”，一股脑儿让孩子钻到那些难以理解的诗句当中，其结果往往事倍功半。

原则三：灵活运用

有的女孩读了很多古诗词，但并没有产生良好的效果，究其原因，与父母贪多求快、孩子不甚理解有关。要特别注重联想、记忆与运用。也就是说，在诵读诗词过程中，要将诗句中的内容与生活中的事物尽可能串联起来，让女孩易学、易懂、易记，并且不断反复，加以巩固，同时在生活中灵活运用，这样才能让女孩学有所得。

下面是一位妈妈的经验之谈：

我在教女儿诵读《静夜思》一诗的过程中，当读到“举头望明月”这个的“月”字时，会引导她回忆月亮有哪些形状，女儿很快就会说出上弦月、下弦月、满月等，这样女儿很快就理解到这句诗与月亮是相关的。再如当读到“低头思故乡”这句的“故乡”时，我会引导她说一说她对故乡的感受，女儿很快会告诉我：“故乡就是爸爸妈妈生下我、养育我的地方。”这样一来，女儿对这句带有

“故乡”的诗句印象自然更加深刻。

总之，教女孩学习古典诗词是一个充满挑战又富有乐趣的过程。从某种程度上说，让女孩学习古典诗词是一项为人生奠基的文化工程，其意义重大，影响深远。

细节61：书法：一手好字赢得人生

书法是中国的传统艺术。其是在宣纸上，靠毛笔运动留下斑斑墨迹。女孩练习书法，不仅可以培养女孩顽强的意志和高雅乐观的情趣，还可以启发女孩智慧，培养美好的品德。要培养一个琴棋书画的优秀女孩，有一手好字是必不可少的。所谓。字如其人，书为心画，让女孩练习书法，不仅可以开发女孩的智力，还可以培养她的意志力、丰富的想象力和创造力。

方法一：培养女孩对书法的兴趣

让女孩在书法学习中感到快乐，她就能够乐意参与这一活动。如让她参观名人书法作品展，听书法家谈作品、讲人生，调动女孩学习书法的积极性、主动性；还要给女孩创造一个好的书法学习环境，父母自身有书法爱好也会起到一定的作用；让女孩多欣赏一些书法作品，多看一些电视中的少儿、成人书法节目，等等。

如果女孩对学书法毫无兴趣，父母硬要逼着她学，这样会影响学习效果，将很难达到目的。

一位书法教师遇到过这样一个女孩。她的妈妈很喜欢书法，于是送女儿上书法课，可女儿对学书法一点儿兴趣也没有。这个妈妈的做法是，每一堂书法课都带孩子去看。一个月后，女儿主动向父母提出：“我要学书法，我能写！”到现在一年多了，这个女孩的字写得非常好。

所以说，孩子的兴趣可以逐渐培养，但也要注意训练形式。要结合每个孩子的个性和特点进行正确的引导，决不能逼迫孩子学习书法。

方法二：注意学习书法的方法，提高练习书法的效率

女孩比较有耐性，学习书法的可塑性很强，这是有利的一面。但女孩往往缺乏自觉性，不仅需要训练她的毅力，而且应要求她在有效的时间内提高练书法的效率。有些父母在指导孩子练书法时，给孩子规定遍数，以为练的遍数多了，就可以学好书法了，这是不可取的。孩子一旦完成规定的遍数，就感到解脱了。如果长时间练书法，也易使孩子的思想开小差，把练字变为一种重复的机械运动。以上情况非但无益，反而有害。它扼杀了孩子的想象力和创造力。所以，指导女孩练书法应注意质量而不是时间和遍数的多少。否则会出现开始练字兴趣浓，渐渐兴趣淡化的现象。

方法三：女孩练字不能急于求成

虽然练字对女孩来说是一件辛苦的事，但如果方法得当，也能激发女孩的兴趣。应该让女孩把练字当成一种有趣的活动，从心里喜欢。如果在练字过程中，发现孩子有厌倦或精神不集中现象，就应暂停练习，转移一下兴趣。可以玩一玩，放松放松再练，最好是间隔练习，这要根据年龄而定。更要防止在一段时间内完成大量练习，这样容易使女孩产生负担感，坐桌旁、拿起笔、看到纸就“发愁”，势必会影响练字的速度和效果。

方法四：学习书法，要掌握技巧

书法的学习要由易到难，初学时，可以先学“描红”，就是将纸覆盖在字帖上照样子描写模仿。这样女孩可以掌握字的间架结构、基本用笔的方法，如怎样起笔、怎样收笔、怎样转折、怎样运用中锋。写字时先学写中楷和大楷，不宜写太大的字。另外，要让女孩学习基本知识，不要急于学草书。女孩握笔稳，字也写得较端正时，再“对临”，即边看着字帖边写字。临摹的字帖，应选择收笔明显、平稳的字体，宜学习柳体、颜体和欧体等。女孩学习正楷入门与否，要看她在离开字帖后能否写得像所临的字体。当楷书学到一定程度后，才能开始学习行书、隶书等，进入中学阶段，才适宜学习草书。

方法五：注重循序渐进

一些父母让学龄前或刚刚进入小学的女孩练习毛笔字，甚至有的父母一开始就让女孩悬肘练大字。书法是一门技巧性高的艺术，字要写得漂亮，有艺术性，不是一件容易的事，要经过长期的练习，一下子就想取得成功是不现实的。要按照学习规律，一步步地学习、练习，才能掌握书法的要旨。

方法六：培养女孩认真读帖的习惯

不管写什么字体，每一个笔画、写法都要记准，在理解的基础上写出好的字来，这样能培养女孩自我欣赏的能力。在练字时应以鼓励为主，人们常说“好孩子是夸出来的”，这不无道理。只要女孩有进步，哪怕是微小的一点儿进步，也要给予表扬和肯定，从而增强她的自信心。

方法七：注意练字的细节

父母在指导女孩学习书法时，还应注意女孩写字时的姿势、习惯与态度。十来岁的女孩练习时间不应太长，一般每天能仔细地写好二三十个字，再加上重复性的练习就可以了。但不要让女孩“三天打鱼，两天晒网”。为了提高女孩的兴趣，扩大她的知识面，可以给女孩讲书法家认真研究书法、取得成就的故事，如王羲之写书法入迷，边吃饭边练习时把黑墨当成蒜泥吃下的故事。此外，为了让女孩开阔眼界，要多带女孩参观书法展览，参观有碑刻的名胜古迹等等。

总之，练字训练是一件很复杂的活动，要想达到开发女孩智力的目的，就要让女孩在练字中学会动脑子，从小培养她爱思考的良好习惯。同时，对女孩进行文化素质的培养也是必不可少的，它也是练好书法的基础。

细节62：棋类：益智思考与逻辑训练的完美结合

“我女儿6岁了，特别调皮。听说学围棋能让孩子安静下来，还能开发智力，不知道孩子什么时候学围棋比较合适？而且，我和孩子他爸都对围棋一窍不通，在家里也不能陪孩子练习，这对孩子学棋有没有影响？”一位母亲正在向报名火热的暑期围棋培训班的老师询问。

“琴棋书画，样样精通”，是不少望子成龙、望女成凤的父母的梦想。尤其是围棋，近来越来越为父母们所青睐，因为围棋不但对孩子智力、注意力和全局观念提升都有很大的好处，还能让孩子逻辑思维更缜密，于是很多父母都把学习围棋作为孩子早期智力开发的首选。

在我国，棋自古以来就是文化教育的一个重要方面。据古书记载，棋的起源就是和教育下一代联系在一起的。例如，晋朝张华所著《博物志》：“尧造棋，以教子丹朱、云舜以子商均愚，故作棋以教之。”都是说古代圣贤因为自己的孩子不够聪明，因此发明了棋来启迪他们的智慧。

目前有一种教育理论认为，不管学校设立什么课程，采用什么样的教学方法，其主要任务只有一项，那就是培养学生独立性和创造性思考的脑力技能。仅就这一点来说，学棋具有得天独厚的优势，是其他学科比不了的。尤其对中小学生来说，正处于打基础的阶段，学棋对于综合素质和脑力技能的提高，将有莫大的好处。

方法一：引导孩子对学棋产生兴趣

如何让女孩对学棋产生兴趣呢？这需要父母的引导。在早期的入门阶段，这种引导显得尤为重要。老师讲的课生动有趣，感染力强，就能够让女孩迅速喜欢上下棋；父母回家后能不厌其烦地陪女孩下棋并让她在遵守下棋规则的前提下赢过父母，女孩的自信心得到极大的满足，信心大增，孩子的学棋兴趣也会因此而加强。

女孩对棋的兴趣至关重要，女孩喜欢什么棋父母应该帮助选择，一般除了参加各种棋的培训班外，还要在家中放置一套棋盘，营造一个好的学棋氛围。女孩如果不喜欢学棋，父母一定不要按自己的意愿行事，强迫女孩学棋。

方法二：学棋要趁早

女孩如果对棋有兴趣，启蒙教育越早越好。从三四岁的孩子开始，重要的是在女孩身边给她温暖的鼓励和帮助，在她达到一定的棋力时，则应尽早求助职业棋手或高段业余棋手给予辅导。

方法三：寻找一位合格的老师

学棋靠教，如果老师水平较高，女孩的学棋才能很快地提高。想打专业赛，没有高水平的专业老师一年半载以上的培训和指导，基本上是不可能的。一般女孩学习下棋，也要找一个有经验、水平高的老师教才可以，特别是在女孩达到一定水平后，教师的指导是最重要的。还要有一个群体的高水平对抗训练，以巩固成绩。

第八章 注重品德和修养，培养真正的公主

教育实践家冯恩洪曾经说过：“我们的教育要教会孩子什么？学会做人比学会做学问更重要，要引导孩子先学会做人，然后是做学问。”每一个女孩首先要学会做人，她才可能去做事、与人交流。做人的教育，实际上是培养女孩为人的正确态度和品格。把女孩养成一个诚信、有责任心、有公德心、有爱心的人，才能让女孩成为一个受人喜欢的人，并拥有一个美好的人生。

细节 63：感恩、孝顺——让女孩懂得回馈长辈的爱

感恩，是自古以来的传统美德。无论是“投我以桃，报以琼瑶”，还是“谁言寸草心，报得三春晖”，以及“滴水之恩，当涌泉相报”，无一不说明感恩是爱和善的基础，是为人的基本条件。

对一个女孩来说，感恩是一种深刻的感受，能增强个人的魅力，发掘无穷的智能，放出无限的光彩。而一个女孩是否有感恩之

心，与她所处的环境，所受到的教育是密不可分的。

11 岁的依秋和妈妈吵架了，一赌气跑到了外面。面摊的老婆婆请她吃馄饨。

依秋满怀感激，刚吃几口眼泪就掉下来了。她向老婆婆讲自己和妈妈吵架，抱怨妈妈的不是，感谢老婆婆对她那么好。

老婆婆平静地说："孩子，你怎么会这么想呢？你想想看，我只不过是煮了一碗馄饨给你吃，你就这么感谢我，那你妈妈煮了十多年的饭给你吃，你怎么会不感激她呢？你怎么还和她吵架呢？"

依秋对外人的小恩小惠感激不尽，却淡漠了亲人对自己一辈子的恩情。这仅仅是依秋的错吗？

一个知道感恩的女孩，会更加热爱生命，关爱他人，才会拥有一个美好祥和的人生。要培养女孩学会感恩，父母们不妨从以下几种方法做起。

方法一：带女孩常回家看看

俗话说：言传不如身教，父母的身体力行胜过一切言语。日常生活中的小事最真切、最有影响力，女孩的感受也最深刻。

雨琴的爸爸妈妈平时无论工作有多忙、多累，都要在假期带上雨琴去看望双方的老人，让雨琴明白"常回家看看"的含义。

春暖花开时，他们带上雨琴一起陪老人去郊区走走，看看树，赏赏花，聊聊天。过年过节、老人生日时，他们带雨琴一起为老人选购礼物。吃饭时，他们让长辈先吃；朋友送来的稀有食物，他们先给老人留出一份……

爸爸妈妈对长辈的关爱言行，在不知不觉地中慢慢影响着、感染着雨琴，这些关爱的言行举止也深深地印刻在雨琴的心灵中。

父母为子女付出了心血，然而，在生活中，父母在言行中是否抱怨过自己的父母和亲人呢？是否经常忘记常回家看看老人？如果是，这又怎么能让子女也记住你们的恩情呢？子女就是你们的翻版，所以，要求儿女孝顺的同时，也莫忘记自己要亲身力行！

方法二：教女孩学会“谢谢”他人

我们要教女孩时时言感谢，事事存感恩。我们要让女孩明白：人家帮我，永志不忘；我帮人家，莫记心上。

芷雪很小的时候，爸爸妈妈就特别注意引导芷雪学着感谢、关心帮助过她的每一个人。在日常生活中，如果别人为芷雪做了什么，一定要让芷雪说声“谢谢”。

5岁的时候，爸爸带她坐三轮车。付完钱下车后，爸爸让她对车主说：“谢谢叔叔。”

芷雪虽然不情愿，但还是照爸爸说的做了。之后，她问爸爸：“爸爸，我们给他钱，为什么还要说‘谢谢’呢？”

爸爸告诉她：“叔叔把我们送回家，跑这么远的路，是很辛苦的，我们不仅要给他钱，而且还要表达我们对他的感谢。人都是平等的，对人多一分感激、多一分尊重，是应该的。”

此后，芷雪每次从三轮车或出租车下来，都会说一声：谢谢！

不仅如此，爸爸妈妈还经常告诉芷雪：“这件衣服是妈妈给你的，你要感谢妈妈！”“这本书是哥哥姐姐送你的，你要谢谢哥哥姐姐！”“楼梯是邻居张阿姨打扫的，你要谢谢张阿姨！”“你现在自己会看书，要谢谢老师教你知识！”……

在爸爸妈妈一点一滴的引导下，芷雪是非分明，具有很强的真善美丑观。

随时随地说声谢谢，即使是路上一位陌生人给予了一点微不足道的帮助，也要郑重地说声“谢谢”。一个随口都会说出“谢谢”

的女孩，是会处处受到欢迎的。

方法三：给女孩“回报”的机会

当女孩想帮助我们做事情的时候，我们一定不要再说“你把书读好就行了”。因为，我们最大的责任不是让女孩学会读书，而是让她首先学习做人，这是她能好好读书、把书读好的基础。女孩只有懂得付出、懂得“回报”，她才会懂得珍惜、懂得体谅。

紫蓝很小的时候，爸爸妈妈不仅要求她做好自己的事情，还要她参与一些家务活，如整理房间、洗衣服等。

家里来客人时，爸爸让紫蓝帮忙端茶递水；吃完饭后，妈妈让紫蓝帮忙洗碗。

慢慢地，紫蓝懂得体谅爸爸妈妈了，也开始关心爸爸妈妈了。由于爸爸妈妈的工作都很忙，妈妈经常上夜班，爸爸还要出差。有时下班回到家，妈妈发现芷雪已经把饭做好了，并且把饭给妈妈留在锅里。

事实上，让女孩参与家务劳动，不仅培养了女孩的生活能力，更重要的是让女孩学会了分担责任，懂得了劳动不只是父母的义务，也是自己的义务。

遇到重要的节日，可引导女孩为家人准备小礼物。收到女孩小礼物的时候，我们脸上一定要露出幸福的笑容，要让女孩知道父母原来也需要女孩的关心和爱。长此下去，女孩就会养成关心父母的好习惯，心中就会播下感恩的种子。

方法四：和女孩一起感恩社会

为了让女孩学会感恩社会，感恩他人，我们不妨和孩子一起献爱心，给灾区、贫困山区的孩子或者残疾儿童捐款、赠书、赠送玩具等等。这样，女孩渐渐地就由家庭走向了社会，由对身边亲人的关爱扩展到了对他人的关爱。

细节 64：给女孩一颗善良的心灵

在中国的《三字经》中，开篇第一句就是："人之初，性本善。"

美国著名作家亨利·詹姆斯的侄子问他，人的一生应该做什么时，詹姆斯回答说："人生有三样东西是最重要的，第一是要善良；第二是要善良；第三还是要善良。"

可见，善良是人的天性的表现，是人道精神的核心。善良是一种高尚的品质，更是一种良好的社会风气。

著名教育家苏霍姆林斯基曾说："善良的情感是良好行为的肥沃土壤。"

其实，女孩的天性是善良的、富有爱心的。只是，这种善良的天性如果在后天得不到很好的培养，那么她的爱心就会逐渐消失。

时下，很多父母对女孩的智力发展和身体健康十分重视，却极少考虑如何让女孩学会同情、关心和帮助别人。在少得可怜的品德教育中，也往往只是教女孩一些礼貌用语和待人接物的常识，满足于一时的、表面的效果，却忽视了女孩良好情感的形成。

那些在十分优越的环境中生活的女孩，不缺食品，不缺衣服，不缺玩具，更不缺少爱，惟独缺少善良的情感。她们往往体会不到爱，不知道爱父母、爱同学。她们往往不知道关心别人、为别人服务、为社会尽义务。随着时间的推移，她们日渐成为一个个冷漠、自私、放任又很脆弱的"娇气公主"。这样的"娇气公主"长大以后会面临很多问题的。

善良会让女孩变得心思细腻，并让女孩变得勇于承担责任；善良能让女孩变得勇于无私奉献，并能更好地保护自己。我们也会经常看到一些面目较好却自私自利，没有一点同情心的女孩，她们的内心是充满厌恶的。那么，父母该如何给女孩一颗善良的心灵呢？

方法一：家庭成员之间关系要融洽

家庭成员关系的和谐美满，对女孩也是一种教育。女孩可以从爸爸妈妈的相互关心和爱护中学会理解、接纳、欣赏、真诚和肯定等美好的品质；女孩也能从爸爸妈妈对双方长辈的孝顺中理解爱心的含义。而夫妻之爱给女孩传递的另一个观念是忠诚，这也是培养女孩善良之心的关键。

此外，要让女孩远离暴力，不要给女孩提供暴力玩具，并让女孩远离电视上的暴力镜头。在处理问题时，夫妻都不要使用暴力行为。

方法二：让女孩养只小动物

在初蓝很小的时候，家里就养了只猫。后来，妈妈还让她养了一只鸟和一只小乌龟。

妈妈的几个朋友，都不允许孩子养宠物，一来觉得孩子接触宠物不卫生，二来如果宠物有个三长两短，孩子稚嫩的心灵会承受不住。但妈妈却认为，只要父母掌握尺度，让宠物养成正确的卫生习惯，孩子就不会因宠物而染病。至于宠物出现生老病死的情况，这是自然规律，孩子早晚都要明了这一真相。

除掉这些顾虑，让孩子养宠物，为的就是培养其善良的天性，孩子本身就是弱小的，让他们学着照顾宠物，其实也就是在学习照顾比自己还要弱小的生命。

初蓝也正是在照顾小猫的过程中，体会到小猫的弱小和脆弱，在小猫生病时，她尽心护理，生怕小猫有个三长两短。如今，小猫已经在初蓝的细心照料下生活了六年，成了初兰最亲密的伙伴。

方法三：让女孩学会友爱互助

女孩看到父母及其他长辈爱他们的同伴时，女孩也会学着爱自己的朋友。

目前我国家庭中大多只有一个孩子，缺少兄弟姐妹之间互爱的实践机会，为此，此阶段爱的学习就只能由幼儿园、学校或社区环境加以弥补了。我们要多创造机会让女孩和同伴在一起。这本身就是一种教育，女孩会从中学会理解、分享、团结、帮助。

羽雁在幼儿园有个好朋友。羽雁过6岁生日时，特意请她到家里来做客。那个小朋友送给她一个公仔玩具。本来，气氛还算融洽，两个小朋友玩得非常开心。吃过生日蛋糕，羽雁把自己养的小兔子抱了过来："看，它是全世界最美丽的兔子。"

那个小朋友听了，瞪了羽雁一眼："不，我家的白白比它漂亮100倍。"

"你把白白抱过来比比。"羽雁也急了，"没有比我的兔子更可爱的小动物。"

小朋友哼了一声，没说什么，打电话回家，让父母来接她。

小朋友走了，羽雁还在生气："哼，我明天就让所有的小朋友都不理她，看她还敢说我的兔子不好。"

爸爸觉得问题很严重——羽雁竟然开始预谋报复了。爸爸打电话到那个小朋友家，了解情况。原来，那个小朋友心情不好，因为她养的小兔子在前两天已经死了，所以今天才和羽雁闹翻。

了解这些情况后，爸爸建议羽雁给她朋友通个电话，两个孩子在电话里聊起来。聊着聊着，羽雁竟然哭了起来。原来，知道好朋友顶撞她的原因后，羽雁觉得，自己很对不起朋友："她一定很伤心，我……我要送给她一只小兔子，和白白一样，也是世界上最漂亮的。"

羽雁哭了，爸爸却暗暗地感到欣慰：无论孩子以后是否能成功，至少她有颗金子般的心。

让女孩成为一个善良的人，不是讲两次大道理就能做到的，需要每天，甚至每时每刻地教导。

细节65：呵护与培养女孩的同情心

曾经有一位哲学家说过："对于一切有生命之物的同情，是对品行端正的最牢固和最可靠的保证。谁满怀这种同情，谁就肯定不会伤害人、损害人、使人痛苦。如果能宽容地对待他人，宽恕他人，帮助他人，那么他的行动将会带有公正和博爱的印证。"

然而，在崇尚个性自由发展的今天，在这个充满竞争的社会，不论是大人还是孩子似乎都变得冷漠了。不过，美国《育儿》杂志网站不久前刊发的文章却指出，孩子的同情心与生俱来，只是，它还需要父母的呵护与培养。

同情心是上帝赐给人类的最伟大的力量。一个接纳他人、同情他人的女孩，更能得到社会和大人的喜爱，在学校和以后的工作中会有更多的好机会，长大后更易于和朋友、家人建立亲密的关系。

方法一：引导女孩关心体贴长辈

在家中，可以培养女孩对长辈的体贴和关心，比如，帮爸爸倒杯水，给妈妈递东西，吃水果的时候挑大一些的水果给爷爷奶奶等。每当女孩这样做的时候，父母都要及时地给予肯定和赞许，要为女孩感到自豪，让女孩察觉到自己做了符合道德标准的行为，并以产生积极的情感体验。记得让女孩保持逢年过节给朋友和亲戚打电话送祝福的习惯，使女孩感觉到自己与亲人之间有着无法割断的血脉关系。

同时，让女孩有更多的机会接触家人以外的成人。可以带女孩到邻居家串门，在小区里遇到熟人亲切地进行交谈。让女孩在我们的引导下学习与别人和睦相处、互相帮助。

所有这一切都会每时每刻影响着女孩，使女孩从小培养起与人友好相处，对人具有同情心的情怀。

方法二：让女孩学会关爱弱势群体

我们经常会在电视上看到一些关于弱势群体的报导，父母可以告诉女孩，这些人是需要我们同情和帮助的。父母可以和女孩一起拿出一点钱来捐助他们。

有一次，8 岁的飞兰跟爸爸一起逛街。在街道的拐角处，有个跛腿的小乞丐，一把拉住飞兰的衣襟，把破盒子递到飞兰面前。

飞兰慌了，连忙打掉小乞丐的手："干什么?！这么脏，你赔我衣服！"

爸爸的脸沉了下来："飞兰！到我这儿来。"

飞兰不情愿地走到爸爸身边。那个小乞丐也跟着走过来，把破盒子伸到爸爸面前。爸爸掏出些零钱，放进去。随后，爸爸拉着飞兰回了家。

回到家，爸爸召开了家庭会议，严肃地批评了飞兰的做法，告诉她："每个人都有尊严，都需要尊重。如果你没有零钱，没关系，你可以不帮他，但你不能因此就训斥他，伤害他的自尊心。"

事后，爸爸的一个朋友听说了这件事，觉得他有点小题大做，这种事情用得着这么一本正经吗？爸爸严肃地说："这是为了她富有同情心，有同情心的女孩才能有所作为。”

女孩的同情心不是无缘无故产生的，完全来自于父母的言传身教为此越早培养越好。一个富有同情心的女孩，才能成为一个懂分享，会社交的优秀女孩。

细节 66：“快乐复制一半”，懂分享的女孩最可爱

什么是分享？分享是把自己喜欢的东西和别人分享；把自己也不富余的东西拿出来分享。

分享应该是心甘情愿的，不是因为别人的要求才做的。分享不分对象，对亲人能够做到，对别人也能够做到。分享其中的快乐就是目的，而不是为了表扬或得到什么。分享是一种行为习惯，不是偶尔为之，而是总是为之。

一个乐于分享的女孩，很自然地能够交到更多的朋友，更加受欢迎，更加容易得到别人的帮助，并且她自己也更加懂得感恩，懂得珍惜，具有更快乐的心态。

方法一：让女孩从小学会真正的分享

一对中年夫妇，对他们的女儿欣蓝爱护备至。他们虽然不富裕，但是总是在力所能及的情况下给欣蓝最好的生活。为了节省开支，他们总是去批发市场买水果，便宜一点就多买一些慢慢吃。

这一次，他们买了一箱欣蓝最爱吃的橘子。每次吃完饭，就让五岁的欣蓝帮忙从箱子里拿出橘子来分给爸爸妈妈和自己各一个。这一天，欣蓝从箱子里拿出了最后一个橘子，她往箱子里翻了又翻，告诉爸爸说：“只有这一个了。”又看了看妈妈说：“没有了。”

爸爸妈妈看出来了，欣蓝的意思是“只有一个橘子了，难道你

们还要吃吗?”爸爸妈妈互相对望了一下，然后很坚决地告诉欣蓝：“来，我们把这个橘子分成三份。”

分好了三份橘子，爸爸妈妈毫不犹豫地吃了自己的那份。但是，他们分明看到了特别爱吃橘子的欣蓝眼睛里面的泪水，她似乎觉得很委屈，那么爱自己的爸爸妈妈为什么不把最后一个橘子让给她吃？其实，这对夫妇心里很明白，最后的这一次分橘子，才是真正的分享。

欣蓝的爸爸妈妈所理解的分享，才是真正意义上的分享。所谓分享，并不是将自己不喜欢、不需要的东西分给别人而是即使是自己也不够，自己也很需要、很喜欢的东西还是愿意分给别人。

方法二：在家庭生活中培养女孩的分享习惯

父母们和女孩一起在家享用美味的食物时，一定要让女孩明白，大家一起吃才更加美味，绝对不可以因为女孩爱吃就把自己的那份给了她。否则，时间长了，女孩只会越来越自私，觉得别人照顾她是应该的。

以过生日为例，要让女孩明白过生日是家里每一个人都能享受的待遇，而不是只为“小公主”准备的“大餐”。为此，我们不仅要给女孩过一个快乐的生日，还要让女孩一起为过生日的家人准备礼物、制作食物。这样，女孩才不会以自我为中心，才能体会到一家人分享快乐的亲情。

此外，我们带女孩上街买东西的时候要照顾所有家庭成员的需要，不能只买女孩爱吃的，这样才能让女孩体会到一家人分享爱和彼此照顾的美好体验。

对爸爸妈妈而言，不仅要爱女孩，还要让女孩看到对其他人的爱，这样女孩才能学会和大家一起分享关爱。

方法三：从童年时期开始，鼓励女孩学会尊重地分享

在女孩小的时候，多鼓励女孩和别人分享玩具。如果女孩担心自己的玩具被弄坏，不要指责她小气，不妨给女孩建议，让女孩告诉对方小心爱护玩具，不要弄坏了玩具。因为尊重是分享的前提，女孩应该学会尊重地分享。

亦云的妈妈和经常在一起玩的好朋友约定，每周一次让大家的孩子交换玩具。

每周日的上午，大家聚集在小区的花园，让各家的孩子都带上自己最喜欢的玩具，互相交换着玩。虽然每个人只准备了一件玩具，但是聚在一起就可以有很多新奇有趣的玩具轮流着玩。此外，家里烤了曲奇饼，做了面包，煮了饺子，都可以和女孩一起分些食物给邻居。

女孩会发现这么做之后，她也可以经常得到邻居送来的美味。分享能够让大家变得亲密和友好，这是一种美好的体验！

方法四：让女孩舍得把自己的那一份拿出来分享

前边说过，分享并不是分享自己“富余”的那份，而是把自己手里并不多余的那份分享出去。

放暑假了，10岁的雨筠参加了学校组织的手拉手活动。回到家后，雨筠对妈妈说：“妈妈，我想给山区里的小朋友寄点钱。请你给我一百元吧。”

妈妈听了，想了想，便说：“雨筠，妈妈有个主意，要看你能不能做到。”

“妈妈，你快说。”

“你把每天吃雪糕的钱省下来，攒一段时间，不也就有一百元吗？这可是你自己攒的钱，更有意义呢！”

妈妈知道，这意味着雨筠一个月都不能吃雪糕了。但是，妈妈觉得与其自己掏钱以雨筠的名义帮助那些孩子，倒不如让雨筠把自己的那一份拿出来，那样才能让雨筠明白什么是分享。

雨筠沉默了一会，最后点点头："妈妈，你说得对，我要自己攒够一百元，分给那边的小朋友。"

说干就干，接下来的时间，雨筠每天都忍着雪糕的诱惑，把买雪糕的钱攒了起来。一个月后，雨筠果然攒够了一百元。她非常高兴，把那些零钱一张张拿出来，弄平，理好，然后认真地放进一个纸袋里。随后，妈妈陪她到邮局把这一百元钱寄了出去。

妈妈的做法，能够让女孩体验坚持分享是一件多么不容易的事。而一旦女孩能够坚持做到，那种满足感是无可比拟的。

同样的道理，当女孩想给路边的乞讨者送钱的时候，告诉她，乞讨者更需要的是食物，把你吃中午饭的钱分出一半为她买点食物吧。虽然女孩的中午饭只能吃个半饱，但正是这样的感受，才能让女孩真正学会分享。

细节67：自尊自爱——女孩必不可少的品质

著名的教育家苏霍姆林斯基曾说："人类有许多高尚的品格，但有一种高尚的品格是人性的顶峰，这就是个人的自尊心。"对于女孩来说，自尊自爱是其心理成熟的标志，女孩的自尊自爱可以看做是她对身体、能力、表现等自我满意的一种心态。

一个人要想得到他人的尊重和关爱，首先要学会爱自己，尊重自己，只有自尊自爱，才能受人尊重。一个不懂得自尊自爱的女孩，她的一生是不会幸福的。

有一位年仅16岁的女孩，她的妈妈很严厉，事情做不好就会引起妈妈的斥责，甚至打骂，让女孩心里很自卑。感受不到亲情的女孩过早地开始了她青涩的初恋，并与男孩懵懵懂懂地发生了性行为。

在随后的几个月里，女孩感到头晕乏力，而肚子也逐渐膨胀，她对此感到莫名其妙和恐慌。于是，女孩每天穿着宽大的衣服，甚至还用宽腰带勒住肚子，但还是不能解决问题。最终，女孩的妈妈发现了女孩的异常行为，经医院确诊，女孩怀孕了，但由于婴儿太大，打胎已经太迟了，没办法，只得看着女儿小小年纪就生下孩子。

案例中，由于妈妈的错误家教，使得女孩过早地通过爱情弥补亲情的缺失，做了“少女妈妈”。有一首歌词写得好：十八岁的姑娘一朵花。的确，生活中因为有女孩娇俏的身影、迷人的笑容而更加美好。然而，却有不少的女孩因为年少无知，缺少自尊自爱，或一时冲动而一失足成千古恨，令人心痛不已。

自尊自爱，就是自己对自己尊重，自己要维护自己的尊严和人格。在困难和挫折面前，不轻易放弃，不轻易退缩，不出卖自己的人格和尊严。同时，在生活中还要学会爱惜自己，接受最真实的自我，喜欢生活中的自己，在适当的时候学会理解自己、宽容自己、善待自己。

那么，如何培养一个自尊自爱的完美女孩呢？建议父母做好以下几点。

方法一：在日常生活中寻找女孩可被赞赏的事情，增强女孩的自信

女孩的感情是很细腻的，在她做错事情时，父母要注意她、教导她。当然，在她们做好某件事情时，她们也同样希望父母能够注意她，甚至是夸奖她。

也许在很多父母看来，一个小小的夸奖并不算什么，但对于女孩来说却很重要。父母的一次夸奖或奖励，不仅能增强女孩的自尊心，而且还能够提升她们的自信心，以及正确评价自我的价值观念。

所以，对于父母来说，赞赏或鼓励孩子并不是非要讲究大事。正是那些日常生活中的小事，时时提醒着女孩，让她们知道自己的可爱之处，这不仅增强了她们的自尊、自信，还让她们有了自尊自爱的信心和勇气。

方法二：鼓励女孩做自己想做的事情

许多父母认为，女孩相比男孩来说，身体比较单薄，内心较敏感，力气也很弱，做起事情来也比较困难。所以，很多父母总是心疼女儿，舍不得她做一些事情，尤其是力气活。

事实上，父母这样做不是在帮助女孩，而是以行动告诉女孩她自己不行，这样不利于培养女孩的自尊。在当今社会，女孩也需要面对挑战，拥有独立生存的能力，因此，父母一定要给女孩独立解决问题和发现自己能力的机会。当然，也许在面对挑战的过程中，女孩会遇到一些不好解决的困难，需要父母的帮助。此时父母最好的做法，就是不要代替孩子，而是给她以引导，协助女孩去克服困难，从而找到正确的解决方法。

方法三：培养女孩奋发向上的精神

由于受我国传统重男轻女社会观念的影响，一些女孩往往会不自觉地产生一种“女不如男”的思想，尤其是孩子到了中学之后，这种观念就更加突出，这不仅影响了女孩的自尊心和自信心，还会导致女孩产生严重的自卑心理。

那么，如何引导孩子的这种自卑心理呢？可以引导孩子收集一些关于名人的故事或实例，来引导和激励女孩。如世界著名科学家、研究放射性现象、发现镭和钋两种天然放射性元素、一生两度获诺贝尔奖的居里夫人的故事；海伦·凯勒身残志坚，取得惊人成就并赢得全世界人民尊敬的事迹；秋瑾、杨开慧等舍小家顾大家，为革命而献出自己年轻生命的高尚情怀等。

父母可以由此来激发女孩的生活激情，以增强她们的自信，健全其人格，树立正确的人生目标，培养女孩的荣誉感、成就感，使女孩成为积极进取、自尊自强、活泼可爱、刚毅温柔、豁达健美的现代女性。

细节68：爱心——培养一个人见人爱的小公主

什么是爱心？爱心，就是对事、对物持之以恒的关心的情感与行为，就是在别人需要的时候，伸出自己的援助之手。

有人曾经这样赞美爱心：爱心是冬日里的阳光，使饥寒交迫的人感到丝丝的温暖；爱心是沙漠中的一汪清泉，使身陷绝境的人看到生存的希望；爱心是一首飘荡在夜空中的歌谣，让孤独无依的人得到心灵的慰藉；爱心是洒落在久旱的土地上的甘霖，让枯燥的心灵得到了情感的滋润。

培养女孩的爱心，应该让她从小学会情感的投入和移位，热爱家庭和周围的亲人，热爱家乡，热爱祖国，热爱劳动，热爱一切美好的事物。所以，爱心，就是能够察觉、体验别人的心情，能站在别人的位置，感受别人的快乐、痛苦、烦恼与失望。

菲利普一家都是善良而有爱心的人，菲利普太太和蔼善良，而菲利普先生也是温文尔雅，当然，他们的小公主伊娃也是一个善良懂事、非常讨人喜爱的孩子。

一天，小伊娃见妈妈在厨房里忙碌，便问："妈妈，你在做什么？需要我帮助吗？"妈妈回答道："宝贝，谢谢你！妈妈正为隔壁的勃朗太太烧菜。""为什么，妈妈，勃朗太太也会做饭呢！"小伊娃打破砂锅问到底。"是啊，宝贝。但是，因为勃朗太太失去了女儿，难过得心都碎了。我们应该照顾她。亲爱的伊娃，妈妈知道你是个聪明、善良的小姑娘，也许你也会想出一些方法来安慰勃朗太太，让她走出失去女儿的痛苦呢。"

小伊娃歪着头，开始认真思考如何帮助妈妈照顾和安慰勃朗太太。几分钟后，小伊娃敲开了勃朗太太家的大门。"亲爱的小伊娃，你有什么事吗？"勃朗太太双眼红肿地问道。小伊娃甜甜地向勃朗太太说："妈妈说，您失去了女儿，非常难过，心都碎了。"说着，小伊娃伸出她的小手，手里有一个OK绷带，"这是让您把碎掉的心粘起来的。"

勃朗太太接过绷带，破涕为笑。她弯下腰，一把抱起小伊娃，泪眼盈盈地说："谢谢，善良的小公主，你帮了我很大的忙。"勃朗太太接受了小伊娃的善意。后来，勃朗太太买了一个画框，把小伊娃的OK绷带放在画框中，每次看到它都感到欣慰。

这是一个非常令人感动的故事。我们为小伊娃的善良和懂事而开心、感动，更为菲利普太太不失时机地去鼓励自己的女儿而欣慰和敬佩。正是菲利普太太的正确引导和鼓励，使得这个年少的女孩表现得如此善良、懂事。

法国著名的思想家罗曼·罗兰说："爱是生命的火焰，没有它，一切将变成黑夜。"可以说人若没有爱，世界也不会精彩。一个没有爱心的人，是一个冷漠的人、与社会脱节的人。

其实，爱心是孩子与生俱来的品质，但是后天的发展和培养也很重要。随着社会的发展，独生子女逐渐增多，有些孩子每天集三千宠爱于一身，但他们却不懂得如何去爱别人。比如，有的孩子有着严重的自私心理，只注重自我享受，不顾父母以及他人的感受，更别说让他付出爱心、关爱父母和他人了。

儿童心理学家研究证明，善良和同情是孩子的天性。比如，在幼儿两岁左右时，当他看到别人哭，就会拿自己喜欢的玩具去安慰，这表明，孩子已经能够清楚地去分辨自己和他人的痛苦，并有了去安慰他人的本能，只是他们还不知道如何去安慰。当孩子长到五岁时，就会表现出一定的爱心，这个年纪的孩子已经懂得如何去安慰、取悦他人。其实，这些都是孩子爱心的自然表现，但如果父母在后天不对孩子进行很好的培养，那么，孩子的爱心就会逐渐消失。所以说，孩子有没有爱心，关键在于父母后天的培养。

那么，父母应该如何培养孩子的爱心呢？我们给出以下几种方法。

方法一：以身示教，传递爱心

培养孩子的爱心，父母的以身示教非常重要，尤其是孩子母亲的作用极其重要。例如，彬彬和妈妈一起坐车的时候，妈妈总是给一些老人、小孩让座。在家里，妈妈对爷爷奶奶非常尊重，照顾得也非常细心，对邻居也是热心帮助，无论邻里谁家有什么事，彬彬妈妈总是帮忙到底。因此，彬彬是看在眼上，记在心上，从妈妈身上学会了尊重老人、有爱心、热心去帮助别人。可以说，妈妈的言传身教，胜过世界上无数本教科书，甚至无数次的说服教育。

方法二：创造机会，让女孩去体会爱心

培养女孩的爱心，就要让女孩去体会爱心，感受爱心，父母还要对女孩的爱心进行鼓励。如何引导女孩的爱心，这就要求父母花费一定的心思，如从日常生活中去发现和创造机会，利用这些机会暗示或鼓励女孩表达爱心。

有一位母亲在这方面做得比较出色，比如，当她给女孩买来新玩具、新图书时，她会先引导女孩妥善管理、爱惜它们，并且与其他小朋友一起分享；当家中的鲜花开放时，这位聪明的母亲会启发女孩带一盆到幼儿园，与老师和其他小朋友一起欣赏。随着女孩的逐渐成长，这位母亲带着女孩去旅游时，告诉女孩要懂得热爱大自然、热爱祖国、热爱人类生活的美好环境，这些行为不但培养了女孩的小爱，同时也让女孩懂得了大爱。

方法三：保护女孩的爱心，让女孩的爱心持久

著名家庭教育专家卢勤说："孩子的爱心是稚嫩的，你在乎它，它就会长大；你忽视它，它就会枯萎；你打击它，它就会死去。"所以，要想让孩子拥有爱心，就要注重在生活中培养孩子的爱心，并且还要细心呵护这种爱心。

细节69：宽容——为女孩的魅力值加分

宽容是种美德，是一个人的宝贵的财富。宽容能帮你拉开心里的窗帘，让光明照进来，让你的心境豁然开朗。

对于女孩，父母平时要教会她宽以待人，与人为善的道理。宽容的女孩无论在学校，还是在社会上，都能与人友好相处，受到大家的欢迎。

"小心眼"，爱使小性子，这是很多娇生惯养的女孩的通病，这样的女孩到了社会上，往往一点小摩擦都能让她变得很敏感，导致人际关系紧张。为了帮助女孩创造一个美好、幸福的未来，帮助她养成宽厚仁爱的性格，学会与别人和平相处是父母教育孩子的必修课。对未来激烈的社会竞争，个人很难独自面对，而以宽厚赢得他人信任，使女孩融入团体合作之中是她将来幸福的保证。

著名的教育家苏霍姆林斯基当校长时，曾经发生了一件这样的事情：

一天，苏霍姆林斯基在校园里散步，忽然发现一枝盛开的郁金香，那枝郁金香看上去很鲜艳，也很大，他想，这枝美丽的花，肯定会引来更多人的观赏。

然而，当苏霍姆林斯基转身即将离开的时候，忽然跑来一个五岁的小女孩，摘下了那枝漂亮的郁金香，正准备拿着往外走去。苏霍姆林斯基急忙走到小女孩面前。小女孩看到有人站在她的前面，胆怯地注视着对方。

然而，苏霍姆林斯基并没有指责这个孩子，而是蹲下身子，亲切地问道："孩子，你摘这枝花送给谁呢？"

小女孩有些害怕，怯怯地说："送给我的奶奶，她病得很厉害，我想送给她一支最大、最漂亮的花，希望她能快点好起来。"看着孩子那纯真的小脸，这位教育家很感动，于是他牵着小女孩的手，又摘下了一支又大又漂亮的郁金香，送给小女孩，说："这两支郁金香，一支是奖给你的，因为你拥有美好的爱心；另一支是送给你奶奶的，感谢她养育了你这样好的孩子。"

苏霍姆林斯基是一位伟大的教育家，他的伟大在于他懂得如何培养孩子的爱心，更懂得如何保护孩子的爱心，让孩子的这种爱心得以持久并传递下去。我们的父母朋友，要切切实实地从生活中发现女孩的爱心，维护女孩的爱心，从而使女孩的爱心得以持久保持。

方法一：让女孩明白"金无足赤，人无完人"

我们应该让孩子明白，人人都有缺点和不足，只要不是特别过分，就应该理解和宽容。

有一次，11 岁的文薇放学回到家对妈妈说：“妈妈，郑小玲真笨呀，我们数学考试比赛，就她不及格，怎么连那么简单的题都不会做呢！”

文薇的话里，明显地流露出不满和不屑的神色。

妈妈听了，便问：“郑小玲是不是你的同学？”

“当然是了！”

“那好，既然是同学，是不是应该互相关心，互相帮助呀？”

“是呀！”文薇认真地回答。

妈妈继续说：“你经常说要关心同学，这个同学有缺点，有不足，是不是不应该嘲笑、瞧不起别人，而应该多帮助她呀？”

文薇有些不好意思，说：“妈妈，我懂了。”

此后，妈妈仍然耐心地听文薇讲学校的故事，但每次都耐心地纠正文薇那些不正确的看法，注意“剪除”文薇幼小心灵滋生的一些“杂草”。

渐渐地，文薇养成了关怀和理解他人的好品质，在班级多次受到老师的夸奖和同学们的称赞。

我们要让女孩明白，身边的每一个同学和她都是平等的。

不管成绩是好还是差；不管家庭条件是优越还是贫困；也不管长得漂亮还是极其一般；甚至不管同学的身体是健康的还是有残疾的……这一切的外在条件，在每个人眼里应该是平等的，是一样的。

我们应引导女孩理解这些差异、接受这些差异，更要尊重这些差异、欣赏这些差异，正是因为有了这些差异才让我们这个世界变得更加丰富多彩，更加奇妙无比。

方法二：培养女孩的合作、协调能力

在日常生活中，我们要创造机会，让女孩多接触同龄人，从而培养女孩的合作、协调能力。

在女孩与同龄朋友交往的过程中，我们要特别注意引导女孩宽容比自己强的朋友、比自己“差”的朋友以及自己的竞争对手。

女孩真正学会了宽容，才能真正做到向比自己强的同伴学习，帮助比自己“差”的朋友，学会与竞争对手合作。也只有通过交往，女孩才能体会到宽容的意义，体验到宽容带来的快乐。

当女孩在交往中遇到矛盾和纠纷时，我们不可偏袒女孩，要帮助女孩正确地评价自己，让女孩学会反思起因，检讨自己的过失，宽容朋友的缺点与失误。告诉女孩对朋友要以诚相待，即使别人有些小错，也应该原谅。

方法三：让女孩懂得“严于律己，宽以待人”

女孩和小伙伴们一起玩耍时，可能意气用事，因为鸡毛蒜皮的小事互不相让，完全没有意识到这样做会激化矛盾。但日后想起来往往会后悔当初的冲动和不理智。所以，父母要教育女孩，和朋友相处时，应该“严于律己，宽以待人”。

女儿放学回来就向妈妈告状：“今天同学欺负我了，还把我的胳膊抓伤了。”

妈妈听了很心疼：“怎么能随便就欺负人呢？到底发生了什么事情？”听了女儿的叙述后，妈妈没有和女儿一起去指责那个欺负她的同学，而是语重心长地说：“同学虽然不对，但你为什么不能让他一下呢？你想想，同学也不是什么坏孩子，你当时忍一忍不就没事了吗？如果这件事换成是你，同学就因为你踩了他一下脚就不依不饶的，会是什么感受呢？”

正在这时，对方父母打电话过来为孩子打架的事道歉，妈妈把话筒对女儿，女儿说：“没关系，今天的事也不能全怪他，我也做得不好……”

挂了电话，女儿一点怨气也同有了。

孩子间玩耍，发生摩擦在所难免，即使他人犯错在先，父母也应该教育女孩不要针锋相对，而要以柔克刚，化解矛盾。有些父母出于对孩子的疼爱，女孩在学校受了一点委屈，就帮女孩出头。在父母的影响下，女孩怎么会与人和平相处？一个是锱铢必较，一个是分毫必争，表面上，女孩好像不会吃亏，然而，这种不吃亏换来的却是女孩人际关系的紧张。当女孩总是抱怨同伴时，父母不要一味袒护女孩，而要冷静地帮女孩分析一下，为什么会造成这样的局面，是不是因为女孩对伙伴过于挑剔造成的，教女孩学会宽容。同时，父母要做好女孩的榜样，在处理邻里和亲属关系时，要宽宏大量，不过于计较得失。

当然，在让女孩学会宽容的同时，父母还应该让女孩明白，宽容不是无端的退让，不是怯懦的容忍，不是无原则地和稀泥。宽容是一种良好的心态，是一种处世的境界，是饱含自信的微笑，是面对他人的从容。

美国著名作家房龙曾这样写道："宽容是人类最基本的美德，也是推动历史前进的主要精神之一。"所以，对于孩子来说，学会宽容，以宽广的心胸、豁达的心态来笑对人生中的风风雨雨，比学到任何更多的科学知识都重要。

细节70：勤俭教育——让小公主告别"大手大脚"

许多父母为不让女孩吃苦，就千方百计给她提供最优越的生活。女孩不知父母赚钱的辛苦，想要什么就要什么，到手了却又不知珍惜。

珍珍的父母都是普通工人。但在学校里，老师却发现珍珍大手大脚，经常到校外买小食品吃，不喜欢吃就扔掉。对学校提供的午餐经常嫌不好吃，毫不犹豫地倒进垃圾筒，跑到附近的肯德基店去吃。有一次，珍珍穿了一双新买的球鞋上体育课，不小心鞋面被体育器械划了一下，结果珍珍把鞋子换下来之后，毫不犹豫地将之扔进了垃圾筒。这一幕正好被校长看见，校长心疼地从垃圾箱里把鞋子捡出来，气得吹胡子瞪眼说："不仔细看，根本看不出来，好好的鞋子怎么就扔掉了。现在的孩子怎么就不知疼惜父母的血汗钱！"而珍珍却一脸茫然，不知道自己错在哪里……

如今，像珍珍这样的女孩越来越多，她们知道钱的好处，却不知道赚钱的辛苦，对金钱毫不珍惜。父母们为了"娇娇女"不受委屈，在物质上，更是不敢有一丝怠慢，即使不穿金戴银，也要衣食无忧。

一位家庭心理学家所说："给孩子太多会令他们误以为追求物质就是快乐之源。"在父母的这种"教育"下，不少孩子对父母的付出与辛苦不闻不问，更有个别女孩在父母稍不能满足自己的要求时，便会做出一些令父母伤心的事情。

有一天，在北京一超市门口。一个十四五岁的女孩对着一个中年妇女骂个不停，路人纷纷侧目。没想到，女孩骂着骂着，居然扬手甩了中年妇女一记耳光，中年妇女捂着脸直掉眼泪。

这下，路人们看不下去了，有人打电话报了警。警察赶到后，要把女孩带去派出所，没想到中年妇女一边哭，一边说："不用你们管，她是我女儿！"

原来，女孩看上了一套漂亮的名牌衣服，要求母亲买下来。母亲觉得她的衣服不少了，这套衣服价格又太贵不划算，就拒绝了。没想到，一手养大的女儿竟当街对母亲又骂又打……

看到这样的情景，天下的父母是不是觉得后背发凉呢？尽管我们千方百计地为女孩提供优越的物质生活，但女孩却茫然不知自己每天的衣食从何而来。作为父母，辛苦赚钱，给女孩提供好一点的生活似乎是天经地义的，但这不妨碍对女孩进行节俭教育。

女孩梦萝从小就知道节俭。她知道碗里的食物一定要吃干净，不能剩下一个饭粒；她知道到超市里买东西比较价格，挑选打折的物品买；她知道买食品要一次少买，不然吃不完会坏掉；她知道告诉妈妈，漂亮的裙子可以晚买两天，因为过几天可能会打折……

每个见到梦萝的成年人都会惊讶，家境富裕的小姑娘是如何懂得这些的……

其实，父母是女孩接触最多的人，父母的思维习惯会在女孩幼小的心灵中留下不可泯灭的印象。通过和梦萝的父母接触，你就会知道梦萝的节俭习惯来自哪里。可以说，那些不知节俭的女孩，几乎是由父母"惯"出来的。即使那些收入不高，平时又很节省的父母，因为很舍得在女孩身上投资，也使女孩造成一种心理上的错觉："你们给我花钱是应该的，因为你是我的父母。如果你们不能满足我，有什么资格生下我呢？"因为从小大手大脚惯了，女孩会养成一种心理惯性而难以改变。很多在幼时不知节俭的女孩，长大独立后往往因为不会打理财务，而终身负债，生活拮据。

一个不懂得珍惜父母劳动，不懂得珍惜衣食，不懂得一衣一食皆来之不易的道理，她长大后也必然不懂得珍惜生活，不懂得珍惜父母之爱，生活之美。

方法一：绝不给女孩提供超过年龄段的物质条件

一些父母认为，只有家境一般或者贫寒才需要有节俭意识。节俭当然不是指让女孩穿廉价的衣服、吃廉价的食物，让她过最俭朴的日子，而是要教会女孩珍惜钱财，教她学会如何理财，节省不必要的开支。不管家境如何，如果女孩提出了在她这个年龄段不应该享受的不合理要求，父母都要明确禁止。

方法二：教女孩学会理财

即使在女孩很小的时候，父母也应当每周给女孩一些零用钱，并且明确告诉女孩，她的零食、文具都要从零用钱里支付。女孩开始可能不会算计，一两次就把所有的钱都花掉，这时候，最好不要再给女孩零花钱，即使哭闹也不要再满足她。一开始，父母还可以给女孩一定的提示。比如，女孩想买很贵的零食时，你可以告诉她："宝贝，你的零用钱好像不够买这个的。"慢慢地，女孩自己就会学会算计。

如果女孩希望有额外的零花钱，父母则可以分配给她一些力所能及的家务给她做，记住，所付报酬一定要在女孩的能力控制之内，比如每周五元或者十元，甚至更少一些。你还可以通过一些方法教女孩如何通过积蓄的方式，购买一些比较贵重的物品。这样不仅可以让女孩学会省钱，还可以让女孩学会珍惜物品。事实证明，在这种家庭教育环境中长大的女孩，长大后都较自立。而那些从小在父母的呵护下长大的女孩，很可能终生都习惯依赖父母和他人生活，很难独立。

女孩过节过年时可能会得到长辈的红包，随着家庭生活条件的不断提高，这些红包积累起来往往是一笔不小的数额。对这些钱，父母不应该交给女孩随意花销，而应该替她存起来，或者帮她买一份基金，一来可以培养女孩的理财能力，二来，可以让女孩明白"钱要花在刀刃上"的道理。

方法三：让女孩真正认识节俭的意义

在生活中，父母要以身作则，无论家庭环境如何，绝不任意挥霍，在生活中要精打细算，珍惜每一粒米，每一分钱。我们要教育女孩懂得节约一度电、一滴水、一分钱、一粒粮食的作用。一滴水不算多，一滴一滴汇成河；一粒米不算多，一粒一粒堆成垛。我们要教育女孩懂得浪费是一种犯罪，节约好比燕衔泥，浪费好比河决堤。如果从小不养成勤俭节约的习惯，将来一害社会，二害父母，三害自己。

女孩从小应养成节俭的习惯，如在幼儿时应养成爱惜食品、玩具、图书、衣物。我们要让女孩懂得这些用品、物件是经过许多人的劳动才制得的，不能随意浪费。稍大之后，父母应该帮女孩养成不乱花钱，爱惜粮食和学习、生活用品，爱护公物，节约水电的好习惯。中学阶段，女孩应养成生活节俭，不摆阔气，不乱花钱，不向父母提出超越家庭经济条件的要求。

方法四：带女孩购物时，教女孩精挑细选，货比三家

过于昂贵的衣服和生活用品对小女孩来说是没有什么实际用处的，而未经过女孩精心挑选而随随便便买来的玩具、文具和用品，往往在买到手之后就会扔在墙角里无法吸引女孩的注意力。而这些不负责任的消费习惯，却对女孩日后的生活产生不良的影响。所以，带女孩购物时，父母应该带着女孩多走走，多看看，让女孩学会精挑细选，货比三家，购买那些物美价廉的商品。

此外，父母与学校密切配合，共同做好女孩节俭好习惯的培养工作。家庭与学校的教育一致，有利于女孩节俭习惯的形成。

细节 71：公德心——教育女孩遵守社会规范

在现代社会，女孩的公德心越来越成为女孩品质中重要的一部分。公德心是女孩在日常生活中养成的约束自我、调节自我的能力，涉及女孩自身的行为习惯、人际交往和社会融入等方面。

一个漂亮的女孩，坐在公交车上一边旁若无人地吃东西，一边把手里的垃圾从窗口随意往外丢，那会给别人什么样的感觉？

一个衣着得体的女孩，在公园里随意折断树枝、伸手摘走盛开的鲜花，那又会给别人什么感觉呢？

一个气质出众的女孩，如果在这些“小事”上总是不及格，她也称不上是真正的有气质。

女孩，不能忽略了体现公德心的这些“小事”，我们要在女孩很小的时候，就把公德意识植入到她的内心深处，在女孩长大成人后，公德心才能成为她的习惯性行为，并在一举一动间给别人留下良好的印象。

如何培养女孩的公德心，可以从以下方面努力。

方法一：做女孩的好榜样

女孩都爱模仿爸爸妈妈的举动，因此，我们的一言一行正是培养女孩公德心的重要一环。在教导女孩要有公德心时，也要注意自己的行为，不要讲一套做一套。

当父母带女孩在超市购物、去银行取钱、看电影买票、在游乐园玩的时候，要做女孩的榜样，一定要按次序排队。要让女孩知道，这是公共服务的规则，每个人都要遵守。当我们带女孩坐公交车时，一定要给女孩示范，按顺序上下车、不争抢、主动让座。当我们带女孩在社区散步、去公园玩的时候，一定要做女孩的楷模，爱护公共设施，讲究公共卫生。

方法二：时刻提醒女孩要遵守社会公德

雪菲在公园里吃饼干，一边吃一边把碎饼干扔在了地上。妈妈说：“你这么做，自己倒是方便了，可是地上全是碎饼干，不仅弄脏了地面，还会给清洁工添麻烦。”说完，妈妈让雪菲把地上的碎饼干都捡起来，扔到垃圾筒里。

碧蓝从学校的图书馆借了一本书，看到里边有几张好看的图画，就撕了下来。爸爸看到了，对她说："这本书是图书馆的，是供大家共享的。你把自己喜欢的几页撕下来，下次其他同学借书时就看不到那几页了。再说，书少了几页就不完整了，这本书就没用了，那样的话学校的藏书量就越来越少，以后你们的选择就更少了。"然后，爸爸拿来胶水，让碧蓝把那撕下来的几页都粘好。

小女孩的意识往往容易以自我为中心，她们的道德观未必能达到懂得为人着想。很多时候，小女孩都只想到如何令自己方便一点，而忽略了其他人的需要。加上小女孩比较善忘，如果我们发现女孩做出没有公德心的事时，应该提醒女孩这是不对的，而不要过分责骂。

方法三：带女孩亲身体验公德心缺失的后果

要让女孩知道公德心对我们及社会的重要性，最佳的方法就是让女孩亲身去体验欠缺公德心对自己及他人的生活所带来的影响。

平时逛街时，看见满街的垃圾，爸爸就告诉晓翠，这是乱扔垃圾的后果，不仅给大家带来不便，还污染环境。在节日狂欢后，爸爸带晓翠去看满街的垃圾，以及清洁工人辛苦清理的情况。

坐公交时，看见弄脏了的座位，妈妈就告诉晓翠，这是因为有人没有公德心，在车上吃东西而弄脏的，让大家没有位置坐或者坐得不舒服。

渐渐地，晓翠明白了没有公德心会给自己及别人带来很多麻烦，她在外边很注意自己的一举一动。有时候，她看到地上别人扔下的果皮，也会上前拣起来扔到垃圾筒里。

我们可以让女孩多参与小区或学校的活动，增加她对所处地方的归属感，减少破坏行为，建立公德心。同时，这些活动能让女孩多接触其他人，开阔女孩的视野，启发女孩多从其他人的角度着想。

细节72：如何培养一个讲诚信的女孩

捷克著名作家米兰·昆德拉说过："所谓人生，即是周而复始的诚实、友好、信任的给予与被给予。"

什么是人生的起跑线？明礼守信、老老实实地做人，才是人生的真正的起跑线。诚信是人性一切优点的基础，是一个人最宝贵的财产，它能让人保持正直，挺直脊梁、光明磊落地做人，还能给人以力量和耐力。

父母都不希望自己的女孩不诚实。因此，在女孩小时候，也没少给女孩讲"狼来了"、"匹诺曹"的故事。然而，一些父母却发现，女孩随着年龄的增长，诚信水平越来越低，父母越是不让她说谎，她越要说。这是什么原因呢？真正的原因绝不在女孩身上。诚信是一种社会规则，也是一个人高尚的道德品质。女孩越来不讲诚信，是因为女孩身边发生的事例让女孩颠覆了幼年所受的诚信教育。教育女孩成为一个诚信的人，父母要从自身做起，为女孩提供一个良好的诚信环境。

方法一：父母要做诚信的榜样

"人无信不立"，为了培养女孩的诚信习惯，在日常生活中，父母对待女孩一定要诚信，不要说话不算数。

然而，很多父母没把对女孩的承诺当回事，把陪女孩逛街，买女孩需要的东西，列为可以失信的小事，理由就是："我带她去旅游了，给她买MP3也买了，这些小事算什么？"以至于对女孩失信后，很多父母根本"想不起来"。

对于年龄更小的孩子，更多的父母把对女孩的承诺看作是哄女孩的必要手段，从来没有考虑过履行。

女孩的希望落空后，就会发现父母在欺骗自己，她就会从父母身上得到一些经验，那就是不守信的许诺是允许的，大人的言行也经常不一致的，说谎是允许的。一旦这些经验转化为女孩说谎的行为时，父母恐怕要后悔莫及了。

要纠正女孩的不守信用，父母首先要做到言行一致。女孩的模仿能力很强，很容易受到某种行为的暗示。如果父母言行不一，不履行承诺，女孩就会受到暗示，跟着模仿。

方法二：答应女孩的合理要求

女孩不诚信的行为大部分是出于某种需要，如果女孩合理的精神需要、物质需要没有得到满足，她必然会寻求满足需要的办法。如果父母对这种合理需要过分抑制，女孩就会换种方式，以某种不诚信的行为来满足自己的需要。

小美为了得到一个漂亮的书包而对妈妈说："妈妈，你给我买个漂亮的书包吧，我们班上的同学每个人都有漂亮的书包，就我没有了！"

事实上，并不是每一个同学都有漂亮的书包的，小美只是为了满足自己的虚荣心而这样说的。

因此，父母应该认真分析女孩的需要，尽量满足其合理的部分。如果女孩的书包确实比较破旧，就可以给女孩买一个合适的。当然，对于女孩的价值观来说，漂亮并不等于贵，父母一定要明确这个观念。

要分析女孩的需要，父母应该认真倾听女孩的心里话，而不要以成人的想法推测女孩的心理。当女孩向我们讲述了她的需要以后，父母应该跟女孩一起分析她的需要，然后及时满足女孩合理的需要，不必当时就满足的需要可以留到以后慢慢满足；对于不合理的需要，则要跟女孩讲明道理。

如果父母不善于判断女孩的需要是否合理，可以请教老师或其他的父母，也可以阅读相关的书籍，避免盲目行动，给女孩“可乘之机”。

如果女孩出现了言行不一致的行为，父母一定要及时指出来，严肃地向女孩讲明道理，并督促女孩认真履行自己的承诺。

同时，父母还可以借助事例、故事的形式讲给女孩听，让女孩明白诚信对一个人来说是非常重要的，不诚信会带来什么恶果，诚信会有什么收获。千万不要觉得女孩还小，或者觉得事情无关紧要就放纵女孩的缺点。否则，女孩会不断强化这种不良的行为，从而形成不良的品格，进而影响她的人生。

方法三：父母要有承认错误的勇气

在日常生活中，许多父母为了诱导女孩做某件事，总是轻易地许诺女孩某些条件，但是事后却没有兑现。出现这种情况时，父母要及时改正，设法兑现承诺，并向女孩承认错误。

小雅已经上高中了。与她接触过的老师和同学们都说，她为人可靠，特别值得信赖，答应了要为同学帮忙，她就看得比自己的事还认真，各科老师对她也非常信任。这是小雅身上的优良品质之一，从小雅的成长经历来看，这与爸爸对她的“示范作用”有关。

小雅上小学三年级的时候，在学校的一次作文比赛中拿了一等奖。爸爸为了鼓励她，就奖给了她一个精装的日记本和一支钢笔。

为了更好地鼓励小雅，爸爸就说：“要是你能拿一个更高的奖项，爸爸会给你一个更高的奖品。”

小雅当时想了想，便说：“那我要一双直排轮的旱冰鞋，我们好几个同学都有，可好玩了！爸爸，您说话可要算数呀！”

没过多久，区里正好举办了一次小学生作文征文大赛。由于小雅的作文写得不错，学校就把她推举上去了。通过初赛和复赛，小雅写的一首小诗拿了个二等奖。回家后，小雅把这个好消息告诉了爸爸，向爸爸要起了旱冰鞋，但爸爸早把这件事忘到脑后去了。

小雅又提醒了几次，爸爸要么推脱忙，要么敷衍她几句。小雅见没有了希望，噘着小嘴哭道："爸爸是骗子，爸爸是个大骗子！"

小雅的话对爸爸震动很大，他反思自己虽然从小就教育小雅要守信用，也读过"曾子杀猪"的故事，然而，自己却违反了自己定的规矩。第二天，爸爸放下所有的事，在街上跑了很多商店，才买到了一双旱冰鞋。随后，爸爸又向小雅作了很多解释，最后，小雅才原谅了爸爸。

从此以后，爸爸再也不轻易答应小雅的要求。而一旦在自己力所能及的范围内作出承诺后，爸爸一定会想尽办法使其兑现。这样一来，爸爸的威信也树立起来了。潜移默化中，小雅也养成了诚信做人的品质。

方法四：教女孩不要轻易对别人夸海口

作为父母，不仅自己不要轻易向女孩许诺，也要教育女孩答应别人的事一定要兑现。如果女孩经过再三努力仍没有做到，就应该诚恳地向对方说明原因，并表示歉意。

最重要的是，教育女孩在答应别人之前一定要慎重考虑，认真考虑自己有没有能力做到，要量力而行。如果自己没有能力做到，就不要轻易答应。如果自己有能力做到，也应该留有余地，不要轻易夸下海口。这样，女孩在答应别人时，就会有章可循。

第九章 情商教育——父母送给女孩最好的礼物

卢梭说："一个女人可以用化妆品使她出一出风头，但要获得别人的喜爱，还要依赖她的人品和处世手段。"拥有丰富多彩的人际关系几乎是每一个女性的必需品。这就要求父母从小教她们一些掌握人际交往和维护自身合法权益的基本要领。

细节73：情商高的女孩往往幸福指数更高

20世纪初，美国心理学家在25万名小学生中挑选出1528名智力最高的学生，对他们进行跟踪观察直到这些学生长大成人。50年后，这些孩子当中有的成为政治家，有的成为企业家，有的是科学家、学者、教授等。但也有一部分人却一事无成，沦为罪犯，酒鬼、吸毒者，甚至成为乞丐、流浪者。分析他们的个案发现，失败者大多出现在性格问题上，比如懒惰、骄傲、自私、暴躁、孤僻、懦弱等等，这些极大地危害了他们性格的正常发展。最后，心理学家、教育学家通过对社会群体不同的人生结局进行研究分析后，得出了这样一个公式：

20%的智商（IQ）+80%的情商（EQ）=100%的快乐与成功

美国华盛顿大学医学院的儿童发育专家斯坦利·格林斯潘教授指出："从某种意义上讲，情商甚至比智商更重要，因为随着未来社会的多元化和融合度日益提高，较高的情商将有助于每个人获得成功。"情商这一非智力因素在人的一生中发挥的作用如此之大，那么什么是情商呢？

总的讲来，情商就是：一个人情绪、情感的控制水平，是人对自我情绪的管理能力。当女孩遇到不好的事情是歇斯底里还是冷静处理？遇到困难时，是消极放弃还是积极面对？与人交往时，能否顺利地与他人沟通，是否能够感知他人的情绪，为他人着想，能够调节自己与他人的关系，是否具有很强的领导能力和管理能力？简要地说，情商包括两个方面：一是个人情商：管理自己情绪的能力和技巧；二是人际情商：管理他人情绪的能力和艺术。其中，情绪的控制力量是关键。而情商高与情商低的人的不同特性和结局：

情商高的人：为人处世积极开放、自信乐观、气度豁达、心态平和、坚毅、自制力、耐压力、自我驱策力强——所以事业成功率高，感到生活很快乐。

情商低的人：为人处世消极孤僻、自卑悲观、胸量狭窄、焦虑恐惧、脆弱、自制力、耐压力、自我驱策力弱——所以事业成功率低，感到生活很痛苦。

可见，情商不仅决定女孩的成就，更决定女孩幸福与否。作为父母，养育一个幸福的女孩比养育一个成功的女孩更重要。我们会看到，那些从小在父母百般呵护长大看似幸福的女孩，只需一点小小的困难，就会躲在墙角里哭泣，在和其他孩子相处过程中，要么胆小怯懦，要么像只小刺猬，眼中只有自己没有他人，遭到同伴的冷眼和厌恶。

高情商的女孩，为人处世外向而愉快，融洽的人际关系可以在关键时刻助她们一臂之力，并且她们还会因此带来满足感和幸福感。情商低的女孩，人际关系一般都非常糟糕，她们不懂说话的技巧和策略，没有什么朋友，自然也经常感到生活的空虚和寂寞，没有幸福感。

中国父母对女孩的情商往往有着根深蒂固的误解，比如：

1. 女孩天生就弱，所以女孩不该像男孩那样去从事压力大的工作，不该给女孩面对过多困难的机会；

2. 女孩就应该“娴静优雅”，不应该参加过多的社交活；

3. 女孩娇气一些更容易惹人怜爱，在人际交往中，不应该表现得过于独立。

女孩长期在这种氛围中长大，承受能力差，社交范围过于狭窄。父母对女孩过分的宠溺，容易导致女孩在处理人际关系时，自私、处处以自我为中心、依赖性强。这些都直接影响着她们日后事业成就的大小。

人们总愿意用“柔情似水”来形容女孩，其实女孩天生就善解人意，情商指数低，往往是后天的教育限制了女孩情商方面的优势。所以，父母应该利用女孩的这一先天优势，全力打造一个高情商的女孩。我们可以用几个方法来培养女孩的情商。

方法一：告诉女孩行动才是真理

高情商的女孩，她们懂得假如不去尝试，就永远实现不了自己的目标。她们不管情绪如何，总是坚持正常工作，努力培养自己“坐下来”的能力，使自己置身于一个最可能取得成功的环境之中。

方法二：激发女孩做事的热忱

热忱是成就事业的催化剂。我们看过不少杰出的天才在失败的边缘徘徊，很大原因是因为他们情商不高。高情商的女孩也许不是人群中最聪明的，但都是热忱而顽强的人。

方法三：鼓励女孩参与社交活动

1996 年，著名的意大利洞穴专家毛利奇·蒙泰尔做了一个非常著名的试验。他把自己置身于一个很深的洞穴中，在这个洞穴里，有足够吃一年的食物和维持生命的生活用品，有 100 多部电影碟片和一些健身车、健身球供他娱乐。但是，在这个洞穴里除了他自己，没有其他人。1997 年，蒙泰尔从洞穴里出来了。经过一年与世隔绝的生活，蒙泰尔变得目光呆滞、脸色惨白、语言不畅。他的记忆力、交往能力和语言表达能力，都发生了严重的退化。

现代生活中的每一个人，都需要和人交往。无论是出于心理需求还是社会需求，在现代社会中，都要和身边的人发生各种各样的联系，甚至和所有的人发生某种程度的连接。只有在和别人不断的社会化往来过程中，我们每一个人才能够成长，才能够得到发展。人际交往，是女孩社会化的一个重要途径。女孩只有在人际交往的过程中才能学会如何与他人相处，同时从他人的反馈中，认识自己。

方法四：让女孩经常保持微笑

让女孩经常对别人微笑，自然也会得到别人微笑的回报。她们对事态的认识往往是积极乐观的，这让她们不遗余力地去为之奋斗。当结果出现，她们也会给予积极的评论、正确的认知，所以，和高情商的女孩在一起，别人也会感到愉快。这为高情商女孩的未来提供了广阔的人脉。

21 世纪是一个互联网的时代，也是一个国际化的时代，在这个时代中，我们每个人都不可避免地成为地球村的一部分，成为整个人类共同体的一部分。国际化的大趋势对我们的人际交往提出了更高层次的需求，也为我们的人际交往提供了更广阔的平台。同时，这也为父母对女孩情商的培养提出了更高的要求。为了女儿一生的幸福，请为她建造情商的生命线吧！

细节 74：乐观、自信——让女孩更聪明更美丽的秘诀

有一个以善做面部整形手术而驰名世界的医生，经过整形把许多丑陋的人变成漂亮的人。但他发现，很多接受过他手术而变得很漂亮的人，却在手术后仍然抱怨说自己并没有变漂亮，自感面貌依旧。于是医生悟到这样一个道理：美与丑，并不在于一个人的本来面貌如何，而在于他是如何看待自己的。

有这样一个心理实验：

心理学家从一帮大学生中挑出一个最愚笨、最不招人喜欢的姑娘，并要求她的同学们改变以往对她的看法。在一个风和日丽的日子里，大家都争先恐后地照顾这位姑娘，向她献殷勤，送她回家，大家以假乱真地打心里认定她是位漂亮聪慧的姑娘。结果怎样呢？不到一年，这位姑娘出落得妩媚婀娜、姿容动人，连她的举止也同以前判若两人。她高兴地对人们说："我获得了新生。"

如果一个女孩自惭形秽，那她就不会变成一个美人，同样，如果她不觉得自己聪明，那她就成不了聪明人。一个女孩越自信，她的性格就越迷人。增加几分自信，她便增加了几分魅力。自信心在女孩从很小的时候就开始萌发。当她使用各种方法来取悦大人，吸引大人来注意和赞美自己时，她的自信心就在发展了。

作为现代父母，不一定要期望自己的女儿获得多么大的成功，但是，让她树立"天生我材必有用"的自信心还是非常必要的。这

种意识，将会促使她产生坚定的自信并助她事业成功、生活美满。

方法一：告诉女孩：有个性的女孩才是最美丽的

在女孩很小的时候，父母就要科学、有效地培养她的自信心，强大的自信不仅会使人魅力十足，对促进一个人事业的成功也具有非常积极的意义。

国际巨星索菲亚·罗兰是个私生女，1935 年出生于意大利那波里，由于生活贫困，小时候的罗兰发育极其不良，身体瘦弱干巴，胸部扁平，她常常为自己而感到自卑。但是妈妈告诉她：亲爱的，你会越来越漂亮的。

果然，15 岁那年，晚熟的罗兰突然变得丰满起来，渐渐出落成一位丰满动人的少女。对自己女儿充满信心的母亲立即为她报名参加了当地的一个选美比赛。从未有过专业训练的她，居然入选为 12 名“公主”之一，获得了“海洋公主”的称号，并获得了一张通往罗马的火车票。

索菲亚·罗兰的母亲更有了信心，她坚信罗兰“将来一定会成为一名巨星”，出于对电影的热爱，罗兰和母亲来到了罗马，向往在电影界发展。

然而第一次试镜头时，索菲亚·罗兰却备受挑剔，摄影师不是说她鼻子太高，就是说她臀部太大，认为其一点也够不上美人的标准。导演卡洛·庞蒂告诉她，若是想要在电影界做一番事业，她也许该考虑做一些变动。

但是罗兰坚决地拒绝了导演的这一要求，她绝对不愿意去动自己的鼻子或是把臀部削减一点。罗兰不甘示弱地对导演说道：“我的脸确实与众不同，但是我为什么要长得跟别人一样呢？我的臀部确实有点过于发达，但那是我的一部分，那是我的特色。我愿意保持我的本来面目。”

这番自信的话语，让导演卡洛·庞蒂真正地认识了索菲亚·罗兰，了解了她并且欣赏她。后来，卡洛·庞蒂成了罗兰的丈夫，在他的帮助下，罗兰成为了电影史上最具盛名的传奇女星。1955年的《河娘泪》是她的首部令人瞩目之作。1960年，她以《烽火母女情》获奥斯卡和坎城双料影后，从而成为国际巨星，并开始向好莱坞进军。1992年，她获得奥斯卡颁发的"终身成就奖"。

美国一位学者说过：自信是能力的催化剂，信心能把人的一切潜能调动起来，并将身体各部分的功能调整到最佳状态。这种调动和发挥如果不断发展，它将能巩固成为人的一种本性，从而终身受益。一个人的成长路线如果沿此积极而进，那么其成功便是必然的。许多成功的女性身上，都有这种自信的力量。她们在自信力的推动下，不屈不挠、奋发向上，不断提出更高要求，即使失败也不气馁，并鼓励自己继续努力，直至取得成功。

方法二：找出女孩身上的闪光点

每个女孩都有自己的天赋和优点。她们就像蒙着尘土的金子，一旦有人拂掉上面的尘土，她们就会发出夺目的光芒。一位妈妈是这样做的：

女孩在照镜子的时候，我会悄悄靠近，然后问她："你今天真漂亮，你认为自己哪个地方最漂亮呢?"

晚餐后与女儿聊天之时，我们也会玩找出对方优点的游戏。写生日卡片时，我们不是只简单地写一句生日快乐，而是详细写出"我最喜欢你的哪一点"。

对于写作能力不太好的她，我刻意对她说："你偶尔会有一些很棒的表现，这真让我惊讶!"对于我的这种赞美而感到开心的她，一开始只是写一些简单的文章，后来甚至开始写短篇小说，这就是让女孩有自我肯定之心的结果。

女孩早期对自己的评价主要来自于父母和其他亲人朋友对自己的看法。如果这时候父母对女孩的看法是积极的、肯定的，女孩就会自信。如果女孩感到自己是被忽略的，女孩就会变得自卑。一个叫J·布朗特的女孩说：

当我第一次离开家去赴约会的时候，我爸爸告诉我看起来棒极了，男孩和我这样特别的女孩谈恋爱，真是太幸运了。如果他不能理解到这一点，他就是失败者。父亲让我觉得自己是最棒的，并给了我应对一切事情的力量。

因此，父母给女孩的爱，应该是一种鼓励的爱、信任的爱，让女孩充分相信自己在父母心目中是优秀的、能干的。乐观、自信是女孩美丽的秘诀。

细节75：引导女孩找到优势，战胜自卑这个“隐形杀手”

自卑是一种性格缺陷，而一个人的自卑性格的形成往往源于儿童时代。美国儿童心理治疗专家霍夫曼指出：当父母的须关注自己的孩子有没有自卑心理，一旦发现，应尽早帮助克服，以避免随年龄的增长最终形成自卑性格。

自卑是孩子心理健康的“隐形杀手”，自卑心理现象不容忽视。很多父母发现自己的女孩学习成绩不佳，认为是女孩智力和能力上先天不足。事实上，人的智力都是差不多的，

霍夫曼还认为，自卑儿童往往会表现出如下症状：常年情绪低落，郁郁寡欢；见人怕羞，导致无法正常与人沟通，拒绝交朋友；学习成绩不佳，总是认为“我不行”；因为害怕失败而拒绝和逃避竞争；对别人的评价非常敏感，认为别人不喜欢自己，经常疑神疑

鬼，怀疑别人在背后说自己坏话。很难接受别人的批评，经常使用虚假的方式获得别人的认可；或者自暴自弃，不求上进，认为“我反正已经这样了，怎么努力都是没用的”；语言表达能力差；对挫折或疾病难以承受，环境稍一变化就会不知所措，如家庭搬迁、亲人患病等意外感到难以适从。

父母要在生活中细心观察女孩，和女孩多沟通，多交流，一旦发现女孩有严重的自卑心理，就要及时采取相应的办法，帮助女孩走出自卑的心理阴影。下面，我们就告诉父母一些纠正女孩自卑心理的方法。

方法一：消除女孩产生自卑心理的“隐患”

很多女孩的自卑心理都是由父母和周围的环境造成的。比如，当女孩身上有一些小毛病时，女孩脸上长了雀斑、皮肤病、身体过胖、肢体有残疾时，女孩会受到周围小伙伴的嘲笑，这些必然都会使女孩受到一些伤害，产生自卑心理。但是，这种情形并不是无法改变的。如果父母也把这些问题看得很严重，那女孩也会看得比较严重。所以，父母应该多给女孩一些正面的启示。一旦女孩身上有残缺时，父母应注意对女孩身心的关怀，告诉女孩，这并不是女孩的错，完全没有必要为此而自卑，更不要为无知者的嘲笑而自惭。

黄美廉六岁时，她还无法走路，妈妈听说患有脑性麻痹者到二、三十岁仍是在地上爬，妈妈无法想象她的未来，绝望地想把她掐死，再自杀。奇妙的是，当爸爸妈妈悉心照顾她，且不断为她祷告时，她的四肢渐渐有力了，会自己吃饭、会自己站立，虽然一拐，一拐，但总算可以跨出人生的第一步。

童年，她因无法像别的小孩子一样，自由自在地玩耍、奔跑，还要面对许多异样的眼光，一些小孩会嘲笑她，用手、石头或棒子打她，看她气得发抖或哇哇大哭，那些小孩子就越发得意。

在这些坎苛的生长过程中，父母亲的爱扶持她渡过生命中每一个难关。在黄美廉读二年级时，她遇到一位老师——马治江老师，她在看到黄美廉的作品后，便极力称赞黄美廉很有美术天分；马老师的赏识，成为黄美廉往绘画发展的动力，之后她更加努力学画，一步步迈向艺术殿宇。十四岁时，她全家移民到美国，进入洛杉矶市立大学就读，之后转至洛杉矶加州州立大学艺术学院，如今已取得博士学位，成为画家。

曾经有记者问她："很多人遭受挫折就会自暴自弃，或感到自卑，可否说说您的经历或感想?"

黄美廉回答说："自卑是很正常的情绪之一，但如果过分自卑，就形成一种病态了。我比一般人好像更容易自卑，但我已接受我自己，所以，我习惯别人对我的眼光，我也能拒绝有些不好的眼光，这些根本伤害不了我，加上我有信仰，这使我更有自信，所以我不会过分自卑。"

如果黄美廉的妈妈没有从绝望中走出，那么，小美廉的命运是可想而知的。然而，爸爸妈妈和老师们给了美廉自信，身体上的残疾不但没有打败她，反而成为她专心于绘画的动力之一。所以，当女孩对自己的身体、相貌、能力产生自卑的念头时，父母要让女孩认识到自身的优势和能量，帮她消除让她产生自卑感的隐患，让女孩变得真正自信起来。

大部分女孩都是普通的，平凡的，很多女孩的自卑都来自于"貌不如人"上。事实上，女孩很小的时候，是不会有"貌不如人"的自卑感的，这种自卑感多源于父母无意中的对比和评价。比如，父母会在无意间谈论别的孩子"漂亮"、"苗条"等。女孩无意中就会据此作为对比，给自己一个评价。如果女孩对自己的某一个缺点认为是根深蒂固的，不可改变的，自卑感就会占据女孩的潜意识。

所以，如果女孩收到了来自周围的负面评价时，父母要告诉她：“和她们比起来，你更像一块金矿，只是外表被岩石覆盖”，并引导女孩发挥自己的特长，从容自信的生活。

方法二：适当降低对女孩的要求，帮助女孩体会成功感

有的女孩之所以变得自卑，甚至越来越自卑，一个重要原因就是父母的要求过高，使得女孩时时处处被批评指责。

有一个女孩很有写作天分，可是参加了几次作文比赛都没有取得名次，于是，女孩认定自己一定不会在写作这一领域取得成功，最终，女孩彻底放弃了写作，最后成为一个各方面都平平的普通女孩。另一个女孩，她从来没有参加过什么作文比赛，只是老师和同学都喜欢她的作文，老师经常把她写得比较好的作品和优美的段落作为范文读给同学听。就这样，女孩一天天地进步，最后，这个女孩成为小有名气的作家。

如果父母对女孩的要求过高，从区比赛到市比赛，到省比赛，都要求女孩拿名次，这样的压力很容易导致女孩对自己失去信心，形成自卑心理。而自卑和自信就像一面魔镜的两面，无论女孩先前有多么优秀，自卑心理一旦占据上风，就会像吸星大法一样，夺去女孩成功的动力。而即使是一点小小的成功，只要日复一日地重复，慢慢积累、积蓄，女孩的自信心一旦建立，则再大的失败也不能打倒她。

自卑的女孩往往是因为成功的体验太少、失败的经历太多。改变这类自卑女孩的首要目标就是建立她的自我肯定，帮助她从自己的行为中获得满足和动力。父母不要奢求女孩能完美地做好每一件事，而应该首先鼓励她去做，然后努力发现她在做这件事的过程中一点点值得肯定的方面，从而一点点地增强她的自信心。

所以，对那些平常比较自卑的女孩，父母可以在平时多留意，为她创造一些成功的机会。比如，让女孩去参加竞选班长、小组组长之类的活动。女孩刚开始肯定会因为自卑而不乐意，这时候你就要学会开导女孩，最重要的就是为她做好充分的准备，如帮女孩一起完成竞选稿，告诉女孩要以身作则等等。女孩一旦体会到成功的乐趣，哪怕只是一点点的成绩，都会重拾自信和快乐。

许多自卑的女孩心中的自我肯定往往是脆弱的、飘摇不定的，所以需要父母经常地不断地强化。父母可以为女孩做一本“功劳簿”，让她每周至少一次写出（或画出）自己的“功劳”。并告诉她，所谓“功劳”，并不一定非得是很大的成绩，任何一点儿努力和进步，都有资格记载入册。也可以为她准备一些小小的奖品，每当女孩作出了一点儿成绩或一件令她感到自豪的事，她就有资格获奖。这样，女孩的自我肯定就会不断加强。

方法三：全方位打造女孩，使她重新恢复自信

落落大方的举止和整洁得体的打扮也能提高一个人的信心。对有自卑心理的女孩应特别注意帮她改变自己的形象，比如，穿整洁大方的服装，讲话干脆，走路姿态优美等。从说话的音量、走路的姿势入手，也可改变女孩的心态。

方法四：注意女孩的心理动向，及时发现她行为背后的心理根源

有的女孩虽然自卑，但在言行上却表现得很叛逆，很高傲，不服输。如果父母不能及时发现并加以纠正，自卑如影随形，对女孩的人生会产生极为不良的影响。比如，那些家庭不幸福的女孩，会很忌讳同伴在一起谈论父母和家庭，而显得不屑一顾的样子。在情感上自卑的女孩长大后就容易产生情感问题。

有一个女孩，小时候被坏人强奸。事情发生后，在学校里，女孩被同学指指点点。无奈，父母变卖了家产，带女孩远离了这个城市。女孩慢慢变得开朗了，表面上看起来和正常女孩无异。然而，当年的那一幕已经深深刻在她的记忆之中，她觉得自己和别人是不一样的，她害怕别人知道这件事，害怕将来男孩子会因此而不喜欢自己。

直到有一天，有一个男孩深深地爱上了她，就在女孩以为这一切都已经过去，她的幸福即将到来时，一个从前和她在一起读过书的小学同学居然和她就读于同一所学校。她的事情很快就在校园里传开了，自然也被爱她的男孩知道了。但男孩说，我不介意你的过去，我会保护你。仇恨和自卑让这个女孩和她的男友作出了一个错误而残忍的决定，将那个散播消息的女生杀死！悲剧就这样上演了。

女孩的父母带着女孩远离了是非之地，他们以为事情就这样过去了，然而，女孩的内心从来没有真正自信过。女孩心中自卑的种子只是暂时失去了生长的水土，却并没有真正消失。所以，对这些隐形自卑，父母要时刻关注，只有真正消除自卑的隐患，女孩才能真正获得快乐和健康。

女孩的人生路上必然会遇到各种各样的失败，甚至失败的次数远远超过成功的次数。失败的阴影是产生自卑的温床。及时洗刷失败的阴影是克服女孩子自卑的重要手段。父母要帮助女孩将失败当做学习的机遇，认真分析失败的原因，从失败中吸取教训、总结经验；还要有意让女孩将那些不愉快的、痛苦的事彻底地忘记，或是用成功的经历去扫除失败的阴影。同时，父母不要把女孩的失败看得太严重，也要告诉女孩不要把失败看得太严重。只有这样，女孩才能坦然接受失败，而不是因失败自卑，一蹶不振。

细节 76：让女孩走出孤独的世界

性格孤僻的女孩往往不能恰当地表达自己的情感，也不能正确地观察与了解自己，更无法准确地把握别人的心情和意图。这样的女孩会一生处于苦闷孤僻之中，因此，父母要多和女孩交流，鼓励女孩与人多交往。

自卑的外在表现除了懦弱之外，就是孤僻。产生孤僻感的女孩常常不喜欢交际，缺乏知己，活动能力差，经常回避群体活动，进取心不强，对人不够热情，更多地考虑自我，缺乏自信心。很显然，这样的自卑很容易毁掉女孩的前程。

一些父母会认为，女孩性格孤僻是女孩内心所致。其实，造成女孩性格孤僻的原因有很多。比如父母对女孩的要求过于严格、女孩自己身体或容貌上的缺陷使女孩产生自卑感；女孩的家庭环境不好；父母感情不和、或对女孩的管教方式不对，父母和女孩交流过少，感情疏远；女孩受到了一些来自家庭或社会的威胁和伤害等，都可能造成女孩性格上的孤僻。孤僻是可以通过改善女孩的生活环境和交际环境改变的。

方法一：鼓励女孩走出孤独，多和同学交往

寒寒是个孤独的小女孩。在学校里，她不敢大声和同学说话，学校有什么活动，她都躲在角落里，不敢走到台前，像其他同学那样，尽情展示自己。其实，寒寒也希望自己像其他同学一样，可是，每次她都临阵退缩，好像身体里另有一个害羞的孤独小孩，总是关键时候跟她说："我不敢，我不敢。"

寒寒会唱歌，会跳舞。寒寒一个人的时候，就会唱起歌来，声音像百灵一样好听。可是，寒寒就是不敢在同学们面前歌唱。就这样，寒寒像一只孤单的小鸟度过了自己的童年。到了初中，学校经常会举办一些活动，可是寒寒每次都让妈妈给自己请假。因为她害怕同学们一齐向自己喊："寒寒，唱一首歌吧！""寒寒，跳一支舞吧。"

寒寒的班主任老师在一次家访中发现，寒寒每天放学后都呆在家里，除了写作业、看书，看电视之外几乎没有任何交友活动。原来，寒寒的妈妈认为，女孩在外面随便交朋友是很危险，而且寒寒从小就害羞，经常被小朋友欺负。后来，妈妈就干脆不让寒寒和其他孩子接触，就这样，从小只有一个人玩的寒寒性格越来越孤僻。

得知这一情况后，老师让寒寒的妈妈参加学校一年一度的新年舞会。舞会那天，妈妈发现，同学们都在舞台上载歌载舞，寒寒一个人孤单地坐在角落里发呆。妈妈突然醒悟，这些年来，她一直保护着女儿，不让她受伤害，可是女儿却变成了一个孤单的小孩。看着那些快乐跳舞的女孩，妈妈的心好痛。

一曲完毕，打扮成绅士模样的班主任老师来到了寒寒身边，微笑着邀请寒寒跳舞。寒寒连连摇头。要知道，和这个全校最帅的男老师跳舞是好多女生的新年愿望，没想到，男老师却主动邀请寒寒，同学们都为寒寒鼓起了掌。在掌声中。寒寒红着脸站了起来，她转头看见妈妈冲着自己点了点头。寒寒一咬牙，心想：好吧，跳就跳！

寒寒第一次发现，原来，在同学们面前表现自己，一点都不难，不知何时，那个身体里的孤独小孩不见了。

不要以为限制女孩交往是为了女孩好，恰恰相反，那是毁掉女孩自信的最直接的方法。一个优秀的女孩应该在交往过程中，逐渐学会保护自己，而不是躲进套子里保护自己，那样，只能形成极度的自卑，影响前程。

为了女儿有可靠的幸福前程，父母就要让她在交流中找到自信，在交往中发展自己的能力，积累自信。

方法二：给女孩提供一个轻松愉快、亲密无间的家庭成长环境

女孩天性敏感，她们渴望爱，渴望交流。而一旦父母无法给女孩提供这样一个环境，女孩就会感到自己被人抛弃，对亲人和朋友产生失望感，从而把自己封闭起来，不愿与他人交流。

小辉原来是一个非常快乐的女孩。可是，她8岁那年，爸爸妈妈却因为感情不和，成天吵架，闹离婚。小辉的爸爸经常夜不归宿，而小辉的妈妈常常赌气住到朋友家，小辉就像一个没妈的孩子一样，一个人面对空荡荡的屋子。小辉成天提心吊胆，生怕爸爸妈妈都不要她了。小辉变得胆小，孤僻，沉默不语。

而女孩小孟和小辉遭遇了同样的事情。然而，小孟的父母经常和她沟通，告诉她爸爸和妈妈不再相爱了，可能会离婚，因为爸爸的工作忙，所以，妈妈希望由她来照顾小孟，小孟也表示同意。在此期间，妈妈始终和小孟保持亲密的关系，也没有因为自己的婚姻问题在女儿面前发泄情绪。

如今，随着社会日益的进步，每个人都有追求自己幸福的权利。很多女孩都将直接面对父母的婚姻问题。然而，对女儿的抚养和教育是天下父母任何时候都不能放弃的权利和义务。那些家庭不和的父母，在对待女孩的教育问题上，绝对不能有任何松懈。给女孩提供一个轻松愉快、感情上亲密无间的家庭成长环境，这是女孩健康成长的基础。以“爱”为地基，即使是在苦难的废墟上，也能建立起和美的家园。

方法三：对性格孤僻的女孩，父母不要责备和强求她们

一些女孩性格内向，父母不必强求她们和其他孩子一样，也不要将之视为女孩的缺点。任何不良的暗示，都会令女孩陷入更大的孤独之中。父母要试着理解她们，经常和她们谈论她们喜欢的话题。女孩在谈论愿望时，父母应该表现出非常开心，很感兴趣的样子，专心听她们说话。因为性格孤僻的女孩往往无法准确地表达自己的想法，说出自己的感受，父母的任何一个忽略，都会让女孩的表达欲望受到伤害。

有些感觉女孩无法说清，父母可以试着帮助她把感觉说出来。“你是这样想的吗?”“我觉得很好。”不要否定女孩的想法，试着去理解她们。当女孩的想法被肯定之后，就会引发她们更多的倾诉欲望。

在客人和陌生人面前，父母应该给女孩表达的机会。比如，向客人介绍女孩，让女孩对客人问好。不要强求女孩一开始就有什么上佳的表现，父母可以在女孩同意的情况下，在客人面前介绍一下女孩的特长，甚至让女孩当众表演。如果女孩不愿意，也不要强求女孩。多尝试几次，让女孩感觉到原来自己是可以被他人接受时，她就会慢慢走出孤僻，而变得愿意和人交流了。

对孤僻的女孩，父母还可以尝试让女孩通过学习舞蹈、演讲课等方式，慢慢训练女孩当众表现自己的能力。无论采取何种方法，目的都是要改变女孩与人交往的恐惧感，培养她们正常表达自己的能力。父母不要在言语中经常出现：“这孩子比较害羞”“你见到刘阿姨怎么不问好”“你说话能不能大声点”之类的语句，这样会大大挫伤女孩的自尊心，打消她们刚刚建立起来的自信心。

尤其要强调的一点是，父母不要强求女孩完全改变自己的性格，成为一个左右逢源的“外交家”，只要女孩与他人的交往没有障碍，自己感觉舒适就好。

细节77：培养女孩的移情能力，做善解人意的女孩

所谓移情能力，就是能够理解他人的情感、感知他人痛苦的能力。这种能力，有些女孩强一些，表现在行为上就是善解人意、体

贴同情他人。有的女孩弱一些，表现在行为上就是比较冷漠、缺乏同情心。

科学研究发现，人的左脑和右脑有着不同的功能。左脑是“抽象思维脑”，主管逻辑、语言、计算等。右脑是“形象思维脑”，主管图画、想象、情感等。女性在几百万年的生活中，一直扮演着“养育子女、管理氏族、分配食物”的角色，女人在这样的进化过程中所形成的大脑，右脑发达，形象思维能力强。比如：

女人和男人观看同一部电影。男人关心的是影片中德国人战败的原因，女人的思维则定格在电影中的一个个画面上：德国战败以后，两个18岁的德国士兵相互搀扶着，想返回家乡。他们粮尽水绝，受伤的青年瘫在地上，气若游丝地说：“我好冷，你抱抱我……”最后的画面是：雪地上，两个士兵相互拥抱在一起，雪还在下着，越来越厚，他们渐渐成为雪人，融入茫茫雪原……女人一想起这样的画面就落泪。她想的是：他们也有亲人，他们的亲人一定还在盼着他们回家啊！

女孩的移情能力天生就好。每个女孩刚生下来时都是善良的天使。妈妈哭了，小女孩会用小手帮妈妈擦眼泪；在电视上看见打打杀杀或者受伤流血的镜头，会感到害怕、难过；小朋友哭了，她会拿出自己的饼干去哄他，哄不好自己也会哭……

女孩天生的同情心，会使她们在人际交往中获得更多的友谊。

心理学家海奇观察发现，罗杰在加入一个团体以前会先作观察，然后模仿其他孩子的行为，最后主动与人交谈，进而完全加入，这的确是很高明的策略。例如，罗杰与瓦伦玩一种游戏，将小石子当做炸弹放入袜子里。瓦伦问罗杰他要坐直升机还是飞机，罗杰并不直接回答，反问他：“你是坐直升机吗？”

这段看似无关紧要的对答正显示出罗杰对别人的想法很敏锐，

且懂得据此维系彼此的关系。海奇的观察是“罗杰时时留心玩伴的想法与做法，因而能真正地玩在一起”。而其他许多小朋友都只是坐上自己的直升机或飞机，然后便各自分飞。教育女孩多留心别人的想法，尊重他人的想法，将大大提高女孩的移情能力。

移情能力培养的一个作用就是消除歧视，培养女孩对他人的尊重。

琳琳的班里新转来了一个新同学，由于口吃，读课文时断断续续，发音不准，逗得全班同学都哈哈大笑，那位新同学羞得都把脸埋到桌子下面了。琳琳当着妈妈的面一边学着新同学发音，一边笑得直不起腰来。可是妈妈脸上没有一点笑意，反而变得严肃起来。妈妈对琳琳说：“如果你是你那位新同学，被别人这样笑，你是什么感觉？”琳琳不作声了，想了一会儿，低声对妈妈说：“妈妈，我知道错了，我不该这样笑话同学，明天我会向他道歉。”妈妈接着又说：“如果你的同学下次遇到困难，心情沮丧，我想你最好是去帮助他，比如对他说‘不要灰心，多试几下，你会做得很好的。’”

《爱的教育》里有个细节，父亲为了培养孩子的同情心，每次遇到乞丐都会给予施舍。这么做，实际上也是在进行“移情训练”。那么，在生活中，父母到底应该如何培养女孩的移情能力呢？

方法一：让女孩关心他人，照顾他人

娇生惯养的女孩往往只顾自己的感受。所以，父母在平时应该让女孩多照顾家里的老人、比自己小的孩子、生病的亲人，通过这些方法，能够让女孩深切感受他人的需要。

方法二：随时告诉女孩别人的感受

小动物受伤了，一定很疼，小狗走丢了，在外面没有人喂食，一定很难过。老奶奶身体不好，车比较晃，容易摔倒。当我们把需要被女孩照顾的对象的感觉说出来，女孩也会感同身受。

方法三：让女孩和残弱者交朋友

爸爸经常带女儿雅雅到孤儿院去做义工。雅雅对那些病残儿童充满了同情，希望长大了能成立一家慈善机构，帮助这些孩子恢复健康。

如今，有很多人嘲笑和轻视那些身有残疾的人。如果你遇到一个这样的女孩一定会觉得吃惊，再美丽的女孩，如果缺乏善良和同情心，也会给人一种面目可憎之感。而一个充满同情心的女孩，在朋友中间，一定会显得非常可爱的。

方法四：让女孩多读一些充满人道主义色彩的文学作品

阅读也是培养女孩移情能力的最好方法之一。文学作品通过生动形象的语言将作品人物的心理和情感栩栩如生地表达出来，女孩很容易被感染。通过阅读《卖火柴的小女孩》，体会贫困无助的小女孩的痛苦。通过阅读《白雪公主》，体会友爱互助、共同战胜邪恶的脉脉温情。看一些充满人文情怀的电影和纪录片也会起到这样的作用。父母要教育女孩在考虑自己的同时也为他人考虑。

细节78：女孩的虚荣——打破“华丽”的外衣

虚荣心是以不适当的虚假方式来满足自尊的一种心理状态。在汉语中，虚荣往往与虚假、虚伪、撒谎、欺骗、浮躁、出风头等词语“联袂”出现。

虚荣心强的女孩在成长中经常会出现各种问题，如为了满足其虚荣心而经常说谎，情绪不稳定，不认真学习，缺乏意志力等。虚荣心不仅会伤害他人，包括自己最亲的人，还会伤害女孩自己。女孩的虚荣心理，常表现为下列几种攀比行为。

1. 比美。女孩天性爱美，她们喜欢比谁的新衣服好看，谁的牌子比较响。很多女孩看见别人穿了一件漂亮的衣服或鞋子，而自己又非常喜欢、中意，于是女孩就会要求父母给自己买同样漂亮的衣服或鞋子。

2. 比富有。随着物质生活水平的提高，在孩子们中间产生了“炫富”心理。女孩们喜欢夸耀自己家里的财富，比如家里的超大屏幕电视机、音响、电脑，自己曾和爸爸坐飞机、住宾馆，还与妈妈游迪斯尼，去高级商场买名牌等。

3. 比“能耐”。希望自己比别人强是人的正常心理，女孩也不例外。女孩在同伴面前总是喜欢炫耀自己的“能耐”，喜欢听表扬，而受不了任何的批评，甚至是只能赢，不能输，结果就造成了女孩的脆弱心理。其结果是，一旦遭受一点点挫折，她们就会失去平衡心理，最终一败涂地。

综上所述，虚荣心理是要不得的，父母一定要帮助女孩打破这“华丽”的外衣，还孩子一个健康的心理。那么，如何预防和纠正孩子的虚荣心理，父母需要做好以下几点：

第一，以身作则，避免孩子模仿

在家庭教育中，很多父母在一定程度上都存在着不同程度的虚荣心，这种心理对孩子的影响很大，不利于孩子的健康成长。

一位虚荣的母亲，她总是在别的父母面前吹嘘女孩，说自己的女儿如何如何地聪明，甚至有些分明是女孩的缺点，她也会以欣赏的口吻加以谈论。

后来，当女孩考试成绩不理想，某些技能不合格时，这位母亲就对女孩说，亏我天天在谁谁面前总是夸你，结果你就给我拿来这样的成绩，我的脸真是被你丢尽了。

于是，女孩为了能够取的好成绩，不让母亲在别人面前丢脸，竟然在期中考试时多次作弊。结果被老师当场抓住，学校给予留校察看处分，并在校门口贴出全校通告。

面对学校贴在大门口的通告，女孩感觉所有的人都在自己背后指点，觉得自己很没有面子。于是，为了摆脱这种很丢人的局面，不受他人的指指点点，这个风华正茂的女孩选择了自杀。第二天凌晨，保安人员在教学楼下面发现了这个女孩的尸体。

一个风华正茂的女孩，由于虚荣心的侵害而自杀了。这不得不令我们深思。为了满足母亲的虚荣心，取得好的成绩，女孩置学校的规章制度于不顾，冒险作弊，结果遭受惩罚；另外，为了自己仅剩的一点虚荣心，女孩竟然不惜生命，以死来躲避他人的指点。这不能不说是一种悲剧。

在日常生活中，父母首先要摆正自己的心态，不要同别人攀比，盲目追求物质的享受；不要总是给女孩买很多东西，让女孩穿戴一些名贵的东西。因为女孩如果从小形成了习惯，长大之后就觉得那些好东西是她应该拥有的，而女孩的虚荣心就会越来越膨胀。

教育界有这样一句名言：问题女孩的背后一定有不当教育方法的父母。从案例中，我们希望父母反思自己的教育，为女孩创造一个良好的成长环境。

第二，让女孩认识到虚荣心的危害

对女孩来说，一旦他们有了虚荣心，就如突如其来的狂风骤雨，它会好不留情地吹走他们的谦虚谨慎、自知之明、沉着稳健，以及那颗纯洁明静的心；同时带给女孩骄傲自大、盲目乐观的情绪，让女孩像棉絮那样漂浮不定，始终找不到明确的目标，到最后还是走向失败。我们翻看古今中外的历史，将会发现许多因为虚荣而功败垂成的例子。

一般来说，有强烈虚荣心的人，他们总会根据个人的私欲去追求一种表面的、暂时的、虚伪的效果，甚至有些人还弄虚作假、巧诈骗取。当然，像这些不理智的完全丧失理智行为的做法是错误的，其目的无非是为了取得荣誉和引起他人的注意，进而得到周围人的赞赏和羡慕。简单地说，虚荣心就是道德荣誉的一种反动的表现，是一种病态的，不理智的行为。因此，克服虚荣心，对于青春期女孩来说是非常有必要的。

第三，帮助女孩树立正确的荣辱观

现实生活中，自身价值的实现总是离不开社会的需要，所以，女孩必须把对自身价值的认识建立在对社会和他人的责任感上，对于那些荣誉、地位、个人得失等都要用一种理智的心态去面对。当然，用一种理智的心态去面对个人的得失，并不是说要求每个人不去追求个人的尊严和利益，毕竟，人生在世，一定的荣誉、地位、尊严、利益是一个人正常的心理需要。

对于青春期的女孩来说，虽然他们已经摆脱了昔日幼稚的想法，但由于其认识水平的局限和虚荣心的作祟，这个女孩过分注重面子，甚至还有的女孩“打肿脸充胖子”，让自己陷入一种进退两难的地步。

女孩进入青春期，由于他们过分追求荣誉、炫耀自己，使得女孩的人格受到一定的扭曲。所以，教育青春期女孩树立正确的荣辱观，是消除女孩虚荣心理的前提。当然，一旦青春期女孩有了正确的荣辱观，他们就能够正确地认识自己，让自己踏踏实实地做任何事情，认认真真地对待未来的一切。

第四，鼓励女孩对不良的虚荣行为进行及时的自我心理纠正

当父母发现女孩已经出现自夸、说谎、嫉妒等不良行为时，应及时鼓励并帮助女孩采用心理训练的方法进行自我纠正。即当女孩的这种不良行为即将或已经出现时，应给女孩施以认真的教育，严重者甚至还应给予一定的惩罚，以求起到警示或干预作用。

可见，虚荣心作为一种普遍的心理，已经成为人性中根深蒂固、难以根除的弱点，父母在教育的过程中，应根据女孩不良虚荣心的各种表现，通过各种途径，采用及时、有利、有针对性的措施，不断改善它，诱导它走向有用的地方去。

细节79：让女孩学会为自己的行为负责

责任心是一个人对他所承担的任务的自觉态度，包括对自己的责任、对他人的责任、对集体的责任和对社会的责任。有人这样评价责任心对孩子的重要性：

责任心不像知识、技能和能力那样明晰可见，但它是能力发展的催化剂。一个对自己有责任心的孩子，自觉水平高，让父母省心；一个对他人有责任心的孩子，亲善行为多，让父母宽心；一个对集体和社会有责任心的孩子，人小志气大，让父母放心。

每个人都要为自己说过的话，做过的事负责任，一个不敢对自己的言行负责的女孩将来到了社会上，也无法在他人心中建立起信任感。

悠悠长得很漂亮，能说会道的，可是同学们却都不喜欢她，连妈妈也常常为她感到头疼。

在家里，妈妈认为悠悠已经10岁了，有些事情该自己做了，悠悠却找种种借口逃避："我问过隔壁的北大姐姐，她小时候也没做过家务。邻居阿婆天天做家务，一辈子不也没什么出息了吗?""我为什么要学会洗衣服呢，这样的话，洗衣机的发明还有什么意义呢?"妈妈常常被悠悠搞得很"无语"。

班级轮到悠悠值日了，悠悠却经常忘记自己的职责，当老师说最近班级卫生差时，悠悠却责备同学乱扔乱放，不讲公德。和同学发生矛盾了，有时明明是悠悠的错，但悠悠却把自己的责任推得一干二净。所以，同学们都不爱搭理悠悠，悠悠在班级里变成了一个独行侠，可是悠悠并不知道自己错在哪里，依然我行我素。

就像悠悠的妈妈一样，很多父母不知道该如何培养孩子的责任心。责任心不像其他能力那样，看得见，摸得着，有学校专门培训。有些父母甚至不知责任心为何物，对女孩责任心的培养就更无从谈起来了。那么，父母该如何培养女孩的责任心呢？

方法一：让女孩为自己的言行负责

让我们来看看下面这位妈妈是如何培养女儿责任心的：

一位外国妈妈带着 8 岁的女儿到中国山东一户人家里去做客。

女主人对外国友人的到来非常重视，特别学习了西餐的做法。她对外国母女说："今天我做西餐给你们吃，你们尝尝中国人做的西餐味道好不好？"

8 岁的女孩听女主人要给她们做西餐，心想：中国人做西餐肯定不好吃。于是，当女主人问她吃不吃的时候，小女孩坚定地回答："我不吃。"

等女主人把西餐端上来的时候，小女孩一眼就看到了漂亮的冰淇淋。这么好看的冰淇淋味道肯定很好！小女孩有点迫不及待地对妈妈说："妈妈，我要吃冰淇淋。"

女主人很高兴小女孩能够喜欢自己做的冰淇淋，就高兴地把冰淇淋端到小女孩面前，说："来，吃吧！"

谁知，女孩的妈妈严肃地对女主人说："不行，我女儿说过她不吃西餐，她得为自己所说过的话负责，今天她不能吃冰淇淋！"

女儿着急地哭起来："妈妈，我就想吃冰淇淋！"但是，女孩的妈妈根本不为所动，只是对女儿淡淡地说："你得为自己所说过的话负责。"

女主人看着，觉得女孩的妈妈也太认真了，就说："给她吃吧，孩子总是这样的。"女孩的妈妈正色对女主人说："亲爱的，我们要培养孩子的责任心。"

结果，无论女孩怎么哭闹，妈妈就是不同意让她吃冰淇淋。

父母要让孩子为自己行为负责，这是责任感的培养方法之一。

茨格拉夫人说："有时候，做父母的内心也会在爱与公平之间摇摆犹豫，但是不能因为孩子的借口而一味地迁就他的喜好，让他逃避责任。孩子如果没有按规定整理好他的书柜，那么面对他喜爱的电视节目，我们也只能做出'很遗憾'的决定。"

所以，当女孩不肯为自己的言行负责，并找借口逃避时，父母应该让她付出一定的代价。让女孩知道，每个人都要为自己的言行付出代价。当女孩不肯洗自己的衣服时，就让她穿着脏衣服去上学；当女孩和同学发生矛盾而不肯承认错误并道歉时，父母要明确指出女孩的错处并且不要理会她的辩解，让女孩知道，是非自在人心，为错误的行为辩解是毫无用处的。

方法二：让女孩自己的事情自己做

有的女孩在家里衣来伸手，饭来张口。衣服不用洗，吃完饭碗筷一推就了事，被子要妈妈叠，洗脚也要妈妈打来温水，写作业要让妈妈给念题目，上学时书包也要让妈妈给背……这样的女孩怎么可能有责任心呢？有一个妈妈是这样做的：

女儿从10岁起，我就规定她自己的事情自己做。那年的期末考试，由于学习任务很多，女儿很忙，每天都要学到10点才上床睡觉。有一天早上，我看见女儿扔在床底下的袜子，就顺手拾了起来，把它们扔在盆里，刚想放到水龙头下清洗，我突然想："是不是因为考试，女儿就可以有借口不自己洗袜子呢?"我强忍下心中的"疼"，把袜子放在那里。女儿晚上回来的时候，我故意在卫生间里喊："宝贝女儿，你的臭袜子再不洗就要臭死人啦!"女儿气呼呼地说："臭死臭妈妈，人家要考试嘛，你就不能代劳一下。"我说："洗袜子也是一种放松运动呢。看着小袜子变香香，是不是很享受呢？妈妈可舍不得让你失去这个好机会。"女儿抗议说："妈妈这个借口一点都不高明。"我笑了，说："嘿嘿，自己的袜子自己洗，没有任何借口。"

女儿抽空洗完了自己的袜子，看来，那天晚上，她"放松"得不错，提前了半小时睡觉。通过这些刻意的训练，女儿的责任心越来越强，该自己做的事情坚决不求别人帮忙。尤其是学习，更是不用我这个当妈的操心。节假日，她相约和同学出去玩，我从来不阻止，因为我知道女儿可以为自己的每一个行为负责。

培养孩子的责任心首先就要求父母放弃对女孩的溺爱，让女孩去做一些她力所能及的事情，让女孩去为自己多承担一些责任，比如玩完的玩具要自己收拾好，自己的房间要自己打扫，穿脏了袜子自己去洗干净，起床后要自己整理床铺，早晚洗漱要自己照顾自己，家庭作业要自己独立完成，自己说过的话不能食言，自己应当做的事情必须有始有终等。

方法三：父母不要对女孩过多指责

过多的批评指责不但不会令女孩建立起责任心，反而会让她们更加逃避，推脱，为自己的错误行为寻找借口。反之，父母应该多利用时机，对女孩的正确行为多给予赞美和肯定，女孩才会确信，一个敢于担当的人才会得到他人的喜爱和认可。有一位妈妈说：

女儿从小就在蜜罐里长大，不知道体贴人。有一次，我生病了，躺在床上。我招呼女儿给我倒一杯水，女儿正在看动画片，有点不耐烦，起身去给我倒了一杯水放在床边。我伸手刚端起来，就惊叫一声把杯子丢到了地上，原来杯子太烫了。女儿听见我的惊叫声，急忙从客厅跑了过来，看见碎在地上的杯子，她吓得脸变了颜色。我说："没事，妈妈没拿好杯子。你再给妈妈倒一杯来，好吗?"女儿看着犹在地上冒着热气的水，似乎明白了什么。这次，她出去了很久，端回来的是一杯温水，而且还亲手把地上的水和碎片扫干净了。

我笑了，说："女儿长大了，知道照顾人了。"

经过这一次，我发现女儿会为别人着想了。从此，我就多在女儿身上寻找一些优点夸奖她。比如，女儿会自己洗袜子了、女儿回家晚知道给妈妈打电话了、女儿上奶奶家知道帮奶奶择菜了。当然，对这些行为，我只夸奖一两次，当女儿养成了习惯之后，我就不再经常夸她了。

女儿现在是班级的班长，俨然一副小领导的模样。有一次，班里的卫生没有搞好，被值勤的老师发现了扣了分。班主任批评当天的值日生不认真时，女儿站起来说："老师，这是我的错。刘小红同学身体不舒服，可是作为班长，我没有及时发现并照顾她，明天的值日由我来做，好吗?"班级里响起一阵热烈的掌声。

在女孩做事时，父母应当夸奖她"做得好""做得对"，而在女孩做错时，父母应该尽量减少批评，不要对女孩不负责任的行为进行过重的惩罚。这只会引发女孩更大的愤怒。

另外，邻里或家人之间发生矛盾时，父母要做好女孩的榜样，经常当着女孩的面检讨自己。女孩慢慢就会明白，每个人都会犯错，犯了错主动承认，不是什么丢面子的事，反而是一件令人放松的事。

方法四：父母要告诉女孩不负责任的后果

女孩还小，对很多事还无法真正负起责任来，但是，父母要让她意识到到自己言行产生的严重后果。

小雅和小桐发生了一点小矛盾，小雅居然把小桐的脸抓破了。妈妈带着小雅到小桐家去道歉，并且希望两个孩子今后仍然做好朋友。回来的路上，妈妈还告诉小雅，如果她下手狠一点，小桐的脸就会留下疤痕，那样的话，不但会影响小桐一生，爸爸妈妈也要负担一大笔的治疗费。每个人都要为自己的行为负责，所以，我们与人相处时，一定要小心，尽量不要伤害别人。

我们还可以制定规矩，让女孩明确该做什么、该怎么做。比如，从哪里拿来的东西，要放回到原处；自己的东西自己收拾好；做事要做完；答应了的事情要有交代等。

我们不仅要让女孩知道该怎么做，还要让女孩知道为什么这样做。重要的是有了规矩还要有检查，父母适时适当地加以提醒，不忽视、不迁就，持之以恒。

对女孩那些不负责任的行为，我们不必总是唠叨，完全可以让女孩承受一回自己不负责任造成后果的惩罚。

方法五：带女孩多参加公益活动

一个人不仅要对自己的行为负责任，还要对他人，对社会负起相应的责任。当在外面遇到需要帮助的人，在力所能及的范围内，尽最大力量伸出援助的手，这是女孩的责任之一；保护环境，爱护公物，在公共场合要维持良好的秩序，这是女孩的责任之一；敢于维护正义、真理，关心民生疾苦，这是女孩的责任之一……父母应该在节假日经常带女孩参加一些公益活动，让女孩真切地认识到自己的社会职责。只有这样，才能培养出敢于担当大事的成功女孩。

细节 80：如何帮女儿摘掉娇气这顶帽子

在家庭生活中，女孩向大人撒点娇、要赖，也不是什么错误，但是娇气过了头，会影响女孩的健康成长。娇气往往只被人理解为行为上的撒娇、要赖，其实，娇气在某种程度上意味着软弱无能。

现代父母往往忽视耐寒、吃苦、负重对女孩意志培养的重要性，这是人赖以生存的重要能力。可惜的是，很多女孩得不到这方面的锻炼，因而上演了一幕幕令人哭笑不得的“娇气女孩剧”。

15 岁的夏瑶离家到一所职业中专求学。在宿舍，像打热水、拖地、擦玻璃等活，夏瑶基本不干，也不太爱活动。不仅如此，夏瑶除了偶尔自己洗洗袜子之外，衣服床单被褥等都是掏钱让别人洗。

有一次，夏瑶感冒了。远在东北的妈妈知道后，居然和姥姥坐飞机来到了学校，专程来给她“送药”。妈妈还对夏瑶的老师说：“这孩子从小体质就不好，经常感冒。这次电话里听说又感冒了，好几天都没好，我心疼坏了。放下电话，我和她姥姥立即带上药坐飞机赶来了。”

一时间，夏瑶妈妈坐飞机送药的“事迹”传遍了学校，同学们议论纷纷，觉得这“太离谱”了。

在这个案例中，妈妈的心情是可以理解的，但专程坐飞机来给女孩送感冒药就显得有些过分溺爱女孩了。这样不仅让女孩难以养成自理能力，对女孩以后的成长也会造成不利的影响。所以，在养育女孩时，父母应该认识到，一个娇滴滴的女孩是很难独立生存的，并且也不会受到他人的欢迎。

方法一：让女孩做家务劳动和户外锻炼

有些女孩不仅吃东西挑三拣四、穿衣服特别挑剔，还特别“脆弱”，身体稍微不舒服，就要请病假；在学校也不爱上体育课，对打扫卫生的“脏活”、“累活”更是极端讨厌……

针对这样的女孩，我们一方面要让女孩多做些力所能及的家务劳动，像洗碗、洗衣服、打扫卫生间等，鼓励女孩把劳动视为生活的一部分。另一方面，我们要让女孩经常参加户外锻炼，像慢跑、爬山、游泳等。可以根据女孩的年龄和体质选择合适的运动，但一定要坚持下来。

方法二：常放手，不做女孩的“拐杖”

有些女孩娇气，受到父母和老师的表扬就喜形于色，却受不了一点委屈。

对此，爸爸妈妈不妨有意识地锻炼女孩的心理承受能力，从学习时间的安排、作业的完成、学习用品的准备，都要求女孩自己完成。同时，还要注意女孩的情绪变化，不管是在学校得到了表扬还是批评，都要教女孩学会正确对待。

时间一长，女孩就能为自己的学习负责，而不是依赖于父母这根“拐杖”，也能经得起表扬和批评了。

方法三：妈妈装“娇气”，“逼”女孩变得勤快

在一个家庭中，如果妈妈很能干，那么女孩多半会娇气些，因为妈妈把大大小小的事都做好了，女孩无事可干了。对此，妈妈不妨在女孩面前装得“娇气”些，“逼”着女孩变得能干。

纯纯是爸爸妈妈的掌上明珠，因为爸爸妈妈为了工作，直到妈妈 32 岁才有了她。按说，妈妈对纯纯应当更加娇惯才对。

但妈妈却说：“在家里，我才是‘特保儿’，很多时候都是纯纯照顾我！”

纯纯很小的时候，爸爸就告诉她："妈妈身体不好，我们要多照顾她。"

平时坐公交车，要是妈妈没有座位，纯纯就会急得像热锅上的蚂蚁；一旦妈妈落了座，纯纯就会松口气，贴心地站在旁边。出门旅游时，也是纯纯帮忙收拾和保管行李。在火车上，别的大人忙着帮孩子泡面；妈妈却坐在窗前欣赏风景，由纯纯帮她泡面。

在"照顾"妈妈的经历中，纯纯变得大方、成熟、懂事，不仅生活自理能力强，学习成绩也非常优秀，大学毕业后赴哈佛大学直接攻读生物学博士，并获得全额奖学金。

细节 81：让害羞的女孩变大方的秘诀

含羞草，自然界的一种植物，外界稍有触碰，就会合上叶子。含羞草般的女孩，往往羞羞答答，不愿意主动与人交往。害羞的女孩通常会神经过敏、疑惑不安、孤单、沮丧以及难交朋友。

在一个开放、竞争激烈的社会里，那些大气的女孩往往更能适应不断变化的环境。害羞的女孩因为自身性格原因无法适应社会的竞争性，在与人交往中也常常处于下风。那么，如何为害羞的女孩把脉并加以妥善诊治呢？

方法一：分析女孩害羞的成因

事实上，害羞也是一种情绪，是内心深处的胆怯或者自卑的一种外在表现形式。且不要说小女孩，我们每个人在一生中都可能有过羞怯的经历，只不过时间长短不同而已。

导致女孩害羞的原因有很多，其中不能肯定自己也是一个重要的原因。因为女孩比较敏感，有的女孩可能受过某种创伤，比如被同学欺负、受人打骂、被人奚落，这些都会让女孩的自尊心受损。

有的女孩家庭环境不和谐，父母经常在女孩面前吵架，这样会使女孩缺乏温暖、依靠、交流和亲情的安抚，女孩就会有一种不如别人、低人一等的感觉，导致女孩形成了羞怯自卑的心理。

因此，要让女孩不再害羞，父母们首先要进行自我反省.

女孩是否只是比较含蓄而不是拘谨？我们是否给了女孩足够的安全感？

女孩是否有机会表达内心的感受？我们是否对女孩太严厉？

此外，一份研究资料表明，害羞的女孩，有时候其父母本身也存在不同程度的羞怯情绪。女孩受了父母的感染，无形之中也养成了害羞的习惯。因此，我们不仅要自我反省，找到女孩害羞的成因，还要改变自身的拘谨，为人处世端庄大方，才能为女孩树立一个好榜样。

方法二：为女孩提供充足的社交机会

很多女孩害羞，是因为从小没有与外界接触的机会。因此，我们要多带女孩出去走走，让女孩有机会接触人，在与别人交往的过程变得大方起来。

当然，这是一个循序渐进的过程，最初应当在比较安全的环境中锻炼她，然后再渐渐扩大范围。

海琼是一个非常害羞的小女孩，在她很小的时候，见到一个陌生人就会哇哇大哭。奶奶认为这不过是小女孩的天性，但海琼的爸爸妈妈却决定要通过后天的教育，让海琼改掉这个缺点。为此，爸爸妈妈抓住了每一个机会对海琼进行锻炼。

朋友请客时，他们尽可能带上海琼，鼓励海琼主动向叔叔阿姨们问好。

家里来了客人，爸爸总要郑重地把海琼介绍给他们。当海琼长大一些时，妈妈就叫海琼给客人泡茶。不仅如此，爸爸妈妈还喜欢在客人面前夸奖海琼，这让海琼特别高兴。当然，每次客人走后，爸爸妈妈就会告诉海琼，在接待客人的过程中，她的哪些做法是好的，哪些做法需要改进。

此外，妈妈出去购物也会带上海琼一起去。还尽量让海琼去问问价格。

在爸爸妈妈的精心培养下，海琼的性格发生了改变。她的羞涩情绪越来越少，在待人接物方面有了更多的主动性，整个人也变得彬彬有礼、落落大方。

方法三：进行场景模拟练习

爸爸妈妈可以让女孩把她感到害羞的情形列出来，然后再进行训练。

5 岁的雨梅很喜欢看书，也很聪明。不过，雨梅不够大方，从来不敢主动表现自己。

有一次，幼儿园的老师对雨梅的妈妈说："雨梅什么都好，就是容易害羞。比如让她上台领操，别的小朋友都会争着做这件事，而她却摇头不肯。"

妈妈听了，若有所思，其实雨梅在家里也有类似的表现。雨梅的故事讲得很好，可家里来了客人，让雨梅讲一个，她却死活不肯讲，问她为什么，她回答说"不好意思"。

妈妈决定想办法让雨梅来克服这个毛病。妈妈先在纸上把雨梅感到害羞的情形列了出来，然后又有针对性地列出一张"克服羞怯"的训练表。

表上列着："向警察叔叔问路。""向老师请教问题。""夸奖邻居娜娜的新衣服漂亮。"

经过一段时间的训练，雨梅变得大方很多。

方法四：物质奖励和精神奖励相结合

当女孩在我们的鼓励下，有了一两次不错的表现时，我们可以奖励一样她喜欢的东西，比如一张贴画、一个小玩偶或者其他女孩都喜欢的东西。或者在墙上贴一张表格，每有一次不错的表现，就奖励一个五角星。

等到贴画或者五角星的数量达到一定数目时，可以带她去游乐场玩或者是做女孩喜欢的活动。

一段时间之后，如果女孩的大方行为已经得到了巩固，我们就可以取消奖励贴纸之类的行为，改用口头表扬，同样可以收到不错的效果。在口头表扬时，不要吝惜赞美之词，比如“你很棒”、“你太了不起”了。

西方的父母经常用这些词汇来鼓励孩子，因此西方的孩子大多都表现得比我国的孩子大方。而中国的父母会感到这样的词语有些夸张，事实上成长中的女孩非常需要这样的鼓励，尤其是那些害羞的女孩。

细节82：如何让女儿拥有好脾气

韩剧《我的野蛮女友》中的女主角既有野蛮的一面，也有纯真可爱的一面，所以受到了很多人的喜欢。而在我们周围，一些女孩子只学会了野蛮女友的火爆，动不动就对身边的亲人、朋友做“河东狮吼”，却忽略了她身上更吸引人的正直和纯真。

当一个漂亮的女孩当众乱发脾气时，别人会从心底里讨厌她的举动，进而疏远她。可见，坏脾气不仅会影响女孩的学习和工作，还会给女孩的人际交往带来很多障碍。面对一个脾气坏的女孩，我们在头疼之余，也在寻思：如何让女孩长得漂亮，脾气更“漂亮”呢？

方法一：对女孩的关心和爱护要有度

有些女孩的坏脾气是在爸爸妈妈的“娇纵”中养成的，平时习惯了别人对她的顺从，稍有不如意，就会大哭大闹，以达到“逼迫”父母就范的目的。因此，爸爸妈妈宠爱女孩是可以理解的，但不宜一味地顺从和满足。

方法二：给女孩提供一个发泄的空间

如果女孩在发脾气，那么我们不妨让她回到自己的房间，在那里她可以随便尖叫，吼叫够了就可以从房间里出来。

等女孩发泄了自己的不满之后，我们再让女孩出来和我们谈究竟是什么让她心烦，这样下次再想发脾气的时候，她就能更好地控制自己了。或者，可以告诉女孩先找个地方，“一个人静静地待着”。一旦女孩平静下来感觉好一点的时候，她的坏情绪就消失了。

方法三：转移女孩的注意力

有一次，妈妈高高兴兴地带着雪珍去逛街。没想到，雪珍在一家钢琴商店的门口停住了脚步，说要买一台钢琴。

妈妈一时惊得目瞪口呆，这么大的钢琴，先不要说家里没地方搁，价格又那么高，何况小姑娘根本没学过钢琴，怎么玩呢？

妈妈连哄带劝，答应她去买玩具型的小钢琴，可雪珍哭喊着要非买不可。妈妈不由得恼火起来，打了雪珍几下，不料她索性躺在地上打起滚来……

相信类似的情况，我们都遇到过，这个时候，我们该怎么办？最好的办法，就是在女孩刚开始发脾气时，迅速转移她的视线，以新的事物或新的活动吸引她的注意力，并立即把她抱离现场。女孩的情绪和情感往往随着情境的出现而产生，又随着情境的变化而消

失。当女孩因故发脾气时，不妨迅速转移她的注意力，

案例中的雪珍，如果能及时离开钢琴商店门口，那么不愉快的情绪也会因钢琴不在眼前而很快消失。

如果女孩脾气特别厉害，作为妈妈要学会“冷处理”，明确地对她讲这样闹是不对的，是无济于事的，千万不要同她多纠缠。女孩爱发脾气，有其生理、心理上的原因。小女孩的大脑神经系统功能发育还不完善，兴奋和抑制过程发展不平衡，容易兴奋而难以抑制。另外，小女孩的道德意识正处在刚刚开始形成阶段，是非观念和评价是非的能力还停留在幼稚的水平上。

小女孩往往以为我要的东西，妈妈就该买，你不买，我就发脾气。至于任性、发脾气是不良的行为，也许她连想都没想过。这样一想，或许我们就能心平气和地来处理“突发事件”了。如果做妈妈的不加分析，采取简单粗暴的办法，只会给孩子“火上加油”，这样，事情就更糟了。

比如，妈妈可以佯装离开现场，让女孩明白自己的行为已经惹大人生气了，妈妈不爱自己了，这样，她就会逐渐冷静下来。有时还可借助过路行人的话来劝导女孩，也能收到较好的效果。当然，等到女孩的脾气平息时，妈妈还应循循善诱，晓之以理，加以引导，使女孩明辨是非。

方法四：在日常生活中加强引导

女孩发脾气时，我们往往急于“救火”，这是必要的，但也是消极的。积极的方法就是平时对女孩加强教育和培养。对爱发脾气的女孩，我们既不能对她们放弃教育和要求，也不能采用简单的哄、打方法，而要把爱孩子与严格要求相结合。

比如，带女孩出门逛街或者上朋友家做客时，事先就应当向女孩提出明确的要求，让女孩能仿照着做，逐渐锻炼女孩的自

制力。

平时，我们还应多为女孩创造良好的生活环境与教育环境。父母要以身作则，不在女孩面前乱发脾气。我们还可以经常利用电视、故事中好孩子的形象，给女孩讲一些浅显易懂的道理，从而在女孩心目中树立好孩子的榜样，使女孩情绪稳定，心情舒畅，懂得道理，避免出现因无知而任性和随便发火的现象。

细节83：化解嫉妒心理，净化女孩的心灵

嫉妒源自人的本能。而安全感，是早期儿童嫉妒心理的根源。家里来了小客人分享了妈妈的爱，别的孩子受到表扬，或者拥有自己没有的玩具……总之，所有可以转移父母注意力或者不能满足自己需要的大大小小的事情，都可能引发女孩的嫉妒心。

嫉妒是女孩成长过程中不可避免的一种情绪，适当的嫉妒心有利于儿童进行自我保护，还可以帮助女孩认识自己。父母要注意，在女孩产生嫉妒心理的时候，不要一味责怪。因为女孩嫉妒心强不一定是孩子的错，也许和父母的教育不当有关。

方法一：避免在女孩之间进行比较

威廉姆斯姐妹，是美国网球名将，从小一起训练，但是两姐妹却从来没在一起比赛过。为什么呢？原来父亲老威廉姆斯认为有比赛就有输赢、就有比较，而有经验的父亲不希望姐妹中的任何一方在朝夕相处时产生挫败感或者优越感，更不希望她们彼此嫉妒。

所以，父母不要在女孩之间进行比较、比赛。当女孩因为有了对比而产生嫉妒心时，表面上女孩一时因好胜心而有所进步，但是用不了多久，上进心就会被嫉妒心所代替，使女孩失去对学习本身

的关注，而对自己通过胜利所获得的关注产生依赖性。

当父母对女孩进行表扬时，要针对女孩的具体行为进行表扬，承认女孩的个性差异，而不要把本来不属于女孩缺点的或者无法改变的生理或性格进行好坏甄别。

婧婧比较胖，妈妈就夸婧婧身体棒，抵抗力强，不爱感冒。婧婧性格大大咧咧，对同学的优点常常真诚地赞美，同学们都很喜欢她。

而同样较胖的方方，妈妈就常常说，你要减肥啦，你看人家露露，小腰多细啊。方方有一天看见露露在滑旱冰，就故意推了一下露露，造成露露小腿骨折。

有的女孩性格活泼，有的女孩性格安静内向，有的女孩长得漂亮一点，有的女孩长相平常一些，有的女孩胖，有的女孩瘦，这本来是人天生的特质，本来没有优劣之分。方方妈妈用自己的偏见在不知不觉中把一个天真的孩子教育成了一个嫉妒心重的孩子，真是可惜。

方法二：给予女孩同样的关注

小玉是一家跨国公司的白领。她坦言说，自己有今天的成就，有赖于她的“嫉妒”。原来，小玉上小学的时候，一直生活在极度的自卑之中，身边的每个人见到小玉的第一眼，都认为她是一个再普通不过的小女孩，又笨又丑。老师从来不表扬她，妈妈也不重视她。她从小捡姐姐的旧衣服，用姐姐用过的旧课本。

小玉嫉妒姐姐，发誓将来一定比姐姐强，比所有同学都强。就是这样，小玉发奋读书，终于考上了重点中学，直到上名牌大学，成为外企白领。虽然小玉再也不用去嫉妒别人了，但她说，即使到现在，童年嫉妒的阴影还都根植于内心之中。

虽然嫉妒也可以成为“动力”，但更多的嫉妒往往只是伤人伤己。即使是事业有成的小玉，童年嫉妒的痛苦仍然在成年后继续伤害着她。不要把嫉妒归结为女孩品行差、自私，其实，每个女孩都不喜欢嫉妒，嫉妒意味着内心对失败的恐惧和自卑，意味着被忽略的痛苦。嫉妒来自于女孩内心的本能，而催发嫉妒生长蔓延的养分却来自父母不正确的暗示和忽略。关注女孩，给予她积极的暗示，是消除女孩嫉妒心，帮助女孩建立自信、自尊的有效途径。

和小玉相反，有的女孩从小到大，在同龄人中非常优秀，一直在长辈的关心赞美中长大，这类女孩往往更受不了别人比自己强的现实。父母要注意平时对女孩的赞美要适度，对女孩的失败要宽容，同时，告诉女孩，每个人都有自己的特长和天赋，既要超越，又要接纳别人的成功，教会女孩宽容、大度。

方法三：让女孩多参与团体活动

父母应该让女孩多和小朋友一起交往、玩耍。在交往和玩耍的过程中，女孩自然要尝试学习如何迎合和迁就别人，这些正是嫉妒心强的女孩所缺少的品质。

让女孩尽可能多地参与一些集体活动。当女孩为整个团体荣誉而战的时候，她就会希望团体中每一个成员都是最优秀的，把团体的胜利看成是自己的胜利，从对自己的关注上转移到对团体和他人的关注上。当女孩能够比较平静自然地接受个体差异，接受“别人比自己强，比自己好”的事实时，才会真正消除嫉妒心理。

细节 84：交际——培养女孩的交际技巧

心理卫生学家卢格说过：“人类的心理适应，最重要的就是对人际关系的适应。”一个女孩能否很快融入新环境，并与别人打成一片，要看她的人际交往能力如何。

新学期开始了，因为爸爸妈妈的工作发生了变动，10岁的雅容跟随爸爸妈妈来到了一个新的城市，进了一所新的学校。

然而，在这所新学校里，雅容觉得非常不习惯。一来雅容是个内向的女孩，二来她也听不懂当地同学的方言，交流起来很困难。

下课的时候，一群女生围在一起玩“跳房子”的游戏。雅容远远地站在一边，怀着羡慕的心情看着。一个女同学跑过来，对雅容说：“和我们一起玩吧！”

雅容却摇摇头，女同学扫兴地跑开了。接下来的几天时间里，每次都有同学跑过来叫雅容过去玩，雅容都拒绝了。时间一长，雅容成了班上的“独行侠”，几个调皮的男生还喜欢拿雅容开玩笑。

雅容不敢和爸爸妈妈说这些事，只好一个人闷在心里。不仅如此，她上课也不敢举手，遇到不会的问题也不敢问老师。一个学期下来，本来成绩不错的雅容，居然有好几门课都考了不及格。

雅容的例子说明，一个内向、不善交际的女孩，会因为无法与周围的人进行沟通而显得很孤单，还容易与同伴之间发生矛盾和冲突。

此外，还有一些女孩会为此而产生焦虑不安的情绪，甚至出现不愿上学、怕没人跟自己玩、怕受人欺负的不良心理。

学校是社会的一个小缩影，一个在学校里难以与同学正常交往的女孩，将来走上社会又如何应对纷繁复杂的人际关系呢？为此父母要了解以下几个方法培养孩子的交际能力。

方法一：及早培养女孩的交际能力

要培养女孩的交际能力，就要从身边的小事做起，并且在女孩出生后就要实行。

比如，让幼小的女孩学会与他人友好和睦地相处，包括学会谦虚、有礼貌、能与别的小朋友分享玩具等。家里买了新的玩具，我们可以提醒女孩请邻居家的孩子来一起玩。别的小朋友上门来玩耍，我们要讲表示欢迎的话，消除女孩的恐惧心理，还要叫自己的孩子拿出好吃的东西来招待小朋友，拿出好玩的东西给小朋友玩。这样，让女孩有充分的时间和小朋友们一起交往，得到更多的交往机会，体验到和同伴交往的乐趣。

此外，在把女孩带到一个集体环境中玩耍时，爸爸妈妈要注意女孩是否与别的伙伴进行了交流。很多时候，一帮孩子聚在一起玩耍时，多半是各玩各的，很少有交流，也没有沟通与合作。这种氛围自然不利于提高女孩的交际能力，比较合适的做法就是鼓励女孩与别人同玩一种游戏。

我们应当鼓励女孩多交朋友，并为女孩创造与别的小伙伴进行合作、分享的机会。在集体活动中，遇到与自己意愿相悖的事，我们应教育女孩学会忍让，与同伴友好合作，暂时克制自己的愿望，服从多数人的意见。例如，几个孩子在一起商量做什么游戏，大家都说玩动物园游戏，而自己却想玩过家家，此时，女孩就要学会克制自己的愿望，和同伴们一起高高兴兴地玩动物园游戏，这样才能使交往顺利进行。

方法二：不轻易介入女孩的"人际战争"

在人际交往活动中，女孩难免会与别人发生矛盾冲突。要么是女孩想把别人的东西据为己有，要么是别人想强行霸占她的东西。有时候，为了一个很普通的玩具，几个孩子就会抢来抢去，甚至会打起来。这个时候，我们应该怎么办呢？

一般情况下，我们出于对女孩的怜爱，总是会出面帮助女孩，用大人的权威制止孩子间的"战争"，尤其是对方是男孩时，这种"帮助"行为更加明显。然而，这种做法不利于女孩交际能力的发展，更不利于女孩的情感发展。

其实，遇到这种情况时，我们先不要紧张，也不要不好意思，更不要强行让一方服从另一方。比较合理的办法，就是引导孩子们相互交换玩具，从而让女孩学会处理“人际战争”的正确方法。

方法三：让过分自卑或者过分高傲的女孩融入集体中

有些女孩不敢和同龄人交往是因为比较自卑，比如觉得自己长得丑、不如别人聪明等。对这样的女孩，我们要在日常生活中多赞美她，让她发现自身的优点，帮助女孩建立自信。千万不要指责、讥讽女孩，那样会让女孩的自卑感更加严重。

与自卑的女孩相反，有的女孩难以与别人交往，是因为她们恃才傲物、目中无人。对这样的女孩，我们就要采取不同的教育方式。在日常生活中，引导女孩多注意别人的优点，让她明白“天外有天，人上有人”的道理。时间长了，女孩就会形成积极的情绪，人际交往能力自然提高了。

方法四：教给女孩基本的交往技能

为了帮助女孩成为受同伴欢迎的人，在交往中得到快乐，我们应有意识地教给女孩一些交往的技能。

我们应让女孩在交往中学会使用礼貌用语，如“请”“谢谢”“对不起”等，告诉女孩只有懂礼貌的人，别人才愿意和她一起玩耍，也才肯把心爱的玩具给她玩。对女孩在交往中礼貌语言用得好的时候要及时进行鼓励和表扬，以便强化女孩的礼貌行为，形成良好的礼貌习惯。

此外，还要教女孩学会遵守集体规则。要让女孩明白，在集体活动中，孩子们会自己制定一些规则来约束每个人的行为，谁破坏了这些规则，谁就会受到集体的排斥。只有自觉遵守集体规则的人，才能得到大家的喜爱，也才会有更多的朋友和她一起玩。

第十章 了解悄悄变化的女孩，让青春期成为潜能的爆发期

青春期，指的是12～18岁期间，这个时候的女孩进入了一个“危险期”。由于身体的奇妙变化，青春期女孩对周围世界的感知方面发生了很大的变化，她们对自己的身体和心理都会感到困惑。月经的初潮给女孩带来强烈的成人感，日趋突出的乳房使女孩感到羞怯。女孩一方面想把自身的变化封闭起来，一方面又把自身的变化与别人实行比较，并且在穿着上日趋向成年女性接近。同时，青春期女孩对外界的感知有所偏颇，这会影响她们的处事方式，进而造成对自己的伤害。在青春期，父母要给予女孩更多的关怀和支持，尽快抚平女孩内心的伤痛。

细节85：父母如何做，才能把代沟“最小化”

女孩进入了青春期，父母最大的感受就是，她不再是以前那个说什么是什么，把父母看作是“万能”的小女孩了。她开始怀疑父母，认为父母的观念“老土”，甚至故意跟父母对着干。父母在她

眼里，似乎变得一文不值。用一个词来说明，就是“代沟”。一代人和另一代人之间，必然产生代沟，如果做父母的能够回想一下自己的青春期，仔细对比一下，当年的自己，不就是现在女儿的翻版吗？那么，该如何应对“代沟”现象，并且把代沟尽量最小化，让自己和女儿之间进行无障碍交流呢？

方法一：理解女儿，允许女儿有自己的想法

既然代沟的存在是必然的，父母就没有必要强求女孩和自己观念一致，想法一样。然而，父母往往强调自己人生经验多，有资格教育女孩，而女孩还没有长大，什么都不懂。青春期女孩她们刚刚有了成人的感觉，她们甚至相信，自己已经完全长大了，这时候，父母越是认为她没长大，什么都不懂，女孩就越会反感，认为父母不相信自己，伤害了自己的自尊心，在这种情况下，女孩即使明明意识到自己错了，也不会承认，反而为了保全自己的面子而一意孤行。所以，在叛逆的青春期，聪明的父母不应该和女孩对着来，而应该故意“顺”着她说。

刘倚帆在12岁时，迷上了露脐装，刘墉很是看不惯，可他没有直说，只是拐弯抹角地提了一句：“露肚脐的娃娃是可爱，可没有温度，这样会不会着凉感冒呢？”女儿愣了一下，第二天，就依依不舍地脱下了心爱的露脐装，毕竟感冒比不够漂亮更让人挠头。

刘墉先是肯定了女儿穿露脐装很可爱，但又从女儿身体健康角度出发，担心她因此而着凉，而“人不是没有温度的娃娃”也会让女孩从中听出父亲对自己着装的不满。这样，从肯定到不满到担忧的交流，让父亲和女儿之间的代沟消弭于无痕，在不动声色之间，达到了教育的目的。

如果父母全部抹杀了女儿的行为观念，那必然招致女儿更为激烈的反感和抗议，所以，在和女孩交流时，一定要试着从女孩的角度去考虑，看待她的言行，当女孩感到自己被认同，被理解时，自然就愿意接受父母的合理意见了。

方法二：接受新事物，新观念，做“时尚”父母

我们这个时代，越来越进步，新事物和新观念也日新月异。即使为了女儿的未来，做父母的也不该落后于时代，不然，你如何应对女儿所处的不断变化的新环境呢？看看这位妈妈是如何做的吧。

我发现女儿小昭的言行越来越怪异了。她的嘴里常常冒出一些莫名其妙的新名词，而且，经常谈论某某同学新交了什么样的男朋友啊，某影星最近有什么绯闻了。

这对年近50，在一家企业做会计的我来说，如同听天书一样难懂。我没有办法和女儿交流，心里也清楚，在这纷杂多变的世界里，女儿不受影响是不可能的。女儿虽然只有15岁，但女儿所了解的似乎比我这个妈妈知道的新鲜了许多。

有一次，我同女儿一起上街买衣服，女儿嫌我挑的衣服太老土了，一把抢过我手里的衣服，扔到柜台上，扯着我到另一个柜台，指着一件漂亮的风衣说：“妈妈，你穿这件好看！”看着女儿急切的目光，我的心不禁热了一下，女儿正在长大，她真心地希望妈妈和她一样，接受这个时代最美好的一切……我在那一刻似乎理解了女儿，她有她的世界，而且她正在自己的新世界里日益成熟，快乐而且幸福。

从那时起，我就经常向女儿请教，争取做个“时尚”老妈。有一次，女儿的同学来家里玩，两个孩子要看韩剧，我也在一边看，跟她们一起讨论剧情。后来，同学走后，女儿笑着对我说：“妈，你猜我同学怎么评价你？她说，你老妈太时尚了。”

我和女儿的关系越来越好了，有什么心里话，女儿都跟我说。我有什么话也跟女儿说。我发现，即使我把过去的老观念搬出来跟女儿交流，她也不像以前那样反感了。有时候，女儿也会说："妈，你们那个年代其实挺好的，不像我们现在这样浮躁。"

如果我们愿意倾听女孩内心的声音，就会知道，如同我们希望女孩理解父母一样，女孩也希望父母同她们一样接受她们眼中的世界。是的，既然如此，我们就衷心的祝福女孩吧，让她们能够寻找到真正属于自己的世界吧。

方法三：用恰当的方法和女儿沟通

那些固执的父母，总是苛求女孩做事，一不满意，轻则批评，重则打骂。有的父母与女孩谈话一谈就僵，几次之后女孩就再也不愿意与父母说心里话了。有的父母平时唠唠叨叨的，口中全是对女孩的不满。久而久之，女孩就会同父母产生代沟。所以，在教育女孩的过程中，即使你的意见和女孩不一样，但只要不是原则性的错误，就尽量采取柔和的方式和女孩沟通，不要采用唠叨、打骂、强制等手段去教育女孩。

另外，在现代社会中，女孩面临的压力很大，有学习的压力、发展的压力、与父母冲突的压力、与同学交往不畅的压力等。这些压力会使女孩作出父母无法理解的选择和行为。所以，在女孩叛逆、不听话、发脾气等情况下，父母应该先冷静一下，站在女孩的角度去想想，她是不是遇到了什么问题，而不要一味的强求和责备女儿。女孩所承受的压力和我们在工作中承受的压力并没有什么不同。

细节 86：绝对不能查看女孩的信件、短信、日记等

女孩在小时候是没有秘密的，她们有什么话都会告诉父母。然

而，随着青春期的到来，女孩的心里有了越来越多的小秘密。一般来说，这些小秘密绝对不是见不得人的事情，父母不要把女孩的隐私看得很严重。试想想，我们年轻的时候，是不是也有许多不想让父母知道的小秘密呢？

一个女孩在给某青少年心理咨询所的信中写道：

老师，我是一名初二学生，我有一个很大的烦恼，那就是妈妈老是私拆我的信件。我有不少朋友，比如小学里的、外面辅导班里认识的、一起排练节目的，等等。

平时学习太紧张了，我们就写信联系。可是信一寄到家，我妈妈就要拆开，先看看，然后才肯给我。我说了她好几次，她就是不听。我感到自己已经不再是过去的小孩子了，应当拥有自己的交友隐私，所以我感到妈妈这样做是不尊重我。

那天，妈妈拆看了我的来信后，一边把信扔给我，一边说："哼，你现在什么也不告诉我了，我看你瞒得了我。"

天哪！我有什么东西要瞒着她呀！老师，你说我妈妈这样做，我该怎么办？

这个案例十分典型，很多十四五岁花季的女孩都十分反感父母偷看自己的日记、私拆自己的信件，查手机，查 QQ 聊天记录，查短信。而父母偏偏最不放心的就是这些，因为这些是他们无法控制的部分，也最能体现"真相"的部分。

女孩心中的秘密只是青春期阶段的一首小诗，一个小插曲，是女孩独立意识的一种体现，是女孩长大的前奏曲。如果父母害怕女孩发生什么对她成长不利的事情，就应该多关注女孩，多和她们沟通，而不是企图从女儿的日记或信件中发现什么"图谋不轨"。如果你已经偷看了女孩的信件和日记，无论看到什么，都不要当面拆穿，把这个秘密藏在心中吧，伤害了女儿对你的信任，这才是最大的损失。

有的父母成天盯女儿稍，见风就是雨，这种疑心病的父母会对女孩造成巨大伤害，会让女孩对父母产生怨恨心理。

有一个女孩，到了青春期之后，妈妈总是疑心她交了男朋友，一有同学来电话，她就在旁边偷着，询问是男同学还是女同学，有什么事情等。女孩被盯得烦了，和妈妈大吵了一架，后来，女孩告诉心理医生，每次她看见妈妈盯着自己的眼神，真想骂她“神经病”。

青春期的女孩情感还不稳定，无法从父母的角度去理解父母的苦心。这个时候，无论你对女孩有多少个不放心，都不要直接表现出来。

青春期的女孩正是最需要保护的阶段。父母的任何一个疏忽都可以造成难以挽回的损失。青春期女孩，面临着生理和心理的巨大挑战，是她们最为迷茫的时候，父母希望帮助她们，而她们恰恰在此时紧紧半闭了心房，对父母设起了防线。女孩紧锁的心事也恰好成为父母最担忧，最头疼的事情。

其实，大部分女孩都会步入迷茫而狂躁的青春期，只要没有特别情况发生，父母不必格外担忧。当然，父母恰当的帮助会让女孩顺利度过青春期。然而，如果父母不知道如何帮助她们，而采取一味盯梢，查隐私、禁闭等方式来防止她们青春期“出轨”，不但起不到教育作用，反而会成为女孩成长的障碍，打破她们正常的人生轨迹，影响她们的成长。那么，父母该如何帮助女孩安然度过青春期，和她们一起分享青春期成长的秘密呢？

方法一：告诉女孩，父母永远是她们最后的港湾

青春期女孩会遇到不小的麻烦。比如生理周期的来临，生理发育产生的种种困惑、情感的困惑，伴随着种种困惑的还有盲目的幻想和自信，这种矛盾是很多青春期女孩误入歧途或受到伤害的主要原因。而父母往往会对她们的这些困惑报着不以为然或者持警惕态度。比如，父母会认为，她们不懂爱情，她们不知道这个社会的现实，而对女孩指手画脚，动不动就以“审问”的口气查问女孩的动向。青春期女孩感觉到不再像她们小时候那样受到认可了。这些都会让女孩打消和父母沟通的念头，隐藏起她们真正的想法。

1. 不要和女孩争执谁对谁错。如果女孩主动和你们谈起一些社会现象和一些内心想法，你可以尝试像同龄人那样和她交流。这样，女孩慢慢就会习惯把她身边发生的事情和自己的想法说给你们听。每个女孩都有倾诉的欲望，如果她确信在父母这里不会受到任何诘难，她心里的小秘密绝对是藏不住的。

2. 当你告诉女孩说：“你告诉父母实话，我们绝对不会批评你”时，你就一定要遵守诺言。多少女孩悲剧的发生归根结底就在于父母，如果在她们发生错误时，父母不是采取粗暴的手段对待她们，也许，父母就会及时挽救那些身处险境而进退两难的女孩们。所以，无论如何，要让女孩知道，父母永远是她们最后的港湾，是保护她们的最坚强的翅膀。

方法二：经常和女儿一起探讨人生

父母平时要多读一些书籍，了解女孩青春期较易发生的问题，并经常和女孩一起探讨。很多父母习惯寻找女孩身上的不足，或者就女孩身上发生的某一件事去讨论或者批评，这种有针对性的批评自然会让女孩反感。如果你并非针对女孩本人，而是针对某种现象和女孩一起探讨，女孩既明白了你的立场和意见，还不会反感，这样多好。

比如，当你觉得女孩对人不够礼貌，就可以讲一讲你最近遇到或者听说过的相似的行为，装作不经意地说起来，一定不要和女孩发生任何联系，如果你觉得女孩最近交的朋友都不太好，可以说：“前天看见一个女孩子，长得挺水灵，穿得却像小太妹一样，小小年纪就谈了男朋友，那男朋友还纹着身，一看就不是好人。也不知道是谁家的女孩，父母辛苦养大，变成这样子，得有多难过呢？养个孩子，多不容易啊。”

与其天天盯女儿的梢，对女孩疑神疑鬼，不如就社会上的某些现象进行探讨，这样，女儿以旁观者的立场去看待整个事件时，就会比较客观。以后遇到相似情况时，女孩就会以比较理性的态度去处理。

就社会上的一些现象，也可以和女儿一起探讨。记住，为了女儿的健康成长，一定不要把那些消极的、不正确的人生观传达给女儿。可以多谈一些关于成功，品德之类的话题，引导女孩用健康的人生观为人处世。

方法三：经常和女孩谈心，帮助女孩解决问题

虽然父母不能够使用跟踪、偷看日记，手机短信，聊天记录等方式查看女孩的隐私，但是，在复杂的社会环境中，当然也有一些不健康的因素影响到女孩，我们理应警惕女孩不要受到不良行为的影响，但不应过分干涉。因此，我们在掌握女孩的心灵动态时，不应随意践踏女孩的隐私权。

我们对此应该予以尊重，千万不能因为女孩不再像以往那样和自己说心里话、有事瞒着自己或给抽屉上锁而心急、焦虑，更不要采取“偷看”之类的方法。否则，只会给青春期女孩的心灵蒙上沉重的阴影。因为青春期的女孩本来就敏感、自尊心重，很难忍受别人的误解和偏见。

这个时候，我们可以经常主动找女孩谈心，做到与女孩情感上的沟通，才能减少女孩对日记本的“感情依赖”，让女孩感到父母不仅是血缘上的亲子关系，更是生活中可以信赖的朋友。只有这样，女孩才愿意把自己心中的秘密告诉父母。

细节 87：巧妙化解女孩的早恋问题

歌德的《少年维特之烦恼》里有这样一句经典的话："哪个少年不钟情，哪个少女不怀春。"这种少年少女的钟情和怀春，就是我们经常所说的早恋。所谓早恋，是指生理、心智未成熟的男女建立恋爱关系或对异性感兴趣、痴情或暗恋等，一般是指 18 岁以下的青少年之间发生的爱情。

一般说来，青春期女孩的情感比较丰富，在对异性的追求中，容易冲动，又缺乏理智的管束。这种狂热的情感一旦冲垮理智的堤岸，对于青春期的女孩来说，她们最后品尝到的不是爱情的甘露，而是难以下咽的青苹果的苦涩。心理专家认为，青春期孩子早恋的产生，在心理上主要有 3 个方面的类型。

精神空虚型。女孩进入青春期，正是精力特别旺盛，处于长身体，学知识的大好时期。然而，有一部分女孩虽有充足的精力，但不用在学习上，由于对学习缺乏兴趣，她们又找不到合适的方式发泄这部分过剩的精力，于是，早恋便侵占了他们空虚的心灵。这样的女孩多是学习成绩差，对学习提不起兴趣，缺乏家庭的温暖，他们不懂得什么是爱。或者父母管教不严，让女孩无所事事。

爱慕虚荣型。随着青春期的到来，加上流行的爱情歌曲和表现性爱的影视和书籍的诱导，少男少女的潜意识里也产生一种希望被认可、被赞美甚至被追求的冲动。如果这种女孩平时在学校里因成绩好或表现好常受到表扬，或在家里能得到父母的肯定，这种需要就能得到满足，分心的危险也就小些。如若不然，外部因素的诱惑就会使女孩分心。这也显示出许多早恋者的幼稚和盲目性。

盲目钟情型。青春期的女孩进入了一个多梦的季节，他们对异性的好奇，对两性问题的兴趣明显增加。大多数女孩的这种感觉如浮光掠影，一闪即逝。不过还有一部分多愁善感的女孩却深受困扰。因此，父母在处理女孩早恋问题上，应注意"冷处理"，不能头脑发热，更不能张扬或采取强硬措施。因为这时候的女孩，他们的感情是细腻而真挚的，脆弱而单纯的，但是对于他们那些不合时宜，缺乏是非的思想，父母要细致而有耐心地处理和引导。

一位作家说："早恋是一朵带刺的玫瑰。喜欢的人会被它的芬芳所吸引，然而，一旦情不自禁地触摸，又常常被无情地刺伤。"心理专家表明：早恋危害了女孩的身心健康，对女孩的学习和行为有着很大的影响，如果父母处理不当，将会对女孩产生巨大的影响。

15 岁的倩倩自杀了，幸亏发现的比较早，才有幸挽回了性命。在病床上，面容憔悴的倩倩有些激动，她虚弱地埋怨道："我这么做都是被我父母逼出来的。"接着倩倩痛苦地道出了整件事情的前因后果。

由于父母忙于经商，很少管教进入青春期的女儿。由于骚动的情愫，荷尔蒙的刺激，倩倩不知不觉地喜欢上了同班同学小强。倩倩柔美可爱，小强阳刚正直，两个人深深地被对方吸引了，于是，他们由刚开始的谈心、聊天，逐渐发展到恋爱，直至最后的早出晚归。

过了一段时间，倩倩的早出晚归终于被很少管她的父母发现了，在父母的一再追问下，她终于道出了她和小强之间发生的一切。然而，这对忙于生意的父母对女儿的行为非常生气，甚至对倩倩进行打骂。然而，父母的责骂没有对倩倩形成任何的威胁，她认为，反正你们都不管我，每次不都是说说算了，再说，我也不是被你们骂一两次了，你们骂你们的，我还恋我的。于是，倩倩还是像往常一样，早出晚归，继续和小强卿卿我我，花前月下。

倩倩的父母见用责骂对女儿已经起不了任何作用，再说他们也比较忙，除了责骂，也没有其他任何办法。后来，倩倩妈妈找到了老师，告诉老师这件事，让老师多批评倩倩和小强，有什么事情立即告诉他们。然而，老师的诉说，让倩倩的父母很失望，因为倩倩和小强的约会一般都不会在学校，而是在学校之外的其他公园或娱乐场所。对于倩倩父母的要求，老师很难做到。

没办法，老师那儿是没戏了，终于倩倩妈妈又想到比较有效的方法，那就是找到和女儿恋爱的那个小强的父母，要求对方严厉管好自己的儿子，否则将会对其不利。

倩倩从男孩那儿得知了父母的行为，她感觉自己被父母侮辱了，她非常生气，回到家里和父母吵了一架，离家出走了。当倩倩被父母找到以后，等待她的又是一个难以接受的处罚方式——父亲用皮带狠狠地打了她一顿，并责令她不能离开家里半步，包括上学。

倩倩被父亲狠狠地打了一顿，然后又被关了禁闭，还不能上学，这些搞得邻居和同学都知道了他们的事情。倩倩觉得再也没脸去上学，也没脸出门了。于是，她在一个下午，用小刀割伤了自己的手腕。幸亏，倩倩的父母发现的比较早，才挽回了女儿的生命。

相对于倩倩父母的行为，小雅母亲的做法就显得高明多了。

小雅本来和母亲是一对无话不谈的母女，邻居看了都非常羡慕，说："这哪儿是母女啊，感情就像姐妹一样，有什么说什么，真是让人羡慕哪。"然而过了一段时间，这种现象却发生了一些变化，小雅很少和母亲交流了，自己开始偷偷地写起了日记，并且还把日记锁进了抽屉里，以防父母看到。

然而，小雅的这些动作全在母亲的掌控之中，虽然有些好奇和感叹，但如果对女儿的情绪处理不好，那将会影响母女之间的感情。当然，小雅的母亲还是愿意给女儿留出一些自己的隐私空间，希望小雅能够自己坦白。

过了一段时间，小雅的行为更加怪异了，但小雅的母亲就当作什么都没有发生。功夫不负有心人，小雅的母亲终于等来了小雅的坦白，小雅鼓起勇气把所有的一切都告诉了母亲，并且很认真地问："妈妈，我这是不是早恋了，还是我本来就是一个坏女孩？"

听完女儿的讲述，小雅的母亲微笑着告诉女儿："傻女儿，这也叫早恋啊，这只是异性之间的好感而已，这是每个青春期女孩的必经阶段，你不用自责。"

小雅很抱歉地对母亲说："妈妈，对不起，我不是故意要瞒你的，只是觉得这种事情也不知道该怎么和您说，您不会在意我对您隐瞒吧？"

"好女儿，你能理解妈妈的心情就好了，我从来没有怪你什么，相反，我还为你感到高兴，你这样做证明你长大了，成熟了。能够看到你成熟，我高兴都还来不及呢，怎么能责怪你呢。妈妈相信，你长大了，自己的事情一定会处理好的，毕竟你现在还小，学习知识是头等大事，你自己好好处理吧。"母亲的一番话，让小雅露出了欣慰的笑容。她向母亲承诺，一定会好好把握自己，把心放到学习上去，努力提高各方面的成绩。

通过案例我们知道，与倩倩相比，小雅是幸运的，因为小雅有一位善解人意的母亲。当母亲知道小雅的秘密之后，考虑到女儿的自尊心，这位伟大的母亲利用理解和尊重的方式，激励女儿正确处理一些问题。正是通过这种理性的沟通、激励和引导，使小雅树立了正确的人生观和价值观，使小雅顺利地度过了那段迷惘和不安的青春期。当然，倩倩的故事无疑是非常令人心痛的，由于父母蛮横的做法和行为，把一个本来朝气蓬勃的女孩推向了绝望的边缘。

由于早恋常常使心理极不成熟、性格又极易冲动的女孩很容易走向极端，做出种种不可思议的事来。因此，面对女孩的早恋，父母不宜用强硬的手段，应学习案例中小雅母亲的做法，把握教育和管理的分寸，不要和女孩较劲，理性面对女孩的“早恋”问题。

那么，父母应如何理性地处理青春期女孩的早恋呢？

方法一：给女孩早早打上“早恋”的预防针

当女孩进入青春期后，父母可以同女孩互相交流一些关于爱情和婚姻方面的教育，给女孩打上“早恋”的预防针。当父母发现女孩有早恋的苗头时，先不要惊慌失措，或谈“情”色变，更不要对女孩拳脚相加，把女孩逼向万劫不复的深渊。父母这时候要对女孩进行有益的帮助，给女孩讲道理，告诉女孩喜爱异性是一件自然的事情。

正如歌德所说：“英俊少年哪个不善钟情，妙龄少女谁个不善怀春”，喜欢心仪的异性是这一时期每个女孩都会出现的情况，但这种喜欢只能保持在友谊的层面，不能成为“恋爱”。父母们告诉女孩不能早恋的原因，要教育女孩自尊自爱，区分友谊与爱情的关系，适当地向女孩讲讲爱情的社会道德性和爱情的责任，使女孩对恋爱、婚姻有更进一步的认识。

方法二：加强感情沟通，以尊重、关心和理解女孩为前提

父母要想正确地和女孩进行感情的沟通，取得女孩的尊重和信任，其前提条件就是父母应学会尊重女孩的人格和感情，尊重女孩在生活中的合理要求。尊重是相互的，如果父母能够尊重和理解女孩，那么他们也将会得到女孩的尊重和理解。另外，父母在尊重女孩的同时，还要加倍关心女孩，对女孩在日常生活或学习中出现的失误，父母应及时地给予帮助和支持，帮助女孩找出失误的原因，总结教训，耐心地做好疏导工作，同时有效地从各方面支持女孩，帮助女孩顺利地度过这一时期。

一些专家认为，女孩与父母之间能够顺利地沟通，还需要基本的平等、真诚和信任。有的父母对女孩的情感问题表现的十分敏感，同时对女孩也缺少一些信任，比如，男女同学上学一起走，或表现的亲密一点，过年过节用手机发个祝福的短信，或互相赠送几张别样的卡片，写上几句肉麻的话语……于是，父母开始紧张了，神经质地认为这是在“交朋友”，或者是“早恋”了。于是，父母和女孩之间的不信任感就产生了，女孩对父母的不信任，导致女孩事事瞒着父母，防着父母；而父母对女孩的不信任，导致父母对女孩的挑剔和怀疑加重，这样，一个防着，一个怀疑，双方没有坦白心扉的机会，至于感情的交流和沟通就更谈不上了。所以，专家认为，父母只有以平等、真诚和信任的态度对待女孩，女孩才会敞开心扉，双方才能更好地交流和沟通，这样才便于找出问题的症结所在。

方法三：理性地对待女孩的“早恋”，不要和女孩较劲

如果女孩真的有早恋行为，父母切忌用粗暴的态度对待。其最好的处理方法是尊重女孩的隐私，利用“冷处理”。父母如果发现女孩陷入早恋，因为爱慕对方而魂不守舍时，不能用讥讽、责骂甚至惩罚的方式来对待女孩，不能偷看女孩的信件，跟踪和监视女孩的行踪，更不能冲向学校或对方家中，弄得满城风雨，这样做只会让女孩无地自容，甚至适得其反。所以，面对女孩的“早恋”，父母处理的办法就是理解女孩，体贴女孩，采用“冷处理”的方法。

父母首先要倾听女孩的诉说，理解女孩的内心，让女孩明白以后的道路是漫长而坎坷的，社会的竞争是激烈的，只有在年轻的时候打好了基础，才有能力面对社会，面对生活，以后才能有能力经营爱情和家庭，引导女孩从“早恋”的围城中“走”出来。

然后，让女孩将这份感情冷冻起来，利用真实的故事教育女孩早恋结出的果实是苦涩的，像没有成熟的青苹果那样。当然，冷冻女孩的感情，前提是尽量把双方“隔离”起来，少接触，免得旧情复燃。父母对女孩的“早恋”教育，一定要讲究策略，一定要和风细雨，态度一定要认真严肃，不能埋怨和责备女孩，更不能打骂女孩。当然，帮助女孩走出“早恋”的误区，是需要一定时间的。

方法四：鼓励女孩勇敢地去面对现实，解决问题

对于早恋的女孩，很多父母或许已经做了很多工作，但收效却甚微，为什么会出现这种现象呢？因为无论父母如何努力，也只是外在的因素。而能否彻底解决女孩的早恋问题，还要看女孩自身的因素，即内因。唯物辩证法认为，内因对事物的发展起决定性作用，外因只是影响事物的发展。所以，我们应调动女孩的积极性，鼓励女孩去面对问题，解决问题。

当然，父母在调动女孩积极性的同时，还应给女孩留出足够的时间和空间，让他们有时间去思考、去面对、去解决问题，使女孩自身内在的因素发生改变，这一环节在解决女孩的早恋问题上是至关重要的。

细节 88：用爱和接纳消除女孩的性困惑

青春期的女孩就像是一朵含苞欲放的花朵，需要爸爸妈妈更多的呵护。由于身体和心理发展的不协调，这个时期的女孩很容易做一些傻事，这就需要我们提前打好“性”的预防针，让女孩有保护自己的意识。

青春期的女孩，不仅身高体重迅速增加，同时性器官也逐渐发育成熟。1999年调查显示，我国女孩子首次来月经的平均年龄是12.54岁。

现今社会，性信息十分开放，文学作品、影视作品、模特表演、广告宣传、互联网等关于爱情与性的表现非常普遍。

人是环境的产物，因此，女孩会对异性产生爱慕，表现出对性的好奇，并产生性的要求和试探的愿望。这是一个正常的过程，就像春天来了草会绿、花会开一样，是自然、美好的。相反，如果女孩总是对异性没有好感反而不正常了。所以，父母要趁早告诉女孩“什么是性”，让女孩学会保护自己。

方法一：尽快回答女孩的性问题

当女孩提出性问题的时候，一定要及时坦率地回答，发现问题就解决。如果问题堆积在一起，就更难对付了。并且，还可能让女孩渐渐对父母失去信任，有问题也不会再找父母。

很多父母担忧，如果告诉女孩一些性知识，不就是允许女孩进行尝试吗？国外有关的研究表明，在青春期，科学的性知识教育并没有导致青少年性行为的增加，相反女孩因为了解了更多的性知识而放下包袱，不再对性感到神秘。

她们也能坦然面对异性，那些能够经常与男孩正常交往的女孩，也很少有赔上自己青春的案例发生。

方法二：告诉女孩“可以做什么”

多数父母总是担心女孩做一些出格的事情，因此，父母往往爱告诉女孩“不要这样”、“不要那样”，还总是喜欢把问题说得极其严重。实际上，父母的话反而给女孩一些刺激，让她觉得很神秘，或者感到很有趣，她们更想去试一试。

建议在给女孩讲解各类性提问的时候，可以告诉女孩“能做什么”，如可以和异性握手、与异性一起游玩等。

当然，有些原则是需要父母强调的，如恋爱不宜太早，对感情问题要有责任心。我们要让女孩明白，尽管现代的观念有了新的发展，爱的结合便已足够支持性行为的合理性，不需要婚姻的维系。但是，女孩过早尝试禁果，对女孩的身心都是一种极大的伤害。我们应该严肃地表达这些原则，让女孩知道在性问题的处理上，是有原则的，但不要过于唠叨。

方法三：在女孩“犯错”之后及时拉女孩一把

正在读高二的静柏怀孕了，妈妈发现这件事后，一下就蒙了。静柏的爸爸正好出差了，连个商量的人都找不到，这可如何是好呢？经过反复思考，权衡再三，妈妈觉得最明智的办法是把胎儿打掉，把这件事的影响控制在最小范围内，把对静柏的伤害降低到最低。

在这个过程中，妈妈对静柏没有任何责怪，而是把她当成一个生病的孩子悉心照顾，像朋友一样陪她聊天，给她讲生理卫生和避孕常识，讲父母年轻时的恋爱经历，讲小时候的趣事……

静柏终于放下了心理包袱，把事情始末告诉了母亲。原来静柏上高中后由于英语口语不好，常被同学讥笑，唯有一位男同学不仅不歧视她还热心帮助她。两个人之间慢慢产生了一种莫名的情感，最终两个情窦初开的孩子由于冲动而越轨。

知道真相的妈妈没有批评静柏，也没有去责怪男孩，而是把所有心思放在静柏身上。妈妈知道身体康复的静柏在心理方面的康复还需要一段时间，于是她加倍给静柏以关爱。

妈妈对静柏说："爱慕一个优秀的异性，这是正常的，是一种美好的情感，妈妈十几岁时也有过，但只是在心里偷偷地爱，因为还不到谈情说爱的年龄。你也一样，现在还是学生，对爱慕的人必须把握在同学友谊这个尺度，否则会一时冲动犯了错。但知错能改为时不晚，妈妈允许你犯一次错误，但同样的错误不能犯第二次。"

妈妈还向静柏道歉，因为只注重静柏的学习而没有把必要的性和避孕知识告诉静柏，并保证这件事永远都是母女俩的秘密，不让外人知道。

静柏被博大的母爱深深感动了，她说："妈妈，您放心吧，我一定会成为让您骄傲的女儿！"

静柏在妈妈的鼓励和引导下，身体康复后勤奋学习，严格自律，和那位男同学正常交往，并保持着同学间的友谊，而且听从妈妈的嘱咐没有再和他单独接触，也没有告诉他怀孕这件事。

最终，静柏成功考取了国外一所名牌大学。大学毕业前，又收到三所外国名牌大学的研究生录取通知书。

毫无疑问，当女孩怀孕之后，最能给予她有效帮助的人莫过于父母。在这方面，这位妈妈做出了榜样，她用事实真切地告诉我们：女孩的早恋早孕并非好事，但处理得当，或许会变为健康成长的重要转机。

反过来想想，如果犯错的女孩没有得到亲人呵护，没有母爱的循循善诱，那么她的人生从此会走向何处？

细节89：理性追星，妈妈来指点迷津

女孩崇拜偶像，是个体成长中的必然现象，父母们要求青少年

拒绝偶像是不现实的。大多数女孩的“追星”仅限于收藏几张她喜欢的“星”照贴在床头，听该“星”演唱的碟片，或偶尔花钱买票听该“星”的演唱会，收集该“星”的一些生活资料……如果仅限于这些，父母不应横加干涉，女孩在紧张学习之余，听听流行歌曲，让生活丰富多彩一些，有利于健康成长。

但有些女孩的追星却显得尤为“狂热”，所以父母在给女孩一定空间追逐偶像的同时，更要管住女孩野马脱缰般的追星热情。

方法一：跟女孩一起去“追星”

喜欢娱乐是女孩的天性，女孩“追星”实际上是一种理想中的天真，也是一种激情中的盲目。父母发现女孩追星，不妨自己也同女孩一起追星。父母只有了解了女孩追的“星”，才可以和女孩谈“星”，父母对“星”发表的客观评论，对女孩的人生观与价值观的形成将起到潜移默化的影响。如果只是简单采取扔掉明星的CD、撕掉明星的相片等办法，不仅回头无望，也许会酿成悲剧。

方法二：防止不健康的“追星”

女孩处于青春期，心理不成熟，阅历浅，感情容易冲动，甚至作出一些不冷静的事来。比如，有的女孩过于迷恋某男星，如果有某男星结婚或偷情的消息，立刻觉得“自己受骗了”，闷闷不乐，精神沮丧；有的少女甚至发誓非某“星”不嫁。女孩“追星”如果追到了这种如醉如痴、神魂颠倒的地步，肯定会影响学业、影响身心健康的发展。这就需要父母引起重视，加以正确引导。

其实，“明星”跟正常人没什么两样，许多“明星”的“外在美”都是包装出来的。父母可以跟女孩讲明这些道理，说明听歌和看影视节目只是生活的一个小部分，更多的时间应该用于学习和工作，实现自己的远大抱负。

方法三：树立其他榜样

榜样的力量是无穷的，父母应抽出时间和精力带女孩去亲近历史，亲近英雄，让更多的科学之“星”、文化之“星”、英雄之“星”、劳动之“星”在女孩心里闪耀。即使女孩仍然去崇拜明星，也不会有太大的危害。

方法四：把崇拜转化为激励

“追星”实际上是一种榜样的认同和学习，青少年往往把崇拜的明星当做他们人生发展的楷模、参照系以及心灵寄托，父母为女孩提供的榜样应该是富有责任感和奉献精神、创造有价值文化的楷模，而不仅仅是外表靓丽、风度潇洒、收入丰厚、生活优越的明星。父母可以对女孩自发产生的“偶像崇拜”心理和行为进行合适的干预，也可以利用有学习价值的英雄形象来创造另一种明星效应，还可以为女孩的特长搭建实践的舞台，让女孩体会到成功的快乐，把女孩的“追星”转化为对成功的自我激励。

细节90：指导女孩怎样与异性交朋友

和异性交往是青春期女孩要学习的一门功课。很多父母却把女孩交异性朋友看作是洪水猛兽。严防死堵未必见效，反而引发了不少悲剧。

在很多人眼里，晶晶是个优秀的女孩，她毕业于英国一所著名大学，然而，28岁的她至今却仍然单身一人，连一次恋爱都没有谈。父母托亲戚找朋友，帮女儿介绍一个好男孩。可是，晶晶对这些男孩都很冷淡，男方认为晶晶对自己没有那个意思，交往几次之后都失望的提出分手。

原来，晶晶的妈妈很早就离婚，独自带着晶晶生活，她把所有的精力都投入在女儿身上，希望晶晶将来出人头地。晶晶也很听话，从小就品学兼优。但就是有一点，妈妈绝对不许晶晶在学业未成之前谈恋爱。晶晶上初中的时候，妈妈发现她经常和班里的一个男同学一起上学、放学，立刻警惕起来，居然找到男孩的父母那里，要求他们好好管教自己的孩子。很快，晶晶和男同学的风言风语就在学校传开了。自尊心强的晶晶再也不肯在那所学校读书了，妈妈花了一大笔转学费才把晶晶转到另一所学校。从此，晶晶在学校里再也不和男同学说一句话，连女生也觉得她很奇怪，用奇怪的眼光看她。但晶晶人长得清纯，又品学兼优，也让不少男生对她产生了爱慕之情，晶晶经常收到男孩偷偷递来的情书，但晶晶冷若冰霜，把那些情书当着全班同学的面，看都不看就扔进垃圾桶里。时间一长，男同学都觉得晶晶心高气傲，有好多男生居然背地里说晶晶的坏话，晶晶知道后，对身边的男同学就更加厌恶了。

其实，晶晶说，在英国读书期间，她也曾暗恋过一个男生，那男孩长得高大帅气，学习成绩也非常不错。然而，晶晶却不知道该如何开口，向男生表达自己的爱意。没过多久，男孩身边已经多了一个女孩的身影，晶晶只好把这段情愫悄悄地藏在心中。

晶晶像一只孤独的白天鹅，对她来说，最大的痛不是失去所爱，而是在那个鲜花盛开的初夏，妈妈将她心中盛开的那朵友谊的牵牛花生生掐断。晶晶说，其实，她从来没有喜欢过那个男生，她甚至像一个男孩子一样跟他称兄道弟。可是，世俗的眼光却令她感到失望，妈妈的做法更让她感到可怕和心寒。从那一刻起，她紧紧闭锁了自己的少女之心，就这样，她慢慢失去了和男孩正常交往的能力。

即使女孩们在青春期萌发了爱情之花，那也是天性使然，父母完全不毕将之当成一件弥天大罪来对待，使她们尚未成熟的心灵遭受不该承受的打击。所以，当发现女孩和异性来往，并且情愫暗萌之时，父母一定要冷静。要正确引导女孩与异性交往，又避免她们早恋。据专家研究，女孩在青春期与异性交往发展特点分为四个阶段：

“朦胧期”阶段：9～11 岁左右，是女孩性意识和性爱的朦胧期。此时，女孩的性机能虽尚未成熟，但她已经明确知道了自己的性别角色，对性别差异敏感，和同龄男孩在一起会感到拘束、害羞，往往采取疏远和躲避的态度。但对成年的异性，又往往表现出过分的亲昵和依恋。

“爱慕期”阶段：11～13 岁左右，女孩和男孩在一起觉得有意思，异性之间互相观察、欣赏的兴趣增加，开始注意异性的谈话、表情、动作，并开始注意自己的服饰、举止，想给异性留下好印象。对于异性之间的接触，往往自觉和不自觉地在性爱上浮想联翩。然而，此时异性之间的好感是泛泛的，没有具体对象。

“初恋期”阶段：13～15 岁左右。这时，女孩的性机能都已成熟，对性的体验明显增加，内心开始萌发初恋的“幼芽”，在年龄相近的异性中，发现较喜爱的对象，给予特别的注意与关心，寄予特有的期待。感情上希望多接触、多交往，而理智上又有种种顾虑。有的女孩，此时的注意力可能在几个异性身上徘徊。这一阶段，女孩更注意自己的外貌和打扮。

“钟情期”阶段：这个阶段一般在高中时。钟情，就是很专一地倾慕、爱恋某个异性。此时，往往出现“痴情男女”，女孩一旦倾心相爱，便不顾一切。由于涉世未深，对人生没有充分认识，往往陷入庸俗低级的趣味之中而难以自拔。一旦受挫，会意志消沉，产生厌世心理。有的还可能走上放纵自己的道路或者轻生。

以上是女孩们在青春期与异性交往的普遍性发展特点，而每个女孩会有自己的特殊性。父母应该随时观察了解女孩的表现，给以及时正确的引导。这里，我们给父母提出几点参考建议。

建议一：利用情景向女孩渗透观点

有的父母对女孩与异性的交往不闻不问，顺其自然；也有的父母严密监视，捕风捉影，随意训斥。这两种极端都是不对的，很难使女孩形成正常的与异性交往的能力。

父母应把女孩与异性交往的问题纳入自己的家庭教育计划中，认真学习一些思想，思考教育引导的具体方法和措施。坚持以教育为主。有时候，可以把自己少年、青年时期的经验教训讲给女孩听，引导女孩走好人生之路。对于确实出现早恋苗头的女孩，不应盲目苛责，强制压服，避免不良后果。

有的女孩有了早恋苗头，单独约会，卿卿我我。父母知道了，往往怒火中烧，采取强迫措施，严厉对待，棒打鸳鸯。这样做往往适得其反，导致不良后果。正确的做法是，克制、调整自己的情绪，与女孩谈心，了解情况，以真诚帮助之心使女孩说出心里话。然后给女孩分析利弊，以长远的目光来调整自己的认识和行为。教育女孩认识到：春天有春天的事情，夏天有夏天的事情，不要把夏天的事情提前到春天来做，那样害处太多。同时把解决问题的主动权交给女孩。之后，要经常了解情况，及时帮助、指导。父母要始终保持坦诚、关切、严肃、认真的态度。

我们可以充分利用电视、报刊及生活中的情景，自然、恰当地进行教育，也可通过讲述发生在朋友或同事孩子身上的故事影响女孩。这就是说，遇到这样的问题时，不要正面向女孩发难，而要旁敲侧击，利用各种情景向女孩渗透正确的观点，从而让女孩意识到早恋的不良之处。

小曼读初三，老喜欢跟成绩差的同学交往，还经常躲在屋里不停地发短信、上网，这让爸爸妈妈很担心。爸爸和妈妈商量了很久，决定采取别的方式来提醒小曼。

一月一次的父母会又到了，开完会回到家里，爸爸用轻松的口气对小曼说："你们老师说班里有人谈恋爱，真的吗?"

小曼说："哦，艳艳就和隔壁班的一个男生谈着呢，那男生长得还挺帅。"

"是吗？多长时间了?"

"没多久吧，一个月吧。"

爸爸一听，笑了："那估计也长不了。你们现在还小，随着年龄和阅历的增长，以后对异性的要求和现在肯定不一样。要是现在就锁定目标了，那不等于限制了自己的视野了。"

小曼听了，若有所思。

此后，爸爸在看报纸和电视时，遇到这样的情节，也会拿出来和小曼交流。慢慢的，爸爸注意到小曼不再像以前总把自己关在房间里做"小动作"了。

有一次，爸爸随口问起娜娜的事，小曼说早就分了，娜娜觉得那个男生太没长进了。末了，小曼还说了句："爸爸，你说对了，人是会变的。"

此外，我们也可以写一封信给女孩，让女孩明白早恋的坏处，并让女孩学会自我保护。或者，我们可以上教育网站下载一些类似的案例给女孩看，那样更容易触动女孩的心。书面语言能让女孩反复体味，供女孩思考、记忆，也可增加当面难以启齿的内容。

建议二：父母要以身作则，给女孩提供正面的情感模板

父母要规范自己的言行，给女孩以积极的良性的影响。夫妻之间感情和谐又不失互相尊重，不说带有性别歧视的话。诸如“女人头发长见识短”、“男人都特别坏，没有好东西”之类。而且在实际行动中，表现对对方的真诚关心与人格的尊重。在女孩面前，不做过分的亲昵动作，不穿过于暴露的衣服。在与家庭以外的人接触中，作风正派，注意道德规范。正确对待女孩与异性同学的交往，既不听其自然，也不捕风捉影。

细节 91：为什么女孩浑身是刺——请理智搜寻女孩叛逆的“真凶”

小雨和妈妈对着干已经有一段时间了。妈妈说：“我女儿比同龄女孩早熟，她上五年级的时候，就知道讲究吃穿了。一开始，我给她买的衣服她不喜欢，还冲我嚷。我对她说，从小要养成艰苦朴素的作风，不应该在物质上和别人攀比。她不说话，我以为她接受了。谁知后来，她虽然不再冲我嚷了，却死活不肯穿我给她买的衣服。我不给她买她想要的衣服，她就借同学的穿，这孩子怎么就不懂事呢？”

上初一时，小雨迷上了言情小说。开始，妈妈还以为她在房间里学习。一天，妈妈给她端牛奶过去，看到了课本下压着的言情小说，当场就气得把书撕了，还给了她一巴掌。可是，小雨等妈妈出去后，哭着把书从地上捡起来，把撕烂的书用透明胶一页一页粘起来。从门缝里看到这个情景，妈妈觉得很难受，妈妈说：“我对女儿的爱居然敌不过一本言情小说。”

自从这件事之后，小雨就基本上不理妈妈了。小雨说：“我妈就会给别人讲，她多辛苦，我多不理解她，可她理解我吗？偷看我写的日记，不让我接男同学的电话，同学过生日死活不让我去，整天唠叨我的不是，什么都得听她的，凭什么呀？我长大了，才不想被她牵着鼻子走呢。和父母有什么好交流的，结果还不一样。他们要的只是一个听话的木偶。”小雨把这些话一连串地说了出来，看来，这些话已经在她心里憋了很久。

逆反心理是指人们彼此之间为了维护自尊，而对对方的要求采取相反的态度和言行的一种心理状态。女孩到十二三岁的时候，往往容易产生一种与父母相抵触的情绪。女孩心里有话宁愿与同伴说，也不愿与父母说。对于父母好心的批评、劝导，女孩动不动就反驳、对立，让关爱女孩的父母惊诧不已、心痛不已。这种逆反心理绝不仅是个别女孩的偶然冲动，而是值得现代父母普遍关注的现实。

有了逆反心理的女孩，经常是你要我这样，我偏不这样。这种情形让父母很恼火，父母越恼火就越发会训斥她，但父母的训斥起不了什么规劝作用，反而更增加了她的反感情绪。父母这时不能正确理解、谅解女孩的逆反心理，女孩就会很容易走上逃学、离家出走甚至犯罪的道路。

女孩之所以产生逆反心理，有着内外两方面的原因。一是因为10多岁的女孩正处于人生的过渡期。这时，她的独立意识和自我意识日益增强，希望摆脱成人的监护和束缚，反对成人再把她当小孩看。为了表现自己非凡的思维和能耐，她喜欢对任何事情都采取批判、否定的态度。然而事与愿违，当她发现外界始终无视她的独立存在，对她的自我表现一概否定或根本不感兴趣时，她又会采取更尖锐、更极端的方式来证明自己的与众不同。这是女孩逆反心理产生的内因。二是因为家庭、学校的因素。比如，老师、父母的教育方法不当，没有顺应她的生理、心理发展的需求，对她提出了不切实际的要求，使她身心疲惫、不堪重负，于是就产生了强烈的对立情绪，故意跟老师、父母对着干。这是女孩逆反心理产生的外因。

要想防止女孩产生逆反心理，父母首先要改变自己教育女孩的不当方法，了解女孩这一时期的心理特性，才能与女孩和谐相处。

秘诀1：逆反心理是女孩自我意识、独立意识增强的一种表现

父母应认识到，作为一种好奇心、探索欲、独立意识，适当的逆反心理是一种好的心理反应。但是，不适当的、过分强烈的或是扭曲的逆反心理，是有害的。

秘诀2：学会用新的办法管教女孩

随着女孩进入青春期这个人生的特殊年龄阶段，家庭关系也必须作出相应的调整，改变以往那种由父母决定一切、女孩只是服从的局面；父母需要多从女孩的角度考虑问题，努力与青春期的女孩建立一种平等、相互尊重的关系，而这种关系的建立需要以相互理解为基础，以沟通为保障。交谈必须建立在双方平等的基础上，父母能以朋友的身份与女孩“平行交谈”是比较可行的方法，往往能引起热烈回应。“平行交谈”意思是父母与子女一边一起做些普通活动，一边交谈，重点放在活动上，而不是谈话的内容，双方也不必互相看着对方。这种非面对面的谈话方式会让父母和女孩都感到轻松自在。父母与女孩的谈话内容，最好是多涉及一些如何学会求知、学会做事、学会共处、学会做人的道理等。在交谈中，还要注意从事情到关系、从事情到感情、从一般到特殊等原则，从而使女孩与父母之间什么话都可以交谈。

秘诀3：营造聆听气氛，做女孩的顾问

要让家里时时刻刻都有一种“聆听的气氛”，这样，女孩一旦遇上重要事情，就会来找父母商谈。要达到这个目的，其中一个好方法就是经常抽空陪伴女孩。如利用共进晚餐的机会，留心听女孩说话，让女孩觉得自己受重视。要学会做女孩的顾问，而不是经常给她提意见，因为父母提出的意见，即使对她很有益处，如果表达方式不对，女孩也不大喜欢听。

秘诀4：让女孩有自己的空间

女孩需要自己的生活并非完全受父母控制，所以，父母要让女孩有自己的空间，尤其不可擅入她的房间偷看日记或偷听电话等。

秘诀5：不给女孩过分的爱

青少年时期是渴望独立的时期，过多的保护会使女孩内心烦躁不安，产生抵触情绪，报复和逆反心理会日趋严重。应该允许女孩有自己的秘密。拥有“秘密”是她感悟自我、体验成长的重要方式。

秘诀6：不过多干涉女孩，不事事过问

过多的干涉实际上是父母对女孩不信任、不尊重的表现，它会使女孩受到伤害。理解和尊重才是构成良好亲子关系的基础。“新新人类”们通常不会把很多有关自己的事告诉父母。如果你的女孩也是这样，你应该把女孩告诉你的任何事情都视为礼物，加以珍视。

秘诀7：不要按自己的好恶来评价女孩

父母的价值观和女孩的价值观可能是大相径庭的，父母认为对的事情或许正是女孩不屑一顾的，因此千万别执著地按自己的标准要求女孩。

秘诀8：把想说的话写下来

父母把不想直接向女孩说出的或较为严厉的话写下来。因为白纸黑字更加可信，而且可以一看再看。把话写下来，话的分量也会增加。

细节92：保护女孩子的“秘密花园”

少女的“秘密花园”就是她需要倍加爱惜的身体，柔美健康的身体是女孩最珍贵的资本，父母在女孩步入青春期后，应该及时教育女孩如何爱惜自己的身体，包括：乳房保健、月经期保健、会阴部保健。

乳房的保健

青春期乳房的发育标志着女孩开始成熟。隆起的乳房也体现了女性成熟体形所特有的曲线美和健康美，并为日后哺乳婴儿准备了条件。因此，乳房的保护与保健是女性青春期卫生的主要方面之一。乳房发育过程中出现的一些现象可能引起女孩的困惑和不安，例如，是否戴胸罩、乳房发育不良、乳房过小或过大、两侧乳房不匀称、乳房畸形以及乳房肿块等问题。下面是父母需要特别关注的几个问题：

1. 女孩不应束胸。

处于青春期发育阶段的女孩千万不要穿紧身内衣。束胸对女孩的发育和健康有很多害处。第一，束胸时，心脏、肺脏和大血管受到压迫，从而影响身体内脏器官的正常发育。第二，束胸会影响呼吸功能。正常情况下，胸式呼吸和腹式呼吸两种呼吸动作协调配合进行，才能保证人体正常的气体交换，而束胸影响胸式呼吸，使胸部不能充分扩张，肺组织不能充分舒展，吸入的空气量减少，以致影响了全身氧气的供应。第三，束胸压迫乳房，使血液循环不畅，从而产生乳房下部血液淤滞而引起疼痛、乳房胀而不适，甚至造成乳头内陷，乳房发育不良，影响健美，也会造成将来哺乳困难。因此，妈妈要认识到束胸的危害，并鼓励女孩把乳房发育的情况告诉妈妈，以便及时得到必要的保健指导。

2. 戴合适的胸罩。

乳房发育基本定型后，要指导女孩及时选戴合适的胸罩。女孩在 15 岁左右乳房发育基本定型，但个体差异性较大，一般情况下，可用软尺从乳房上缘经乳头量至下缘，上下距离大于 16 厘米时即可戴胸罩。

戴胸罩有以下好处：第一，显示女性的体形美；第二，支托乳房，防止下垂；第三，可预防乳房下部血液淤滞而引起乳房疾患；第四，减轻心脏的局部压力，促进血流循环畅通，有利乳房发育；第五，减轻由于体育运动或体力劳动造成乳房振动，还可免于乳房受伤；第六，保护乳头不受擦伤或碰痛；第七，在秋冬季，胸罩还有保暖作用。由于女孩体形不同，乳房大小也各不相同，必须选择尺寸合适的胸罩，戴后要感到舒适而又无紧束感。还要根据身体发育成长中的胖瘦变化，随时更换胸罩。千万不要片面追求体形美而勉强戴不适合的胸罩。胸罩的质地要柔软吸水。要勤洗勤换，保持清洁。晚上睡觉时应把胸罩取下。

3. 乳房的卫生。

青春期的女孩，由于内分泌的原因，每当月经周期前后，可能有乳房胀痛、乳头痒痛现象。这时千万不要随便挤弄乳房，抠剔乳头，以免造成破口而发生感染。要经常清洗乳头、乳晕、乳房。因为乳晕有许多腺体，会分泌油脂样物质，它可以保护皮肤，但也会沾染污垢、产生红肿等，因而要保持乳房的清洁卫生。

4. 注意乳房发育不良。

若发现乳房过小或过大、双侧乳房发育不均，乳房不发育，乳房畸形以及乳房包块等现象，不必惊慌失措。若发现这些情况，一是可通过健美运动促进胸肌发达，使乳房显得丰满；二是在医生指导下进行适当调治。女孩要到身体发育定型，性完全成熟才能确定乳房是否发育不良，不要过早下结论。

月经期的保健

女孩对首次阴道渗血往往会感到惊恐不安，当了解到是正常的月经初潮后，又可能对如何处理月经束手无策。因此，在女孩初潮前有必要学习月经期的卫生知识。

月经是女性子宫内膜剥脱，经血从阴道排出的过程。在月经期，由于子宫内膜脱落，就形成了一个创面，阴道内正常的酸性环境也可能因经血渗出而冲淡。同时，子宫颈口微微张开、盆腔充血等情况会致使生殖器官局部防御机能下降，如果不注意卫生，细菌很容易上行侵入生殖器官。女孩月经期，大脑兴奋性降低，全身抵抗力有所下降，机体容易疲劳，也容易受凉感冒或患其他病症。所以，应指导女孩在月经期注意以下几方面保健。

1. 保持外阴清洁。

经常用干净的温水冲洗外阴，避免经血结痂。清洗外阴时，下身不要泡在水中，以免脏水渗进阴道。大小便后用手纸时要由前向后擦，这样可避免把肛门周围的细菌带到外阴处。

2. 保持乐观和稳定的情绪。

在月经期间，女孩往往因身体的某些不适，如乳胀、腰酸、小腹坠胀、头痛等而情绪烦躁、易怒或抑郁，情绪波动反过来又影响月经。保持心情舒畅，自我调节情绪，就可以减轻月经的不适感觉，也能防止月经失调。

3. 适当控制运动量。

月经期要注意休息，保持充足的睡眠，以增强机体抵抗力。避免剧烈的体育运动和重体力劳动。若遇到月经期间上体育课，可以向老师说明情况，参加一些轻松的运动，如做体操、散步、打羽毛球或乒乓球等。

4. 注意保暖。

月经期身体抵抗力下降，盆腔充血，要注意保暖。要避免淋雨、涉水、游泳或用冷水洗澡、洗头、洗脚，也最好不要在潮湿的地上坐。夏天不要喝过多的冷饮，以免受寒、着凉，刺激盆腔血管收缩，导致月经减少或突然停经，引发其他疾病。

5. 注意饮食卫生，加强营养。

月经期间可吃些容易消化吸收的食品，如蛋类、瘦肉、豆制品、蔬菜、水果，同时还要多喝开水，增加排尿次数，冲洗尿道，以预防炎症。不吃生冷及辛辣带刺激性食物，保持大便通畅，减少盆腔充血。

6. 做好月经周期的记录。

通过记录可观察自己月经是否规律，也便于做好经前的准备。如果月经没按日期来潮，应当去找医师就诊，以便及时发现原因。

会阴部的保健

青春期女孩处于代谢旺盛阶段，汗腺和皮脂腺分泌多，以湿润周围皮肤。大小阴唇皱襞部位容易积存污垢，较胖的女孩更是如此。此外，由于青春期卵巢功能活跃，阴道分泌液增多，加之外阴、阴道离尿道和肛门很近，易受尿液和粪便污染。这些原因，都会造成女孩外阴瘙痒，也可引发继发性感染和毛囊炎。长期的瘙痒刺激可能造成失眠、憔悴、焦虑和高度神经质。所以，会阴部的卫生十分重要。

1. 每晚都要用温水清洗外阴。

一般不必用高锰酸钾等消毒剂，以免外阴、阴道受到不良刺激。

2. 清洗工具要专用。

清洗外阴的盆、毛巾和水要单独使用，不能与洗脚的盆、毛巾和水混用。

3. 选择内裤。

不要穿别人的内裤，内裤要选用透气性好、吸湿性强的棉织品。

4. 方便时要保持卫生。

养成大便用纸从前向后擦的习惯，预防肛门的细菌进入阴道。

5. 观察白带。

若白带量多，又有异味或有血色时，要及时去医院检查治疗，以免引起阴道感染和外阴瘙痒。

第十一章 披荆斩棘，教女儿应对未来的机遇和挑战

相较于父母一代，女孩们所面临的时代机遇和挑战已经大不相同。女孩们跟随着变幻莫测的时代步伐，越来越前卫，越来越难管教……女孩的种种问题令父母们不解和头疼，感到无所适从。女孩们到底面临着一个怎样的未来？她们要如何做才能够既不被时代的潮流淹没，又能从这个时代中脱颖而出？认识女孩面临的时代机遇和挑战，是女孩父母们的当务之急。只有父母们有远见，有先见，才能把女儿培养成为与时俱进的时代新女性。

细节93：独立的女孩才能掌控人生

女孩未来成功与否，与女孩是否具有独立意识密不可分。因为只有独立的女孩才能掌控她自己的人生，成为一个真正的公主，而不是别人的随从，一个戴着公主桂冠的“玩偶”。

小时候，父母在给小女孩讲述的童话故事中，女性总是被描绘成无助的弱者，要等待王子来营救。我们的文化中甚至还有个专门

的成语，如“英雄救美”来传达这种思想。在中国封建社会后期，女性被要求裹小脚，不让读书，出远门，无法独立生活，成为男人的附属品，而独立的女性反而备受责难。

随着时代的进步，女性越来越独立，但女孩天生的一些弱点，又让父母们害怕女孩吃苦，受累。在生活中，对女孩百般溺爱，事事代劳，女孩是全家人极力照顾的对象。甚至在女孩反抗时，父母也会一厢情愿地坚持，认为这就是父母对女儿表达爱的方式。女孩的童年倒是幸福了，长大后却常常因为缺少独立生活能力而变得困难重重。20世纪50年代，我国著名儿童教育学家陈鹤琴先生说过这样一句话：“做母亲的最好只有一只手！”意思是，父母对孩子不要照顾过度，你把两只手都给女孩了，替女孩把什么事做好妥当了，女孩自己的手就没有地方用了，长此以往，女孩就对别人有依赖性，长大后她的生活能力就会很差。

在动物界，对幼仔的独立生存训练，是动物出于一种先天的本能。而人类往往愿意躲开这种独立训练，这种行为对个人发展来说，都是一个不好的讯号。

日本教育家涛川荣太说：“作为父母，必须去培养那种依靠自己的努力、自己的感觉、自己的兴趣来争取成功和幸福的人，从而要求自己必须成为刚毅、勇敢的人。”这就要求培养孩子的独立性。

有些父母单纯地把女孩是否能独立生活看作是独立性的一个标准，这只是一个最起码的标准。比如，一些女孩有独立生存的能力，但是她自己却愿意选择过一种寄生的生活。可见，独立性和独自生存能力并不能画上等号。独立性更多地表现在相信自己的感觉、并且愿意通过努力追求自己的生活方式和幸福，敢于接受挑战，开创事业。

有些父母把培养孩子，尤其是女孩的独立性看作是一项艰巨的任务。其实女孩的独立性在很小的时候就开始萌芽，如几个月的女孩会从大人手中抢过饼干放到自己嘴里，刚会走路的女孩拒绝大人的搀扶等等。这种不愿接受大人的帮助正是女孩独立性的表现。随着女孩一天天长大，独立性更强了，做什么事都喜欢“我自己来”，不愿意父母包办代替。女孩自己来的结果不是把事情搞砸，就是把自己弄脏，甚至弄伤自己。这时候父母往往会把女孩的独立看来是捣蛋、执拗、不听话而斥责打骂，从而伤害女孩的自信心和自尊心，使女孩成为害怕困难、缺乏主见、畏缩不前的人。教育专家认为，只有父母在幼儿期离开子女，才能培养出孩子的独立性。这里的离开，是指少帮助孩子，少干涉孩子，给孩子独立行动的机会。也可以这样说，女孩独立性的消失，往往是父母教育不当的结果。

有的父母单纯地把让女孩吃苦，当成是培养女孩独立性的方法，却没有看到女孩在做事时的抱怨和逃避。一旦女孩摆脱父母的监督和约束，她就会放弃自己做事的习惯。这说明，这种方法无助于女孩独立性的培养。培养女孩的独立性，父母要从哪几个方面对女孩进行教育呢?

一、让女孩乐于做事

为了培养女孩的独立性，父母一定要放手让女孩去做自己的事，不要怕女孩出危险，不要怕女孩做错了，要相信女孩的能力。女孩通过自己的实践，就能够学会独立，就能够自己去处理自己的生活，使生活成为自己的事情。

同时也需要让女孩喜欢做事，而不是因为迫于生计。一旦爱做事的兴趣和习惯养成后，女孩一生都会成为勤劳的女性。这就要求父母在日常生活中也要表现得乐于此道。如果父母因为工作或家务的分工，经常在女孩面前怨声载道，夫妻或家庭成员之间互相推诿或埋怨，而不是分工明确地相互心甘情愿地付出，那么，女孩往往会觉得分配不公平，或者认为工作是一种苦役。

小蔓的妈妈每次做家务时，都会要求小蔓来帮助自己。小蔓3岁时，妈妈会在一个盆里装满水，把碗摆到地上，让小蔓和自己一起洗，虽然被小蔓弄得满地都是水，但母女两个乐此不疲。

当女孩自己动手做事时，父母千万不要阻止，或者指责女孩哪里做错了。比如，女孩洗手帕弄脏了地板，我们要告诉女孩："地板是木头的，湿了会对地板造成损伤。"带女孩到卫生间或厨房里去洗，告诉女孩衣服哪里最脏，要先洗脏的地方，再洗不太脏的地方。女孩执拗地用她自己的方法也没有关系，父母过度的干涉会让女孩失去做事的信心和乐趣。

二、告诉女孩哪些是她必须自己做的事情

父母要从小就明确地告诉女孩，哪些事情是她自己必须做的，哪些是她这个年纪暂时不需要做的，并且让她随时做好热身准备——也许下一个生日后，她就要负起相应的责任，比如，要擦拭家里的那个很容易就会被打碎的花瓶。她再想买另一双旱冰鞋的时候，需要做一些家务，甚至通过打工来实现。

一些过重的劳动，父母可能不会去让女孩去参与，时间一长，女孩就会对自己的力量失去信心。女孩虽然柔弱，但仍然需要一些力量来使她摆脱可能遇到的困境。可以通过一些体育运动来训练女孩身体的力量，也可以通过日常的家务工作来培养。

女孩可以因为体力或能力不同，而在家庭劳动中分工有所不同，不必强迫女孩去做她不喜欢做的事，但不是以逃避为前提。女孩不喜欢做这件事，那么，她需要在另一件事上做出补偿。当然，这种补偿并非一种简单的命令式的，父母应该用自己做榜样，让女孩效仿。

三、女孩自己能解决的问题，就让她自己解决

一些父母在训练女孩独立能力时，往往只注意日常生活的自理能力的训练。其实，让女孩独立，就要让女孩学会自己去处理和解决问题。比如，生了小病让女孩自己去药房买药，学校和同学发生纠纷让女孩自己去解决。暑假出去玩的时候，让女孩自己订火车票、飞机票，找旅馆等。当然在解决过程中，不要对女孩不管不问，随时关注她的情况，给予指导，经过几次之后，女孩自己就会解决了。

为人父母者一定要记住，只有独立的女孩才能掌控自己的人生。

细节94：和女孩一起讨论家国天下

许多父母会说，女孩子管什么家国大事？然而时代不同了，女孩和男孩一样要面对这个世界，越来越多的女性走上政坛，她们不仅有着女性的优雅美丽，还有男性的坚毅干练，这是时代的需求。有能力、有见识的父母应该抓住机会，从小就培养女孩对政治的敏感性。

作为美国第三位女性国务卿，希拉里与前任奥尔布赖特和赖斯学而优则仕的背景不同，希拉里毕业于韦利斯利与耶鲁两大名校，入选过美国百名杰出律师。身为第一夫人在白宫度过八个春秋，多年担任参议员，花甲之年出任国务卿，一生充满了不同寻常的经历。

希拉里在大学的社会活动中非常活跃，她曾投入到反战的罢课活动中，还组织了校园的游行活动。1994年希拉里的一位同学在接受美国国家广播公司的采访时说："许多年来她一直掩饰着她的野心。但在耶鲁法学院时，她不再隐藏她急于要成为重要政治人物的渴望。"而她的另一同学则说："那时有许多争取民权、关于外交政策及其他问题的集会，她总呐喊奔走其中，却从未受过处罚。我想她谈得最多的是在性别和工作机会方面，虽然所有这些看上去超出了她自身的能力。她真正的事业是她希拉里自己。"

耶鲁法学院的知名教授伯克·马歇尔则认为，"她非常聪明、勤奋、有吸引力，但是，在她的政治策略上和其他人一样，缺乏想象力。"但是这位缺乏"想象力"的女子成为了美国的第一夫人。

尽管成功常伴随左右，但身为女人，希拉里从小就感受到一些根深蒂固的障碍。在自传中，希拉里回忆自己小时候对宇宙探索很着迷，曾写信给国家航空航天局，报名参加宇航员训练计划。"我收到的回信告诉我该计划不接受女性报名。这是我第一次碰到再怎么努力、再怎么有决心也冲不破的障碍，我感到愤愤不平……这次公然的被拒绝伤害了我，因此日后看到谁受歧视，不管是哪种形式的歧视，我都能感同身受。"

的确，对有着卓越政治才能的希拉里来说，冲击权力巅峰最大的障碍或许正是她的女性身份。

许久以来，我们并不主张女性参与政治，甚至认为这是女性的能力所不及的领域，女人天生不擅长政治。事实证明，这是错误的看法，是对女性的歧视。随着时代的进步，越来越多的女性登上政治的舞台，并取得了令世人瞩目的成绩。

关心家国天下，可以让女孩更多地认识世界，关注民生，让女孩变得更聪明，更独立。并不是每个女孩都可以成功登上政坛，但对一个关心国家大事的女孩来说，其眼界和思想都会变得开阔，一个关心国家命运和前途的女孩才会成为一个力量强大的成功女性。

一个积极参与政治的女孩，其胆色和见识都会高于一般人，在未来取得成功的可能性也就越大。

一位父亲是这样做的：

女儿自从上初一以后，除去学校上课、晚上做作业、弹钢琴、写作、打羽毛球之外，似乎再也没有时间让女儿了解外面的大千世界了，其实，女儿在这种封闭的环境里成长是非常糟糕的，尽管我们有多种无奈，但还是可以动动脑子让女儿能够适当地了解这个世界。

经过半年多的反复试验，我和女儿终于制订出了一个独特的时间安排：早餐的时候，女儿边用早餐边听央视一套的《朝闻天下》或二套的《第一时间》，我们主要是让她听，但也不期望她能听到多少新闻，只是给她一种信号和意识，听到有兴趣的地方可以关注一下，而对于不感兴趣的则可以充耳不闻。

晚餐的时候，我把她喜欢看的《百家讲坛》——鲍鹏山新说水浒的视频放给她看。我们一般通过便携电脑播放给她看，最近我买了一个硬盘播放器，可以直接通过电视把硬盘里下载好的节目放出来。通过这种方式，可以让女儿轻轻松松地“挤出”一至两个小时的时间，收看一些对她成长有益的电视节目，丰富她的知识面，并且她无需带着学习任务的心态去看，显得轻松愉快。

不过，我们也将这种方式的负面影响（用餐可能不专心，姿势可能不对，需要我们不断提醒）降低到最低。这种方式已经被女儿愉快地接受，并且成为了她的一种习惯。最近我们在收看鲍鹏山讲述的新说水浒之林冲时，鲍老师的精彩授课令女儿的兴趣非常浓厚。我们一家三口边看讲座、边吃饭、边讨论水浒中的人物，大家都感到这种方式非常别致，效果很好。

网络时代，人们了解世界的渠道越来越多，网络让信息日新月异，可以充分让女孩利用这些信息通道，了解外面的世界。让女孩多看看政治新闻，培养女孩对社会和政治的见解，也是开阔女孩眼界、提高女孩见识的一个方法。

细节95：父母要认识女孩成长中面临的机遇和挑战

她不再是厨房里的贤惠女人，而是穿起职业装，气质高雅，自信满满地出入写字楼的新时代女人；

她不会因脱离家庭而感到无所适从，遇到再大的困难也敢一个人扛；

她不再听从家庭和男人摆布，而是果断有主见的女人……

这就是21世纪新女性的蓝图。

21世纪新女性出现的原因是女人不再需要依附于男人。女性无法再像过去那样，把自己的一生紧紧捆绑在家庭和婚姻中，“女为悦己者容”、谦虚、服从、百依百顺、先人后己等，这些传统的女性形象，已经被颠覆，年轻女孩们追求自我和事业，虽然家庭仍然是她们重要的一部分，却已经不是全部。为此让女孩从小就要和男孩一样应对未来的挑战。

如今，女孩的求学机会和职业机会都在逐年上升。女孩们也不再像母亲那样，要兼顾事业和家庭把自己弄得筋疲力尽，她们正演变成“走出去追寻自己的一切”的独立女性。

综合女性在社会中的地位和发展趋势，社会学家们普遍认为，21世纪的女性对自己要应对三重期望：

（1）在学业上和事业上，与男性拥有同样的实力和成功；

（2）情感独立，并且感情不再是女性的全部依托；

（3）追求拥有化妆品、服饰所能实现的更高标准的美丽容颜，但不必是为了男性。

21世纪初的女性拥有了更多的展示自我的机会，在体育、休闲或工作等方面，只有很少的一些领域，仍被视为男性不可侵犯的领地，至少理论上是这样。

像女儿一样，父母们也深为这个看起来不错、感觉上不错、能快速发财致富的社会所折磨——我该怎么做才能让女儿成长为既千娇百媚又聪明能干、光辉四射的女人？让我们来看一个农民母亲黄贵远用“挑战教育”把女儿李娜成功送入北大的真实故事。

高考时，李娜以良好的心态和状态走进了高考考场，并考出了理科660分的成绩。该填高考志愿了，李娜的班主任建议她填北大。但大家心里又在打鼓，这个成绩上北大的把握不大，如选填北大，万一没被录取，按惯例，她的高考成绩将被降低30分左右被重新调档，这意味着她可能会被差一个档次的学校录取。所以，许多学生填高考志愿，都本着一个就低不就高的原则。

为这事，一向默契的母女俩出现了少有的分歧。黄贵远主张“冒险”填北大，而李娜则主张“稳妥”地报考录取线低一档的学校。许多亲朋好友也纷纷打来电话，支持李娜的选择：“一个农村女孩，考个人大、浙大就不错了。”很少对女儿的学习参言的丈夫，这时也站在了女儿一边。

女儿劝慰她：“妈，你不是一直让我保持一颗平常心吗？怎么反倒是你沉不住气了，我真的不想为这事瞎折腾。”

黄贵远虽然觉得遗憾，但转念一想，女儿如今有了这等宠辱不惊的良好心态，自己应该感到欣慰才对啊！于是，她没再勉强女儿。

但那天，一个电话让黄贵远的心又动荡起来。

电话是姐姐的儿子打来的，外甥在上海一家外企工作。在电话里，他直言不讳地对李娜说："660 分对你是一个挑战，也是一个机遇。你可以考不上北大，但你不该失去挑战北大的勇气和机会！"

这个电话，让黄贵远失眠了。这几年对女儿的培养，不能说不成功。如今，女儿的心理素质似乎又少了些什么。究竟少了些什么呢？她一时也说不清。反复回味外甥的那些话，黄贵远有些忐忑不安。经过一番深思熟虑，黄贵远决定帮女儿跨出这一步。

那天，她郑重其事地和女儿谈了一次。她问女儿："要是你发现将来你的分数过了北大的录取线，你会不会为自己今天的过于谨慎后悔终生？"女儿一下子被问住了，她的脸一阵红一阵白。不知该如何回答母亲。

"小娜，这几天，妈在反思，什么才是真正的好心态？光有平常心够吗？人总还得有点冒险精神吧！如果一个机会摆在你面前，你却瞻前顾后，迟迟不出手，这种心态就有问题。将来，找工作、谈婚论嫁，比这更难的选择还多着呢！"女儿郑重地在高考第一志愿那一栏填了北大。"妈，我们就赌这一把吧，赢了，咱们光彩；输了，咱们也认！"半个多月后，喜讯传来，李娜有惊无险地被北京大学医学院录取。

在李娜接受挑战的过程中，她的妈妈扮演了重要的角色。中国父母对女孩往往是限制的，当女孩面临挑战时，父母往往会让女孩选择较稳妥的方式。理由无外乎你是女孩，你经不起风浪。所以，女孩的挑战精神往往不如男孩，女孩也会因此而失去很多宝贵的成功机会。事实上，我们的女孩是否能拥有未来的幸福，与她自身是否具有挑战能力有很大关系。"如果一个机会摆在你面前，你却瞻前顾后，迟迟不出手，这种心态就有问题。将来，找工作、谈婚论嫁，比这更难的选择还多着呢！"李娜妈妈是明智的，重要的是不是女儿能不能考上北大，而是女儿有没有挑战自我的勇气和精神，有了挑战的勇气，即使考不上北大，面对未来的路，她仍然有成功的机会。当然，鼓励女孩面对挑战，并不代表我们在平时就要对女孩抱有过高的期望，事实证明，父母过高的期望正是造成女孩压力过大，产生一些心理和人格障碍的主因。

调查发现，每100个女性当中，就有二三个企图自杀。15～19岁的年轻女孩是自杀风险最高的年龄组。可见，那些面临升学，就业和情感三重压力的女孩，往往因不堪重负而产生心理问题。女孩的父母应该认识到，正因为时代给予了女孩这样多的机遇和挑战，所以，女孩们有很多条路可以走，她们有很多次重来的机会，培养女孩接受挑战的勇气，而不是时刻关注她们的成绩如何。社会竞争是残酷的，女孩要经历和男孩一样的起起落落。父母在养育女孩的过程中，要认识到女孩面临的机遇和挑战，给予女孩强大的心理支持。女孩失败时，父母要先"顶"得住，更要拿得起，放得下，要鼓励女孩，尤其在女孩失败时，做女孩坚强的后盾，给女孩重新站起来的力量。

细节96：学会抉择——谁能决定小公主的未来

父母在说到女孩的优点时，往往会加上一句："女孩好，比较听话。""听话"意味着女孩服从父母的管教，让父母省心，让女孩做什么她就会去做什么，不会像男孩那样叛逆，难于管教。当女孩坚持自我选择时，往往就会被认为脾气犟，不"听话"，从而受到大人的责备。

选择能力是女孩应对未来一项重要能力。然而现实中的父母往往害怕女孩在外面遇人不淑，而禁止女孩自己做出决定，或认为女孩的决定是错误的而干涉女孩的选择。

的确，我们常常会看到女孩选择了一条看似不幸福的路，或者并不平坦的路。而经验丰富的父母一个提醒就能让女孩悬崖勒马。但父母并不总是对的，即使父母是对的，为女孩安排了一个幸福的人生，但对女孩来说，在充满变故的人生路上，有一天需要她自己去做选择的时候，她将何去何往？或者看似幸福的背后，女孩有着一颗并不安于现状的心。选择是可以不断修正的，不怕女孩的选择错误，就怕女孩没有抉择的勇气。

心理学家武志红在博文《2006 年的 6 个爱的谎言》中，对人的生命的意义在于选择做出精辟的阐述：

当一个人不断为自己的人生做选择时，那么不管这些选择是对是错，他的生命都会因为自主选择而丰富多彩，而他的心理能量都会不断增加。只有做过选择，一个人才算活过。假若这个人的一生中都是别人在替他做选择，那么他的生命就没有意义，不管别人给了他多少东西，不管那些选择从理性上看多么“正确”，他都会因此而虚弱无力。

女孩内心真正需要的是什么？其答案只有女孩自己知道。女孩会不会走错路，也只有走过了才知道。走错了并不可怕，一个自信、自立的女孩会为自己所走过的路负责，会不断的总结经验，重拾人生。女孩将会在一次次的选择中变得坚强、明朗、成熟。

方法一：不要害怕女孩选错，就怕女孩不敢选择

小萧和小杜曾是同事。小萧是一个普通的女孩，上高中时她自己选择报考了一个并不出名的大学。小杜从小就在父母的教育下长大，顺利地考上了一所名牌大学。后来小萧离开了公司，自己一个人办起了一间小工作室，而小杜则听从父母之命辛苦地考公务员。

小荀换了几个男朋友，感情起起伏伏；而小杜在父母的安排下一直和一个优秀的小伙子稳定地谈着恋爱。

几年后，小荀和小杜见面，小荀离异，独自带着一个活泼可爱的小女儿生活，并正在和新男朋友处于热恋中，幸福得像个小女孩。小杜婚后因二人性格不合并不幸福，但是，在母亲的劝说下，她不敢离婚，但很痛苦。

我们无法去验证小荀的选择是正确或者错误，但是我们相信，像小荀这样的女孩会永远幸福、阳光，不管经历多少选择，小荀的命运永远掌握在自己手中。小杜表面上的完满却因为不敢抉择而使她的人生看起来那么枯燥，没有亮色。

女孩选择能力的重要性在平时并不显现，但是在女孩经历挫折，面临挑战时，选择却发挥了重要作用。不会选择的女孩往往错失机遇，敢于选择的女孩，会抓住生命的每一个机会，从而成就一个与众不同的人生。

离填报高考志愿的日子越来越近了，北京东城区某中学高三学生晓茗至今仍拿不定报考什么专业。十几年来，她一直十几年埋头读书，除了为考大学而读的课本，她几乎没什么兴趣爱好，也从未认真思考过今后要从事什么职业。

几天前，晓茗约上同学一块儿去了一场高校招生咨询会，在各高校展台前转悠了半天，她仍然很迷茫，不知道自己应该如何选择。晓茗陡然发现，在过去的岁月里，自己不知不觉地失去了选择的能力。

培养女孩的选择能力，就要在平时让女孩自己选择，要鼓励和肯定女孩："我们相信你，你是最棒的！""去吧，去试试。"在女儿升学等大事上，一些父母认为，这关系到女孩的一生，就擅自为女孩作决定。但正确的做法是，父母要先询问女孩的意见，再帮助女孩分析她选择的优劣。

方法二：在女孩作出选择之后，父母要尊重并支持她

在中考时，琳琳想进入一所美术学校，而不想读重点高中。琳琳的理由是，她不喜欢学习文化课，只对画画感兴趣。但父母通过身边朋友的事例分析，认为琳琳最好去先读高中，再报考美术学院，因为普通的美术学校的教学水平不行。最后琳琳接受了父母的意见。

后来琳琳毕业后先进了一家大公司，但很快就辞职，之后进了一家小公司工作。收入虽然没有大公司高，但琳琳认为，小公司更尊重她的创意，琳琳更喜欢这种任由她自由发挥的工作环境。

琳琳在上高中这个问题上，父母在尊重琳琳的基础上给了她更完善的建议。工作后，琳琳非常自信地选择了属于她自己的路。其实父母当时的想法是，大公司正规，收入高，女孩要个安稳就行了，但父母并没有阻止女儿的选择。

无论女孩选择什么样的路，是否合父母的意，父母也只有尊重。这是女孩迈出人生的重要一步。我们认为，女孩选择了一条错误的路不怕，重要的是，她敢于在意识到错误时，勇敢地调整。

有时候女孩的选择是明显错误的，女孩走上了一条不归路，但女孩似乎对父母的建议充耳不闻。为什么女儿会做出这样的选择？讲道理讲不通，父母用眼泪也不会令女儿回头。

晶晶迷上了网络，在一个网络游戏中认识了一个男孩，并且很快就进入热恋之中。父母屡劝不听，无奈之下就剪了网线，晶晶上学放学都由父母接送。有一天早上，母亲叫女儿上学时，却看见女儿割腕自杀了……

也许这只是一个极端的例子。但在女孩的人生中，固执的选择常常令父母头疼。是的，面对这样的女孩，似乎并不是父母的错，但也不是女孩的错。女孩固执的选择，源自于她内心极度的渴望。因为大部分的选择都是在女孩的意愿范围之内的，如果父母能够从小就尊重女孩的意愿，培养她正确的选择能力，那么也就不会发生上述那种过于极端的例子了。父母的过度干涉，反而会让尚未成年的女孩的逆反心加重，造成更为严重的后果。

面对女儿的固执选择，父母不要固执地站在女孩的对立面，甚至以冷战或孤立的方式对待她，而应该站在女儿一边，和她一起去承担，告诉她："如果你执意选择这条路，爸爸妈妈会陪你一起走。"不要在女孩受伤后发表你的"先见"之明，更不要责备女孩，应该支持她重新做出选择，这对女孩是很重要的。如果女孩不能在父母这里得到支持和谅解，她往往会选择继续走原来的路。

方法三：告诉女孩该如何去选择

在女孩小的时候，父母就要帮助或训练她在自己的兴趣范围内做出正确的选择，那么，在女孩长大后，在面对恋爱或择业时，就不会去选择极端和错误的生活方式。

在女孩 7 岁之前，许多事情必须由父母来做主，因为女孩还没有形成理性思维的能力，她更喜欢亲近的人替她做决定。例如吃什么水果、什么时候刷牙、什么时候睡觉等等。

在这一年龄阶段，女孩喜欢的东西会有很多，如各种款式的漂亮衣服、各种各样的玩具等。但父母不能为她们提供过多的选择，选择太多，女孩反而会感到无所适从。比如妈妈问女孩："我们今天去哪儿玩好呢？"还处于形象思维阶段的女孩往往就会无所适从，但如果妈妈这样问："是去游乐园还是动物园呢？"女孩马上很快就会从中选择出一个自己想去的地方来。

7 岁之后，当女孩有了理性思维的能力，她就不再需要父母再为她做决定了，但仍然需要父母来指导她，教会女孩抉择如作家高鸣是这样教育女儿的：

开水和水果都可以解渴。然而，两者相比各有优劣：开水比水果更能解渴，开水的价格比水果便宜；而水果的味道比开水好，水果的营养比开水高。因此，人们有时选择开水，有时选择水果。

女儿8岁的时候，我们一次在火车上遇到了被人为断水的经历。列车广播里传来了甜美的声音：“旅客同志们，从现在起，列车上不再供应开水，为了让大家解渴，我们为你们准备了各种水果，当售货员推车过来时，请你任意选购。”我和女儿当即意识到，我们被剥夺了在水果和开水间选择的权利。尽管口渴的女儿更需要喝水，但眼下只能以水果来解无水之渴。由此我想，选择的权利是和生活质量息息相关的。

我告诉女儿，在这个世界上，有许多事情人是无法选择的。比如，每个人都不能选择自己的种族、生身父母和出生年月；每个人都无法选择不吃任何东西而生存。这是受自然规律限制的缘故。可悲的是，人之不能选择似乎更多的是人为的。这里说的人为，一方面是受社会外在因素的限制，比如清朝的“留发不留头”，比如火车上人为断水。但另一方面，也有许多不能选择之事是受自身能力局限。比如，有些人想在国外生活但不会外语，有些人想做白领但没有足够学历。

因此，我鼓励女儿要自强，让自己拥有更多的选择权。女儿深明此理，她学好了外语，让自己随时可以选择在国外生活。她努力多赚钱，以便让自己可以随时退休，诸如此类。

父母不能代替女孩选择，但可以告诉女孩如何去选择，怎样进行选择。当然，关键是父母要让女孩平时就有选择的权利。其实，培养女孩选择能力的关键不在于女孩去选择什么，而是在选择的过程中，能够知道自己真正需要什么。唯有如此，女孩的选择才有意义，人生才会幸福。

细节97：自我思考能力——引导女孩深入思考人生

人是唯一会思考的动物，没有了思考，也就没有了日益先进和发达的人类社会。女孩没有正确的思考，就不会有正确的行动。一个有了独立思考能力的女孩，也就等于有了终身学习和行动的能力，等于拥有了开启成功的金钥匙。那些成大事者都养成了勤于思考的习惯，善于发现问题、解决问题，不让问题成为人生的难题。

可以说，任何一个有意义的构想和计划都是出自思考，思考可以支撑起人生。但敏锐的思考能力不会从天上掉下来，而是需要严格的训练和培养的。所以，培养女孩的独立思考能力是每一位父母必须牢牢把握的“重中之重”。

我们发现，女孩的独立思考能力往往不如男孩，主要表现在以下几个方面：

1. 女孩遇到问题喜欢询问别人的意见，而男孩则喜欢自己去思索，寻找答案。

2. 女孩遇到事情更喜欢寻求帮助，即使是女孩自己想想就能解决的问题，也往往去寻求父母帮助。

3. 女孩不愿意做思考性的题目和需要思考才能完成的事情，往往无法成为伙伴中的领头羊。

夏琼每次写作业的时候，都要问爸爸这道题怎么做，那道题怎么解。问得多了，爸爸就说：“你不能老让我告诉你怎么解，你得自己学会思考。”夏琼非常焦躁地说：“哎呀，你告诉我用哪个公式就行了，我下次就会自己套了。”但实际上，只要题目稍微变动一下说法，她就不知道该怎么办了，套公式的招数似乎也不灵。

女孩喜欢盲从，女孩往往只想知道事情是这样的，但并不愿意去深究为什么会这样。这是很多女孩的通病，也是很多女孩在学习上不如男孩，长大后成就不高的一个最大的原因。

女孩独立思考能力差，导致女孩在面对人生选择时，无法作出准确的判断，在人生之路上，将会错失很多重要的机会。比如，现实中，很多女孩缺少主见，表现为喜欢“跟风”，这就是独立思考能力差造成的。

“今年流行穿这种颜色的，同学们都买了。”“我们班李晶都没有参加。”“人家都说这样不好”。女孩在遇到事情之前，第一个反应是：“别人是这样的吗?”“我需要问问朋友的看法。”如果父母不加以引导，女孩就会变得人云亦云，怀疑甚至害怕自己去独立思考问题，在人群中不敢发表自己的意见，阐述自己的见解。

女孩和男孩一样，将来要独立面对许多问题，需要通过自己的思考作出决定，加以解决。然而，很多父母却认为，女孩天生就是娇弱的，她们并不适合独立去解决一些难题。尤其是过度溺爱孩子的中国父母往往喜欢按照自己的意愿把女儿的一切事情都安排得十分妥帖周到，很少会想到有什么是需要女孩自己去思考、去解决、去处理的，并且认为这才是女孩应该有的幸福生活。所以，在溺爱下长大的女孩，哪怕遇到一些小事情都无法自主解决。其很大的原因就在于，她们从小已经丧失独立思考的意识，一切都需要别人替她们“做主”。

所以，父母应该从小就注意引导女孩独立思考的习惯。以下三个方法，可以提高女孩的独立思考能力。

方法一：让女孩自己寻找答案

女孩在遇到问题时，不要急于让她用网络或是去图书馆找答案，而是先让她自己去思考。如果父母对答案了然于胸，则可以用一些关键词来提示女孩，并让女孩把自己通过思考得出来的结论用写“论文”或辩论的方法总结出来。关于这一点，我们可以参考欧美先进国家的教育模式。

有一个女孩跟随父母来到美国读书。父母惊讶地发现，女孩拿回来的作业题目居然是《你对二战有什么看法》。父母认为，一个只有10岁的孩子是无法理解这个连成年人都无法作出答案的题目的。不过，女孩还和同学一起去了图书馆，抱回一堆的资料。三天后，女孩的作业完成了，是以10页的论文形式完成的。这在国内每天监督女儿背“标准答案”的父母大为震惊，他们以前真的低估了女儿的能力。

而后来，他们又知道了，美国老师并不给孩子们的作业判分数，只给予孩子探索精神的肯定。这使中国父母不禁发出感慨：在这种学习环境中成长起来的孩子，独立思考能力能不强吗？能没有创造力吗？

训练女孩的独立思考能力，不妨使用同样的办法，父母平时多和女孩探讨一些关于历史、社会、政治、人生等大问题，引导女孩自己去思考，发表意见。父母不能以成人的见解来否定或者限制女孩，要肯定她合理的、正确的想法。

方法二：让女孩养成质疑的习惯

不要让女孩成为人云亦云的传声筒。女孩可能更喜欢说：“老师今天说……”“阿伟（她的偶像）说……”在课堂上，如果女孩发现了老师的一个常识性的错误，或者和老师的观念发生分歧，女孩的指出可能会让老师难堪，也可能让老师表扬她。无论怎样，父母一定要认可她的行为，因为质疑永远是一个会独立思考的女孩心中最宝贵的声音。

方法三：让女孩自己深入体验、思考人生

美国康乃尔大学的维克教授做过一个实验：

把一只玻璃瓶平放在桌子上，让瓶底朝向窗户，也就是亮光处，瓶口则朝向幽暗的室内。然后他把几只蜜蜂放进瓶内，结果蜜蜂一直朝亮光处的瓶底碰撞，丝毫没有注意到瓶口在另一边。经过几次努力，蜜蜂终于明白亮光只是出口的假象，于是它们就停在亮光处，不再尝试。

维克教授把蜜蜂抓出来后，放进去几只苍蝇，瓶底依然朝窗。没想到一下子苍蝇就飞出瓶口，逍遥地展翅一飞、影踪不见。为什么苍蝇可以飞快地找到出路？因为苍蝇多方尝试，往左往右、往上往下、往前往后地试，而不局限于蜜蜂所执著的亮光处，所以一下子就发现瓶口的出处，获得自由。

蜜蜂思维方式是单向的，苍蝇的思考模式是多变的。为此父母不要只训练女孩往亮光处飞，给她自己独立思考的空间，让她自己去寻找人生的出路，父母要帮助女孩跳出她所习惯的圈子，不要让女孩总是去相同的场所，吃相同的食物，与相同的人谈天，积极地帮她追寻新的经历。你会发现，女孩体验得越多，思考得就越多，女孩的人生就越开阔，知识会化为智慧，烦恼会化为快乐，失败会化为成功。

细节98：独立性——培养女孩基本的自我生活能力

作家高鸣在《精养女儿》一书中讲到他是如何训练女儿的生活自理能力的。

我们家不穷，我们夫妻俩也不算大忙人，在这样的家庭里，怎样才能让女儿“早当家”呢？我们的办法是家务上“母退女进”。比如买油、买盐之类，女儿 5 岁起就替代了她的母亲。在一个冬日里，外面寒风凛冽，女儿出门买酱油。我有点不放心，便跟在她后面观察，只见她走了几十米就停下来把酱油瓶放在地上，然后用嘴里的热气暖和自己的一双小手。来回几百米的路程上，她如此重复了十多次，才完成了买酱油的任务。一路上，跟在后面的我曾几次想赶上去帮助她（把酱油瓶接过来，并抱起她），但理性告诉我，在寒风中独自行走对小孩是一种很好的磨炼，便作罢。回到家的女儿，脸和手冻得通红，但表情里有一种壮烈。看着她，我和她的妈妈都感到欣慰。在上学前，女儿就学会了到菜场买菜，学会了杀鱼，学会了洗衣服，并常常干这些家务事。

从小做家务，不但可以培养从小爱劳动，还可以使小孩早独立、早当家。女儿出国以后，住在房东家。房东是个老外，但喜欢吃中国菜，女儿三天两头做中国菜请房东吃。老外房东也懂礼尚往来，免了我女儿一半的房租。女儿在信中说，感谢父母从小没让她娇生惯养，让她学会并养成干家务的习惯，现在长大了，受益匪浅。

很多父母看到这里会说，家里就这么一个宝贝，我可狠不下心让女儿做这些事情。女孩现在不做，长大后离开爸爸妈妈时，就会吃很多苦头。有一个女孩，从小是学习尖子，考上了一所名牌大学，却因为生活自理能力太差而不得不退学回家。

女孩雯雯 4 岁时就认识了两千多个汉字，上学后，两次跳级，10 岁时就上了初中。16 岁时考上了一所名牌大学。没想到，刚上学一个月，学校就打电话让父母到学校来一趟。到了学校，父母才知道，雯雯除了学习之外，什么都不会做。同学们看见她看着泡在盆里的衣服掉眼泪。现在雯雯的情绪很不稳定，很显然，她无法适应没有父母照顾的寄宿生活。

雯雯的妈妈说："我从来没有让他洗过衣服、袜子，洗头都是我给他洗。我总觉得这些等她长大后，自己就会做了。"

很多父母在养育女孩时缺少一种常人的心态，对女孩除了学习没有别的要求，其他事情都是包办代替。却不知，这沉甸甸的母爱带给女孩的却是更为长久的伤害。我们养育女孩，就是希望她长大后离开父母，成为一名优秀的女性，独立而从容的生活。而不是把她护在自己的翅膀底下，让她只能享受眼前的安逸，而无法飞上更远更高的蓝天。所以，就像老鹰训练小鹰一样，父母要早早地让女孩接受独立生存能力的训练。女孩越早接受独立生存训练，长大后获得成功的可能性就越大。

培养女孩的独立生存能力，表现在日常生活中，就是培养女孩的自我生活能力。在女孩小的时候，可以从培养她的基本的生活能力，比如自己洗衣服，收拾房间，帮助家人做家务开始，稍大一些，则可以让女孩出去打打短工，来提高她的自我生活能力。下面，我们给父母提供几种训练方法。

方法一：让女孩负担一部分家务

不管家庭条件如何，父母都应该让女孩学会打理家务，比如，让女孩养几盆花，亲自照顾花草。让女孩整理自己的床铺和衣柜，让女孩用自己的双手创造一个舒适雅致的家居环境。

在让女孩做家务的过程中，一定要注意对女孩态度的培养，让女孩学会快乐吃苦，快乐做事。一些女孩在做家务时马虎大意，敷衍了事，这是因为女孩只是把家务当成了一项任务。父母要教会女孩在做事中享受过程，享受成果。有一个妈妈是这样做的：

我喜欢侍弄一些花草。女儿从小就对那些小花小草表现出很浓厚的兴趣。我想，何不给女儿几盆花草，让她自己来养呢。我说出自己的想法后，女儿非常高兴，自己挑了几盆最喜欢的花草“据为己有”，其中还有一盆我最喜欢的君子兰，不过“君子一言，驷马难追”，我只好忍痛割爱。结果，不到一个月，那盆君子兰就壮烈牺牲了。我心里那个疼啊。但仍然装着满不在乎的样子说：“没关系，妈妈第一次养花还不如你呢，一个星期就死掉了。我女儿比我强多啦。”然后，我和女儿一起研究把花养死的原因。6 岁时，女孩俨然成为了一个养花小行家，把家里的花花草草照顾得枝繁花艳。

之后，我故伎重演，又教会了女儿做饭，炒菜。女儿 10 岁时，还主动要求报了一个茶艺班和插花班。家里来客人时，看着女儿布置的家居，品着女儿泡出来的香茶，看着举手投足，落落大方的女儿，客人赞不绝口。

女孩嘴馋，喜欢吃好吃的食物，父母可以教女孩自己学习烹饪，来满足她的“口腹之欲”。女孩爱美，喜欢穿漂亮的衣服，就教女孩自己搭配服饰，穿出品位来，女孩一定很有成就感。

有些父母也知道培养女孩自我生活能力的重要性，但是，他们一看到小女儿在费力地洗衣服，笨拙地做事，甚至弄伤自己时，就不免心疼，从此不放心女孩自己尝试。在这一点上，要向高鸣老师学习，不妨对女孩“狠”一点。

方法二：让女孩在假期打一份工

在养育女孩过程中，我们还可以通过让女孩打工的方式来提高她的自我生活能力。

小桐的父母靠做小生意维生，虽然赚得不多，但足够让小桐生活得无忧无虑。但小桐妈妈深知，无论多么宠爱女儿，她长大后都要独自生活，不能娇惯，所以妈妈很注意培养小桐的独立性。小桐 5 岁时，有一次，她想要个布娃娃，妈妈告诉小桐，她必须自己

"打工"来赚钱买布娃娃。后来，小桐靠给全家人洗一个星期的碗买到了布娃娃。虽然在洗碗过程中，小桐打破了好几个碗，损失的钱比买布娃娃的钱还多，但妈妈仍然开心地告诉小桐："太棒了，小桐跟爸爸妈妈一样厉害，可以自己赚钱了！"

小桐印象最深的是她10岁时，住在乡下奶奶家，她经常和爷爷一起到园子里摘水果卖。有一次，她摘了一袋水果卖给一个旅客，居然赚了一百块钱。小桐用赚来钱请爷爷和奶奶吃肯德基，把奶奶乐得合不拢嘴，一直不停地说："我孙女能赚钱请奶奶吃肯德基了！"从那以后，小桐打工更卖力了，因为她不仅要为自己的布娃娃、花裙子打工，还要为请奶奶吃肯德基打工！

女孩吃苦，要在一个富足的环境里，接受独立意识的教育，让女孩通过对自身能力的了解，培养女孩的自信和独立性，不然，吃苦、打工这些事情不但不能使女孩受益，反而会成为女孩要极力摆脱的苦差。

在女孩打工过程中，父母要帮助女孩端正态度。一些招工单位会打出一些优厚的条件引诱女孩从事一些不正当的或违法的工作。所以，父母要帮助女孩端正做事心态，告诉女孩打工的真正目的，不是要赚大钱，而是要学习一种能力。在打工过程中，要教会女孩如何与上司相处，与同事相处，在个人利益和公司利益之间作出平衡等。父母要及时和女孩进行沟通，让女孩在工作中有所得。

细节99：培养女孩坚强的意志力

"人的一生中没有什么东西是生来就有的。仅仅靠信仰的力量是不够的，还必须具有克服障碍和敢于战斗的力量和勇气。"这是以色列国的创始人之一梅厄夫人的名言。大部分父母会认为，与困难作斗争是男孩应该具有的品质，女孩娇弱一点才有女人味。而且，女孩天生身体弱，性子娇，怎么培养她的意志力呢？

所谓意志力，就是一个人对自己所做的事情的坚持能力。女孩虽然在体力上差于男孩，但并不表示女孩的意志力就比男孩弱。女孩虽然天生性格弱，但是女孩在忍耐力上比男孩强。

父母当然是希望女孩能在一种安定富足的环境中长大，长大后也过上安定富足的生活。但是，我们不能保证女孩的一生都一帆风顺，在女孩遇到挫折时，如果女孩的意志力不够坚定，就很可能随波逐流，放弃努力，一蹶不振。针对女孩做事容易退缩，容易放弃等缺点，父母可以按照以下方法锻炼女孩的意志力。

方法一：鼓励女孩不要放弃

意志力可以在艰苦的环境中产生，也可能在艰苦的环境中丧失。一位妈妈曾这样写道：

女儿的各种先天条件并不是很好，学舞蹈她体形偏胖，不是首选；学钢琴，她指头偏短，没有潜力；学声乐，她的嗓音有点哑。咨询了相关老师后，我给她选择了画画。

但半年后的一天，女儿却哭哭啼啼的跟我说："妈妈，我不喜欢学画画了。我想学舞蹈。"

因为考虑到女儿从小就有很高的音乐天赋，再加上学画画也是我的一相情愿，我答应了女儿的请求。但我对女儿提出了要求，学习舞蹈很辛苦，不可以再次退缩。女儿很爽快地答应了。

可没想到，改学舞蹈后，女儿又是一脸伤心，哭着跟我说："妈妈，我不学舞蹈了。我太胖了，老师说我的腰太硬。"

理由很充分，但我不能上当。本来让她上特长班仅仅是为了培养一种爱好，多一点艺术修养，不是为了让她学有所成，但现在看来，我更应该培养的是让她学会负责，学会直面困难，学会坚持，学会挑战自我。

这以后，我给她制定了每天的练习计划，利用晚饭前这一段时间陪她练习。很快练习就初有成效，几个难度较大的动作女儿都顺利过关了。伴随着我的鼓励和表扬，以及坚定的态度，女儿再也没有和我说过要退缩的话。

父母要在女孩做事退缩时，态度坚决地让她继续进行下去，不管女儿的理由是什么，是否喜欢。因为不喜欢往往只是放弃和逃避的理由，是缺乏意志力的体现。坚持把不喜欢的事情做好，这对女孩的意志力是一种强有力的锻炼。

方法二：给女孩订立一个具体明确的目标

美国罗得艾兰大学教授普罗斯曾经研究过一组打算从元旦起改变自己行为的实验对象，结果发现最成功的是那些目标最具体、明确的人。其中一名男子决心每天做到对妻子和颜悦色、平等相待。后来，他果真办到了。而另一个人只是笼统地表示要对家里的人更好一些，结果没几天又是老样子，照样吵架。具体明确的目标可以更好地激发人们做事的动机，强化做下去的意志力。这说明，给自己订立的目标越具体，越详细，实现目标的动力就越大，人就越容易坚持下去。比如，“我每天都要看书”和“我每天晚上七点都要看一个小时的书”相比，后一种说法更具有效果。

所以，培养女孩意志力的时候，父母要让女孩对自己的目标有一个明确的计划：“我打算每天早晨步行 30 分钟”或“我计划每天放学后读一个小时的书”。

方法三：训练女孩的意志力，父母也不能太懒

小琢吵着、嚷着要旱冰鞋，可是爸爸给她买回来没几天，她就放弃了学习，又嚷着要滑板车。爸爸眼见着女儿这样下去不是个办法。为了培养女儿做事的恒心，他决定和女儿一起运动。每天下班，他都抽出时间来和女儿一起到楼下，教她滑旱冰。有了爸爸的支持，女儿没几天就学会了滑旱冰。

万事开头难，一些女孩畏于事情开始时的困难而半途而废。所以，在女孩开始做一件事时，父母应该监督女孩，坚持让她把一件事情做完，让女孩看到坚持后的成果，这对训练女孩的意志力有很大帮助。

有时，女孩做同样一件事会感到单调。父母则应该设法找到新的乐趣，重新激发女孩做下去的兴趣。把“寻找乐趣”当作一种习惯，不但可以让女孩做起事来感到快乐，而且，会在不知不觉中培养起做事持久的意志力。

一些女孩曾经是学校的佼佼者，可是一走出校门，这些女孩就永远放弃了书本，这使得女孩走上社会没有持久的学习动力，很快就在时代中落伍，被社会淘汰。意志力是一种持续的自我意识，同样，培养女孩的意志力，也是父母需要进行的一项长期而艰巨的任务。

细节100：让女孩明白：成长是一种美丽的痛

女孩的成长是一种美丽的疼痛。在女孩备受关注和承受巨大压力的今天，父母教育女孩也成为一个难题——既不想让女孩将来吃苦受罪，又不想让女孩只是作一个中看不用的花瓶，希望女孩有事业，有内涵，有学识，有修养。

女孩的未来之路比男孩更加难走，女孩脆弱，我们却要她将来和男孩一样在社会上打拼，竞争，同时还要担负生育、抚养儿女的责任。于是，一些父母在女孩的成长阶段，往往有两种错误的养育方式：一种是期望女孩像男孩一样优秀（事实上我们的女孩本来就和男孩一样优秀），像对待男孩那样对待女孩，而违背了女孩的天性；一种是试图给女孩建起一座水晶房，希望女孩从此可以像公主一样无忧无虑的生活。但无论我们怎么精心呵护自己的心肝宝贝，她还是无法避免种种意外。女孩是要自己长大的，无论她是玫瑰，还是百合，都要自己迎风冒雨地开放。

女孩在成长中必然会犯这样或那样的错误，有些错误在父母看来无足轻重，但对女孩的打击是巨大的；也有一些错误本来不过是观念的冲撞，却被父母无形地放大，使女孩备受困扰。女孩到底应该怎样成长，怎样帮女儿解决成长路上遇到难题，是父母最为头疼的问题。

成长的痛对女孩来说是必经的，而父母的爱是女孩伤口最好的弥合剂。养育最棒的女孩，需要父母有极大的爱心和精心的设计，既要保证女孩的生活需求，又要保证女孩的精神质量和心理健康，父母要注意在养育女孩的过程中，小心翼翼，不要触及女孩敏感的神经，不要伤害她敏感而丰富的内心。

以下是摘自华人作家刘墉先生《成长是一种美丽的疼痛》中一的一段话：

我希望她能做个快乐的妻子，将来被丈夫疼爱，所以当她说她不知道会不会永远爱她丈夫，也不知道丈夫会不会永远爱她的时候，我会纠正她，给她祝福：“相信你一定能找到深爱你、你也深爱的人。”

我希望她做个淑女，让男生为她服务。她要知道当电梯门开了，男士靠边站的时候，她不必犹豫，可以先走；当男孩送她上车后，她不必伸手关车门，因为男孩理当为她把门关上。可是从另一个角度，我也希望她能做个女强人。

因为时代愈来愈进步，孔武有力的男生不见得吃香，娇小的女孩子照样可以统治世界。而且我虽然祝福，却无法保证她的婚姻，我当然希望她未来能在经济上独立。

所以我用教儿子的方式教她。

打球，我不总是让她，使她尝尝输的滋味。

她养金鱼，该定时换水，但是我虽然早准备好清水，只要她不动，我就不动。眼看水脏了，鱼要死了，我仍然不动。因为我要她负责，要她参与。

女孩的未来是一条漫长而困难重重的路途，她要在未来的社会路上拼杀出一条属于自己的道路，女孩和父母身上的担子都不轻。

女孩是一朵长满了刺的玫瑰，一根刺就是女孩人生路上遇到的一个坎坷，每一个花瓣的绽放都需要女孩付出成长的代价。这代价是沉重的，但得到的东西却是美丽的，有价值的。成长是一种美丽的疼痛，但这种疼痛只是暂时的。长大后的女孩回望过去，会惊喜地发现，当时的痛，当时的那一种心境，原来都是美丽的。